U0806766

新时代大学生心理健康维护与调适研究

明晶　秀荣◎著

中国商业出版社

图书在版编目（CIP）数据

新时代大学生心理健康维护与调适研究 / 明晶，秀荣著．
-- 北京：中国商业出版社，2023.7
ISBN 978-7-5208-2494-1

Ⅰ．①新…Ⅱ．①明…②秀… Ⅲ．①大学生
－心理健康－健康教育－研究 Ⅳ．①G444

中国国家版本馆 CIP 数据核字 (2023) 第 093350 号

责任编辑：李　飞
（策划编辑：蔡　凯）

中国商业出版社出版发行
（www. zgsycb. com　100053　北京广安门内报国寺 1 号）
总编室 :010-63180647　　编辑室 :010-83114579
发行部 :010-83120835/8286
新华书店经销
安徽中皖佰朗印务有限公司印刷

787 毫米 ×1092 毫米　　16 开　　16.5 印张　　312 千字
2023 年 7 月 第 1 版　　2023 年 7 月 第 1 次印刷
定价：58.00 元
* * * *
（如有印装质量问题可更换）

PREFACE

前言

大学生活，是大学生一生中的黄金时代，也是关系到大学生能否健康成长、成熟和全面成才的关键时期。高中生自从考进大学后，直接面临着大学校园一系列陌生的新环境以及和中学时期许许多多的“不一样”，由此而产生了不少心理矛盾、心理压力和心理困惑，特别是自己的内心世界在这么多新的重大压力下需要重新认识和适应。所以，大学生要尽快实现从高中到大学的转变，把自己努力培养成能够适应社会，并具有良好心理素质和健全人格的人。我们必须分析正处于从不成熟走向成熟这一关键时期的大学生，在心理活动发展方面的基本阶段、基本特点，明确健康的心理是大学生实现人生理想和成才目标的前提，是大学生掌握科学文化知识的必备条件，教育和引导大学生正确处理和把握好自我心理健康的标准、特点，掌握保持和维护大学生心理健康的方法，自觉加强大学生心理素质的培养，自觉运用心理学的知识和方法针对自我心理问题进行自我调适、自我控制。同时，指导大学生对已出现的心理问题和心理障碍开展心理咨询和心理治疗。

心理健康教育作为素质教育的重要组成部分，受到国家教育部门的重视，保证学生在校期间普遍接受心理健康教育课程教育，要把高校学生心理健康课程作为公共必修课程。本书是大学生心理教育方向的著作，主要研究新时代大学生心理健康教育与健康维护调适，从大学生心理健康介绍入手，针对大学生自我意识、人格培养、心理适应、情绪管理、人际交往、学习能力、生命教育、原生家庭、压力挫折以及职业规划等多方面的心理健康教育进行了分析研究。同时，对大学生心理自我调适与心理咨询、运动与大学生心理健康促进提出了意见并做出探讨。对新时代大学生心理健康教育的应用创新有一定的借鉴意义。

撰写本书过程中，参考和借鉴了一些知名学者和专家的观点及论著，在此向他们表示深切的感谢。由于水平和时间所限，书中难免有不足之处，希望各位读者和专家提出宝贵意见，以待进一步修改，使之更加完善。

明 晶、秀 荣

2023 年 2 月

目 录 contents

第一章 大学生心理健康概述

第一节 心理学概述

一、心理学的研究对象

心理学的研究对象，简单来说就是研究人的行为和心理活动或是心理现象。心理现象是多种多样的，也是非常复杂的。心理学主要研究人的心理现象，同时也研究动物的心理现象；既研究心理活动的形式，也研究心理活动的内容和功能；既研究个体的心理现象，也研究群体的社会心理现象；既研究有意识的心理活动，也研究无意识的心理活动；既研究心理，也研究行为。与物理现象、化学现象等不同，心理现象不具形体性，是人内部世界的精神生活，是人无法直接进行观察的。但是通过对行为的观察和分析，可以客观地研究人的心理。所以，人们把心理学界定为研究人的心理现象（或心理活动）发生、发展及其规律的科学。

（一）个体心理与群体心理

我们从心理过程和个性心理两个方面来对个体心理加以阐述。

1. 心理过程

包括认识过程、情感过程和意志过程三个方面，其中认识过程是基本的心理过程，情感过程和意志过程是在认识的基础上产生的。

（1）认识过程：是指人在认识客观事物的过程中，为了弄清客观事物的性质和规律而产生的心理现象。感觉、知觉、记忆、想象和思维等心理活动，在心理学中均属于认识过程。

（2）情感过程：是指人在认识客观事物的过程中所引起的人对客观事物的某种态度的体验或感受。“愉快”“满意”“热爱”“厌恶”“欣慰”“遗憾”等心理活动，在心理学中均属于情感过程。

（3）意志过程：是指由认识的支持与情感的推动，使人有意识地克服内心障碍与外部困难而坚持实现目标的过程。

认识、情感和意志都有其自身的发生和发展的过程，但是，它们不是彼此独立的过程。情感和意志过程中含有认识的成分，它们都是由认识过程派生出来的；情感与意志又对认识过程发生影响，它们是统一的心理活动中的不同方面。认识、情感、意志过程作为心理学研究对象的一部分，被统称为心理过程。

2. 个性心理

个性心理是每个个体所具有的稳定的心理现象。它分为个性倾向性和个性心理特征两个方面。

（1）个性倾向性：个性倾向性是决定个体对事物的态度和行为的内部动力系统，是具有一定的动力性和稳定性的心理成分。个性倾向性是个性心理的重要组成部分，它对相关的心理活动起着支配和控制的作用。

（2）个性心理特征：个性心理特征是个体身上经常表现出来的本质的、稳定的心理特征。它主要包括能力、气质和性格，其中以性格为核心。

那么个体心理现象的发生、发展规律又涉及哪些主要问题呢？

一是心理结构。人的心理现象是非常复杂的，但不是杂乱无章的。各种心理现象之间是存在一定联系的，共同组成一个有机整体。探究心理结构，就是要探索各种心理现象之间的关系。因此，研究各种心理现象之间的关系，是心理学研究的重要任务之一。

二是心理过程。心理现象是在时间上展开的，它表现为一定的过程，如认识过程、情感过程、性格的发展过程。以注意过程为例，我们注意看一个事物，可能我们平时不太关注这个过程，但是认知心理学家一直在探索其中的奥秘，并提出了许多理论模型，如过滤器模型、衰减模型、反应选择模型等。研究心理过程大多是通过测定反应进行，这些研究对于解释心理活动的规律意义深远。

三是心理的脑机制。心理是脑的机能。大脑的主要功能是接收、分析、综合、储藏和发布各种信息。机体的所有感觉器官都把刺激信息由神经传入大脑，经过皮层的加工与整理，做出决策，然后发出信息，控制各器官和系统的活动。各器官和系统的活动状况又会通过信息回路报告给大脑，以便进一步调节。随着神经科学的发展，研究心理的脑机制已经成了目前心理学研究的一个炙手可热的主题。

四是心理的发生与发展。达尔文认为，通过对儿童的观察研究可以了解人类心理的发展，并揭示动物心理向人类心理的演变过程；儿童是研究进化的最好的自然实验对象。他不仅从种系演化的途径研究了人类心理的发生与发展，也从个体变化的途径研究了个体心理的发生与发展。事实上，在人的一生中，不同时期有不同的心理特点。心理学的任务是了解生命个体不同时期的心理特点及其发展规律，找出针对性措施，促进人健康发展。

群体心理是在共同的生活条件和共同的环境中产生的，是一个群体内个体心理特征的典型表现，而不是个体心理特征的简单叠加。群体心理不能离开个体心理，它实实在在存在于每个个体的心中，并直接影响个体心理的形成和发展，使每个个体打上同一文化或同一环境的烙印。

（二）个体心理和行为

行为就是个体对所处情境的一种反应系统。这种反应有内在生理性的（如肌肉运动、腺体分泌等）和外在心理性的（如言语、表情等）。心理学也通过行为来研究人的心理。在日常生活中，人的行为是很复杂的。

行为是在一定的情境中产生的。引发个体反应的情境因素称为刺激。刺激可来自外部环境，也可能源于机体内部。例如，外界的声音、光线、温度、气味，他人讲话的内容、动作、面部表情，以及机体内的内分泌或血液中化学成分的变化，头脑中浮现的思想观念、欲望等都可以成为引发个体反应的刺激。人类的行为具有一定的心理成分，受刺激制约，并且是由一定的刺激引起的。因此，不考虑哪一种或哪一些刺激对具体人的影响，就无法理解人的行为。

行为与心理是不同的，但两者又是密切联系的。引起行为的刺激通常是以人的心理为中介而起作用的。每个人都存在一些个别差异，例如，知识经验、态度、需要、个性特征和价值观等方面的差异。由于心理条件的不同，同样的刺激在不同人身上的反应并不相同，同一个人在不同的时间、地点和条件下对同样的刺激所产生的反应也不相同。

人的心理现象是由一定的刺激引起的，心理支配着行为并通过行为表现出来。

人不同于动物，具有主观能动性。人的心理对行为的支配通常是很复杂的。他可以有意识地掩盖自己的某些心理活动而不在行为中表现出来，可以做出与内心不符的行为表现，甚至某些行为自己也不能察觉。也就是说，人的外部行为和内部的心理活动的关系不像动物的行为和心理的关系那样是单义的，它往往是多义的。因此，要正确地理解人的行为，确定行为所表达的心理活动，最重要的是要了解引起和制约行为的各种条件，并且系统地揭示这些条件和行为的因果关系，这样才能明确行为的意义。

心理学以研究人的心理为主，通过行为来研究人的心理。此外，心理学还研究动物心理，也就是研究动物的行为。

心理与行为虽非一一对应，但两者存在密切联系。正是从这些意义上，可以说心理学是研究心理和行为的科学。

（三）社会心理和社会行为

心理学主要研究人的心理。人是社会的人，总要与其他社会成员发生种种联系，形成各种社会关系，如民族关系、上下级关系、亲朋关系、伙伴关系、师生关系等，从而就产生了各种社会心理现象，例如时尚、风俗、社会习惯，偏见、舆论和流言，以及不同团体、民族和国家的心理特点等。随着网络技术的日益普及，社会成员间的联系和关系日趋复杂化。当然，这些社会心理现象也表现在个体的心理现象中。显然，如果仅研究个体心理而不从整个群体和整个群体关系的角度来加以研究，就无法理解这些社会心理现象。因此，心理学还要研究群体的社会心理现象。

社会心理和社会行为既有区别又密切联系。社会心理是人们头脑里的心理活动，同时又存在于人与人之间，人心相通，互有影响（心理气氛的影响）。社会行为是人们的外部活动。在人们的社会交往中，社会心理表现在社会行为中，社会行为是受社会心理支配的。但是，社会行为和社会心理也并不完全一致。相同的社会行为不一定有相同的社会心理；同样，相同的社会心理也不一定都有相同的社会行为。因此，当我们根据直接观察到的社会行为去分析某种社会心理时，应当保持谨慎。

二、心理学的使命

一般认为心理学的使命主要由以下几个部分构成。

（一）描述心理事实

科学需要实事求是的态度，因此确定事实，尤其是确定可以客观测量的事实是心理学研究的原始起点。以遵循科学标准为己任的心理学往往以行为数据（behavior data）、生理指标、反应时长、量表等为核心观察对象来叙述心理事实，并且主要通过使用数理统计的方法来确定基本的心理事实。

（二）解释心理现象

解释心理现象应该遵循基本的心理事实。心理学许多领域发展的内在动力都是找到心理和行为过程的常规模式，其目的是帮助人们更加有效率地工作与生活。

绝大多数心理学的解释通常遵循不同的特有的视角，如生物主义学派认为大多数行为受到机体变量（organismic variables）的制约，而精神分析学派则主要通过“无意识”“早年经验”等来解释人们在日常生活中所观察到的现象。

从更局部的事实来看，一个受过良好训练的心理学家可以通过使用他有关人类经验的洞察力和以前的研究者已经发现的有关同一个现象的事实，来解释观察到的现象。

（三）预测未来

预测未来往往基于现有的解释，尤其是对于心理现象原因的解释，因此心理学中的预测是对一个特定的行为或者一个特定的关系即将构成的可能性的一种陈述。比如，精神分析基于其对于儿童经验的认定、解释来预计儿童未来可能产生的状况。这显然是一种可供教师、父母参考的一种对于未来的预测。

（四）揭示心理的内在规律

心理学主要研究各种心理现象的发生、发展、相互联系，以及表现出的特性和作用等，同时也研究心理现象所赖以产生和表现的机制。它包括心理机制和生理机制两个层面的研究：前者研究心理现象所涉及的心理结构组成成分间的相互关系和变化；后者研究心理现象背后所涉及的生理或生化成分的相互关系和变化。

（五）控制（改善）结果

控制是核心的、最激励人的目标。控制意味着使行为发生或者不发生——引发它、维持它、停止它，并且影响它的形式、强度或者发生率。

由于心理现象的复杂性，现有的科学方法难以控制人们的行为，以符合理想的状态。因此有学者提出可以把“控制”（control）修改为“改善”（improve），即心理学的功利结果不是追求最好而是追求比较好，或者能够体现出“两害相权取其轻”的智慧。

三、心理学的分支

（一）生理心理学

生理心理学是从生理学的角度研究各种心理现象的学科。现代的生理心理学用神经生理学、生物物理学和生物化学的手段来研究感知、学习、记忆、思维、情绪等过程，目的是阐明各种心理活动的生理机制。

（二）普通心理学

普通心理学在心理学中处于基础学科的地位。普通心理学研究心理现象产生和发展的最一般规律，如感知觉、记忆、思维的一般规律，以及人的需要、动机与各种个性心理特性的最一般规律等。普通心理学还研究心理学最一般的理论，如心理与客观现实的关系、心理与脑的关系、各种心理现象之间的相互联系及其在人的整个心理结构中的地位与作用，以及研究心理现象的最一般方法等。普通心理学的内容概括了各分支学科的研究成果，同时又为各分支学科奠定了理论基础。

（三）发展心理学

发展心理学主要研究人类成长发展过程中的心理转变。这当中包括儿童的心理与成人的差异、儿童的心理发展过程，以及当儿童有心理障碍时应当如何处理。发展心理学是研究人从出生到老年的不同时期的心理特点和规律的学科。

（四）教育心理学

教育心理学研究教育过程中教与学的心理活动规律，揭示教育过程和心理发展的关系，把发展心理学的研究成果应用到教育实践中。教育心理学的主要研究内容包括：受教育者知识和技能的掌握、心理的个别差异、道德品质的形成、教育者应有的心理品质等。

（五）社会心理学

社会心理学是指在特定的社会条件下，具有独特的文化和完整人格的人对各种简单与复杂的社会刺激所作的反应。社会心理学既研究个体的社会心理现象，又研究群体的社会心理现象。社会心理学是在社会学、心理学和人类文化学等母体学科的基础上形成的一门具有边缘性质的独立学科，是理论性极强的应用学科。

（六）认知心理学

认知心理学是 20 世纪 50 年代中期在西方兴起的一种心理学思潮，70 年代成为西方心理学的一个主要研究方向。它研究人的高级心理过程，主要是认识过程，如注意、知觉、表象、记忆、思维和语言等。以信息加工观点研究认知过程是现代认知心理学的主流，可以说认知心理学相当于信息加工心理学。它将人看作一个信息加工的系统，认为认知就是信息加工，包括感觉输入的变换、加工、存储和提取的全过程。

（七）医学心理学

医学心理学是把心理学的理论、方法与技术应用到医疗实践中的产物。医学心理学是心理学与医学交叉的边缘学科。医学心理学研究的对象主要是医学领域中的心理学问题，即研究心理因素在疾病病因诊断、治疗和预防中的作用。

（八）管理心理学

管理心理学既研究职工的选拔训练、评价、使用等人事组织问题，还研究工作动机、鼓励手段、意见沟通、组织结构、领导行为等心理学问题。这些研究的目的是调动人的积极性，充分发挥人的潜在能力，形成和谐的工作气氛，提高工作效率。

（九）工程心理学

工程心理学研究现代工业中人与机器的关系，又称人机系统，目的是在工程设计中使设备适应人体的活动特点，从而使工作效率达到最高。工厂的温度、照明和工作条件，航空工业中飞机座舱的仪表显示，车船驾驶系统的合理性等，都是工程心理学研究的课题。它还研究工业劳动中职工心理活动的特点和规律。

另外，还有正在兴起和发展的环境心理学、军事心理学、司法心理学、人事心理学、体育心理学、宇航心理学、灾害心理学等。

第二节　心理健康的标准

心理是否健康是可以测量的，但测量心理健康的工具却不像测长度、高度的尺子那样具体和客观。测量心理健康一般采用量表测量，其标准不是固定不变的。心理的健康与否随着时代的变迁、文化背景的变化、对象的不同等有着不同的评价标准。根据我国大学生的实际情况，评判大学生的心理健康水平着重考虑以下几个标准。

一、自我评价正确

一个心理健康的人，能体验到自己的价值，既能了解自己，也能接受自己。对自己的能力、性格和优缺点都能做出恰当、客观的评价。不会高估自己，对自己具有的一些长处和优势沾沾自喜，提出不切实际的生活目标和理想；同时，也不会贬低自己，为自己在某些方面存在的不足而自责、自怒、自卑。心理健康的人能接受自己，对别人的评价能做出客观的反应，自我认识稳定，并保持积极的生活态度，努力发挥自己的潜能；反之，一个心理不健康的人，不能恰当地认同自己，总存在强烈的心理矛盾冲突，对自己总是不满意，缺乏积极的自我态度。总是要求十全十美，而却无法达到，因此无法保持平衡的心理状态。

正确的自我评价是大学生心理健康的重要条件。大学生是在与现实环境和与他人的相互关系中、在自己的实践活动中认识自己的。一个心理健康的大学生，对于自己的认识应当比较接近现实，尽力做到有自知之明；对于自己的优点感到欣慰但又不至于狂妄自大，对于自己的缺点和错误既不回避也不自暴自弃，而是善于正确地接受自我。

二、适应能力强

较强的适应能力是心理健康的重要特征，而一个人不能有效地处理与周围现实环境的关系则是导致心理障碍的重要原因。心理健康的大学生，应能和社会保持良好的接触，对于社会现状有清晰正确的认识，其思想和行动都能跟得上时代的发展步伐、与社会的要求相符合；而当发现自己的需求和愿望与社会需求发生矛盾时，能够迅速进行自我调节，以求与社会协调一致，而不是逃避现实，更不是妄自尊大和一意孤行，与社会需要背道而驰。

三、满意的心境

心理健康的大学生，对自己的学习、生活和人际关系总是有一定程度的满意感，并自感有较强适应周围环境的能力，从而获得自尊和自信。虽然他们的聪慧程度不尽相同，但由于没有心理障碍，其聪明才智都能得以充分发挥，从而取得一定的成就，赢得成功的喜悦。这种满意的心境主要来自较高的精神修养，因而他们无论是处于顺境或逆境，都能积极进取，在拼搏中找到事业的乐趣，发掘出生活光明的一面。

四、乐观的生活态度

心理健康的人能珍惜和热爱生活，积极投身于生活，并在生活中尽情享受人生的乐趣，有积极的人生体验。心理健康的人不在乎生活事件的渺小，总能从其中体验到生命的意义，不管是一次朋友聚会，还是独自漫步街头。在工作和学习中，他们尽可能发挥自己的聪明才智，并从学习与工作的成果中获得满足和激励，把学习工作看成是乐趣，而不是负担。心理健康的大学生能正确地对待学习压力、择业竞争、情感纠葛等，以积极乐观的生活态度对待周围发生的事情，有平常心，能坦然处之，而不是悲观、抱怨、自暴自弃，把一切作为人生的阅历，作为迎接未来艰巨挑战的心理准备。

五、智力正常

智力，是指一个人的认识能力和活动能力所能达到的水平。它是人的观察力、注意力、记忆力、想象力、思维力、创造力及实践活动能力等的综合，包括在经验中学习或理解的能力、获得和保持知识的能力、迅速而成功地对新情境做出反应的能力、运用推理有效地解决问题的能力等。智力正常，是大学生学习、生活和工作的最基本的心理条件，是大学生胜任学习任务、适应周围环境变化所需要的心理保证。因此，智力正常是衡量大学生心理健康的首要标准。一般来说，大学生的智力都是正常的，与同龄人相比，其智力总体水平是比较高的，因而衡量大学生的智力是否正常，关键是看大学生的智力是否充分地发挥了效能。大学生智力正常且充分发挥效能的标准是：有强烈的求知欲和浓厚的探索兴趣；智力结构中各要素在其认识活动和实践活动中都能积极协调地参与并正常地发挥作用；乐于学习。

六、情绪健康

情绪健康的主要标志是情绪稳定和心情愉快。情绪健康，是大学生心理健康的一个重要指标，这是因为情绪在心理变化中起着核心的作用，情绪异常往往是心理疾病的先兆。大学生的情绪健康内容应包括以下几方面。

1. 愉快情绪多于不愉快情绪，一般表现为乐观开朗、充满热情、富有朝气、满怀自信、善于自得其乐和对生活充满希望。

2. 情绪稳定性好，善于控制和调节自己的情绪，既能克制约束又能适度宣泄而不过分压抑，情绪的表达既符合社会的要求又符合自身的需要，在不同的时间和场合有恰如其分的情绪表达。

3. 情绪反应是由适当的原因引起的，情绪反应与环境相适应，反应的强度与引起这种情境相符合。

七、意志健全

意志，是指人在完成一种有目标的活动时进行选择、决定和执行的心理过程。意志健全者在行动的自觉性、果断性、顽强性和自制能力等方面都表现出较高的水平。意志健全的大学生在各种活动中，都有自觉的目的性，能及时做出决定并运用切实有效的方法解决所遇到的各种困难，在困难和挫折面前能够采取合理的反应方式，能在行动中控制自己的情绪和言行，而不是行动盲目、优柔寡断、轻率鲁莽、害怕困难、意志薄弱、顽固执拗、言行冲动。

八、人格完整

人格，在心理学上是指个体比较稳定的心理特征的总和。人格完整，是指有健全统一的人格，即个人的所思、所说、所做都是协调一致的。大学生人格特征的主要标志是以下三点。

1. 人格结构的各要素完整统一。

2. 具有正常的自我意识，不产生自我同一性混乱。

3. 以积极进取的人生观作为人格的核心，并以此为中心把自己的需要、愿望、目标和行为统一起来。

九、人际关系和谐

社会上的人总是处在一定的社会关系中，大学生同样也离不开与人交往。和谐的人际关系既是大学生心理健康不可缺少的条件，也是大学生获得心理健康的重要途径。大学生人际关系和谐的表现是以下六点。

（1）乐于与人交往，既有稳定而广泛的人际关系，又有知心朋友。

（2）在交往中保持独立而完整的人格，有自知之明，不卑不亢。

（3）能客观评价别人和自己，善于取人之长、补己之短。

（4）宽以待人，乐于助人。

（5）积极的交往态度多于消极态度。

（6）交往的动机端正。

正确理解大学生心理健康的标准应重视以下几个方面。

一是标准的相对性。事实上大学生心理健康与不健康也并无明显界限，而是一个连续化的过程，如将正常比作白色，将不正常比作黑色，那么在白色与黑色之间存在一个巨大的缓冲区域——灰色区，世间大多数人都处在这一区域内。这也说明，对多数学生群体而言，在人生的发展过程中面临心理问题是正常的，不必大惊小怪，应积极加以自我调整。

二是整体协调性。把握心理健康的标准，应以心理活动为本，考察其内外关系的整体协调性。从个性角度来看，每个人都有自己长期形成的稳定的个性心理，一个人的个性在没有明显的剧烈的外部因素影响下是不会轻易发生变化的，否则说明其心理健康状况发生了变化。

三是发展性。事实上，不健康的心理可能是人的发展中不可避免的发展性问题，其症状随着发展而自行消失。

第三节 大学生心理发展的一般特点

为了更好地把握大学生的心理健康问题，我们先要了解人的心理的一般规律以及大学生心理发展的一般特点。

一、心理活动的实质

人人都有心理活动，它是每个健康人时刻进行着的脑力活动。那么，人的心理活动的实质究竟是什么？

（一）心理是脑的机能

脑的生理研究和临床观察证明，任何一种心理活动都和脑的某一部位有关。任何脑部位的损伤，在其生理机能变化的同时也发生心理变化。离开脑这一物质基础，任何心理现象都不会发生。

（二）心理是对客观现实主观的、能动的反应

客观现实是人心理的源泉和内容，如果把大脑比作加工厂的话，那么感知到的东西就是原材料，心理就是产品。没有客观事物作用于人的感觉器官，大脑这个加工厂就没有原料生产，当然也不会有心理活动产品。但是人的心理不是客观的原型，而是有选择性的反应，这就使人的心理活动具有主观能动性。但这种主观能动性不是无限的，要受到社会历史条件的制约。

（三）社会生活实践是人的心理发生、发展的根源

人的心理基础是社会实践，没有社会实践，人的心理就不会发展，甚至不能产生。很多例子证明，人在儿童期如果没有机会与文明的社会生活相接触，大脑得不到适当的刺激，其心理发展就会陷于停滞。“狼孩”卡玛拉就是典型的例子。可见，社会生活实践在产生人的心理方面起着决定性的作用。

二、心理活动的特点

人的心理活动既具有自然的属性又具有社会的属性，自然性是其基本属性，社会性是其本质属性。说其自然性，是因为思维、意识是人脑的产物，而人本身又是自然界的产物，因此，人脑的产物归根结底也即自然界的产物。但人总是在一定社会中生活的，人的心理活动必然被烙上社会的印迹。

在人脑的形成过程中，除了自然进化的作用外，一个最根本的因素是劳动，即社会交往、社会实践。因此，人脑也是社会的产物，人脑本身的社会性决定了人的心理活动具有社会性。人的本质是一切社会关系的总和。

三、心理发展的基本规律

心理发展是指个体随着年龄的增长，在相应环境的作用下，整个反应活动不断得到改造，日趋完善、复杂化的过程，是一种体现在个体内部的连续而又稳定的变化。人的心理发展通常呈现以下规律。

（一）连续性与阶段性

心理发展既体现出量的积累，又表现出质的飞跃，从而表现出阶段性。阶段性是指在心理发展过程中，在不断地产生量变的基础上出现质变，而使某个年龄阶段具有不同于其他年龄阶段的一般的、典型的、本质的特点。连续性是指各个年龄阶段的心理发展虽然是有区别的，但也是不间断的，表现出心理发展的继承性。在某一年龄阶段之初，会保存着大量的前一年龄阶段的心理特点；在这一年龄阶段之末，也会产生较多的下一年龄阶段的心理特点。

（二）方向性和不可逆性

正常情况下，心理发展具有一定的方向性和先后顺序，既不能逾越，也不能逆向发展。例如，个体动作的发展就遵循自上而下、由躯体中心向外围、从粗动作到细动作的发展规律，这些规律可概括为动作发展的头尾律、近远律和大小律。

（三）不平衡性

个体从出生到成熟体现出多元化的模式，表现为：不同系统在发展速度、起始时间、达到的成熟水平等方面不同，同一机能系统特性在发展的不同时期（年龄阶段）有不同的发展速度。个体在某一特殊的成熟时期，受适宜的环境影响，最容易习得某种行为，发展特别迅速，而如果错过该时期，这方面的发展就会变得较为困难，这个特殊时期便被称为关键期。从总体发展来看，幼儿期出现第一个加速发展期，然后是儿童期的平稳发展，到了青春期又出现第二个加速期，然后又是平稳地发展，到了老年期开始下降。

（四）个体差异性

1. 认知发展特点

认知是一种认识过程，指人在认识客观事物的过程中，为了弄清客观事物的性质和规律而产生的心理现象。总体来说，大学生的认知发展已经达到了较高的程度，也逐渐形成了自己的认知风格。他们不仅感知能力趋于完善，具有在抽象水平上精确地掌握理解各种事物及其关系的能力，而且在想象、独立思考等方面的能力也有很大的提升。但受青春期“自我中心”的影响，在看问题时容易陷入非黑即白的思维中，批判性有余而客观性不足，有时显得不够成熟。

2. 情绪发展特点

在生活中，情绪是人的心理状态的“晴雨表”，它反映着每个人内在的心理状态。美国心理学家霍尔把青年时期的情绪特征概括为“狂风暴雨”。大学生正处在青年期，具有青年人共有的情绪特征，往往情感丰富、情绪体验强烈，两极化明显，容易激动甚至会盲目地狂热，也容易灰心丧气，情绪来得快，平息得也快。总的来说，大学生的情绪特征正处于由波动性向稳定性逐步过渡的阶段。

3. 意志发展特点

意志使人自觉地确定目的，并根据目的调节支配自身的行动，克服困难，实现预定目标的心理过程。它是人的意识能动性的集中表现。大学生的意志品质已呈现较高的水平，但发展不平衡，总体上呈现以下特点：自觉性有很大提高，但惰性不同程度地存在；理智感大大增强，但自制力仍显薄弱；有毅力，但持久性相对不足；独立性明显提高，但伴有依赖性、逆反性；果断性增强，但带有一定的冲动性；意志品质发展具有不平衡性和不稳定性。大学时期，大学生的各种意志品质迅速发展，但仍没有最后定型，有一定的可塑性。

4. 自我意识发展特点

进入大学的学生，都会思考“我是谁”“我要做什么”“我为什么上大学”等问题，这些都是大学生自我意识的体现。生活阅历与学习特点决定了大学生自我意识的独特性。从大学生的自我认知来看，主要表现在自我分析的广度拓宽但深度不够，自我认识的自觉性和主动性明显提高了，但自我评价能力提高但欠客观，有片面性。从大学生自我体验来看，其形式显现出丰富性、敏感性、波动性和深刻性等特点，其内容则显现出自尊和自卑共存、开放性与闭锁性同在等特点。从大学生的自我调控看，自我控制能力较中小学阶段有所提高但仍然相对较弱，自我完善的愿望强烈但行动落后于想法。

（五）大学生的心理发展任务与心理健康

从人生的发展阶段来看，大学生处于青年期。青年期是由儿童向成人的过渡期、转变期。大学生应完成相应的心理发展任务，否则将不能顺利进入成人发展阶段或会影响成人阶段的发展任务。从心理健康的角度看，顺利完成发展任务，有助于大学生获得积极向上的心态，并为后一阶段心理健康发展任务的完成奠定良好的基础，对前一阶段完成的发展任务产生积极的巩固或修复作用；反之，则会带来挫折和失落，甚至阻碍心理的发展。

从大学生的心理特点来看，大学生心理发展的任务可以概括为以下四点。

（1）澄清自己的角色形象，确立内在的生活目标，在更高层次上实现自我意识的统整。

（2）发展良好的人际交往能力，学习与异性和同性建立亲密关系。

（3）从心理上获得真正的独立，做好未来人生的规划。

（4）发展社会所要求的专业技能、适宜的行为模式和积极的价值观念，完成社会化任务。

第四节 新时代与大学生心理健康

一、加强新时代大学生心理健康教育的必要性

（一）心理健康教育是新时代大学生健康成长和全面发展的现实需要

心理健康教育作为实现大学生全面发展的重要途径，有助于塑造大学生健康的人格。失衡的心理健康状态可能会导致大学生异常的生活和学习行为的出现，长期失衡的心理健康状态则会使大学生形成错误的道德观念，这不仅会危害大学生自身，甚至会危害他人、家庭和社会；平衡的心理健康状态有利于大学生以饱满的精神状态投入到生活和学习中，增强大学生的幸福感。

1. 大学生健康成长的需要

随着我国社会的快速发展，高等教育从精英型向大众化发展，网络信息化发展使大学生的自我意识也开始觉醒，他们追求个性化发展，寻求独立与成熟，每个人都希望自己独一无二，传统的、单一的教育模式已经落伍。个性极度张扬的时代，大学生的心理健康问题也日渐凸显，部分大学生个体心理素质差、个人的自我定位不准确；一些家长所表现出的极端的家庭教育没有为大学生心理健康发展提供合适的生长条件；初入大学，学习方式与人际关系的变化使学生产生某种不适应，情感丰富但情绪波动大；激烈的社会竞争在为大学生提供良好机遇的同时，也给他们带来许多心理压力；等等。这些心理健康问题的出现，无疑阻碍了大学生的健康成长和全面发展。

2. 大学生全面发展的需要

大学生在追求全面发展的过程中，应该从思想政治素质、知识素质、能力素质、身心素质四个方面去把握。身心素质包括身体素质和心理素质，大学生不仅要知识能力达标，还要保持身体健康和心理健康。身心素质是大学生全面发展的重要组成部分，更是大学生全面发展大厦的基石。

大学生心理健康教育对促进大学生的健康成长和全面发展具有重要的意义。大学生在全面发展的过程中会遇到各种心理问题，需要学校对他们进行心理健康教育的引导，

使他们鼓起勇气和信心，依靠所学战胜困难，展现自我风采。加强大学生的心理健康教育，提高大学生应对各种心理健康问题的能力，促进大学生的个性心理品质良性发展，促进大学生思想政治素质、知识素质、能力素质、身心素质全面发展，也是新时代培养高素质人才的迫切需要。

（二）心理健康教育是新时代加强大学生思想政治教育的必然要求

思想政治教育与心理健康教育有着密不可分的内在逻辑关联。思想政治教育的范畴主要包括思想教育、政治教育、道德教育、法律教育与心理健康教育。大学生思想政治教育是用一定的政治体系和道德观念，有目的地引导和教育大学生加强自身的道德素养和政治素养，树立乐观积极的生活态度的一项实践活动；心理健康教育是为了帮助大学生更好地面对各种各样的压力，从容地去解决各种心理问题，不断加强大学生与心理健康教育工作者之间的互动和情感沟通，从而更好地适应大学学习和生活。

1. 良好的思想政治教育有助于帮助大学生形成健康的心理状态

良好的思想政治教育能提升大学生的思想政治觉悟，帮助他们树立正确的世界观和人生观，有效防止他们在这个信息多元化的时代迷失自己，及时排解他们在生活和学习上的困惑。

2. 心理健康教育是思想政治教育的有机组成部分

乐观向上的心态和积极健康的心理不仅为大学生形成良好的政治思想素质提供保障，也能拓宽思想政治教育工作的形式，充实思想政治教育的内容。

大学生良好的思想政治道德品质的形成与他们的心理健康状况密切相关，心理健康教育偏重于从内到外的逐渐外化和渗透过程，弥补了忽视人的心理活动而单纯通过灌输说教解决大学生心理问题的传统教育理念，从大学生个体的角度去平衡他们的心理状态。拥有平衡心理状态的大学生更容易理解和真正接受思想政治教育的内容。深入了解大学生的心理健康问题，找到问题产生的源头，对大学生进行有针对性的心理健康教育，有助于增强大学生思想政治教育的效果。

（三）心理健康教育是新时代全面推进我国素质教育的基础工程

教育是民族振兴和社会进步的基石。要坚持教育优先发展，全面贯彻党的教育方针，坚持教育为社会主义现代化建设服务、为人民服务，把立德树人作为教育的根本任务，培养德、智、体、美全面发展的社会主义建设者和接班人。全面实施素质教育，深化教育领域综合改革，着力提高教育质量，培养学生社会责任感、创新精神、实践能力。

素质教育是指一种以提高受教育者诸方面素质为目标的教育模式，它重视人的思想素质、能力培养、个性发展、身体健康和心理健康教育。全面实施素质教育要求学校要注重加强大学生的心理健康教育，提高大学生的心理素质，充分挖掘大学生的潜能，培养大学生积极乐观的心理品质，促进大学生人格的健全发展。

1. 心理健康教育是素质教育全面推行的中介，是新时代全面推进我国素质教育的基础工程

自改革开放以来，党和国家始终把提高全民族的素质作为关系社会主义现代化建设全局的一项根本任务。全面的素质教育包括德、智、体、美、劳的教育，无论是德育的高效化、智育的科学化、体育的全面化、美育的内在化，还是劳动教育的自觉化，都需要心理健康教育作为中介。以心理健康教育为中介，可以引导大学生完善自己的认知过程、情感过程和意志过程，促进德智体美劳各项教育的完善和发展。

2. 素质教育的全面推行会推动心理健康教育的进一步发展

德、智、体、美、劳全面发展的大学生本身就具有良好的接受能力，德育、智育、体育、美育、劳动教育能够帮助大学生坚定意志，树立目标，为心理健康教育提供有效保障。青年时代是学习知识、陶冶情操、增长本领的黄金时期。素质教育的全面推行，能够帮助大学生在黄金时期有效平衡心理状态，实现全面发展。

二、新时代大学生心理健康教育存在的问题

（一）部分高校对大学生心理健康教育重视程度不够，教学工作有时偏于形式

近年来，虽然各高校提高了对大学生心理健康教育的关注，大学生心理健康教育形式和方法也在不断创新。但从目前来看，部分高校仍然存在对大学生心理健康教育重视不够、开展教学工作有时偏重形式的问题。

1. 部分高校对大学生心理健康教育重视程度不够

在我国，各高校基本都开设了与心理健康教育相关的课程，如《心理学》《教育学》《思想道德修养和法律基础》等公共选修课程。虽然高校一直在探索大学生心理健康教育的有效方式，但部分高校对心理健康教育重视程度还不够，对大学生的心理健康教育的措施还需要进一步落实。具体表现在：部分高校的心理健康教育课程只开设一个学期，课时有限，不能根据大学生的实际需求授课；教育目标要求细致烦琐，缺乏层次性和系统性；部分教师在教学时过于重视对概念的讲解，一些心理健康出现问题的学生不能够及时得到心理辅导。

2. 在开展心理健康教育教学过程中有时偏于形式

部分高校并没有事先确立好责任制，缺乏适当的监督，在教学中出现事故或者工作落实不到位时，没有明确的责任人；高校虽然建立了心理咨询室，配备了心理咨询师，但是建设情况和运行状况并不是很好，心理健康教育相关硬件设施不齐全，没有完善的心理健康教育资料、普查读卡机等，使得心理健康教育工作不能很好地完成；心理健康教育硬件设施利用率不高，大部分的心理咨询室的运转状况欠佳，咨询室空置，咨询师空闲。以上种种问题都说明，部分高校大学生心理健康教育偏于形式，没有对已有的资源进行合理的利用，教育过程缺乏科学性。

（二）大学生心理健康教育与思想政治教育融合错位，与实践脱节

部分大学生的思想问题和心理问题常常是相互交织在一起的，因此，促进大学生心理健康教育与思想政治教育的融合就显得非常重要。但一些教育工作者却忽略了大学生心理健康教育与大学生思想政治教育存在现实边界的事实，往往将二者混为一谈。思想政治教育的主要方式是由外到内的灌输式教育，在这个过程中，学生属于被动接受；而心理健康教育则是由内到外的逐渐外化和渗透过程，在这个过程中，师生在平等、相互尊重的基础上进行交流。部分高校在开展心理健康教育的过程中，采用灌输式的教育方法，让学生被动地接受心理健康教育知识，忽略了与学生的沟通交流，没有办法产生师生之间的心理共鸣，教育过程缺乏针对性和主动性。

大学生心理健康教育应该与社会相联系，形成积极的相互影响作用。但当前我国部分高校的心理教育方式仅仅存在于书本、课堂中，没有真正与社会相联系、深入社会实践中。各高校均开设了相关课程，期望通过书本知识引导大学生保持健康心理，期望大学生在遇到现实问题时自己能协调处理，正确面对自己与他人、社会的关系。而在实际生活中，大学生会遇到许多与书本知识相出入的问题，不能按图索骥，完美解决自身问题。另外，心理健康学的很多理论大多来自西方，如何将西方理论与中国现实和大学生的实际生活相结合，这是一个不容忽视的问题。

（三）心理健康教育工作者专业知识和业务能力有待于提高

心理健康教育要求教育工作者运用科学的心理方法及与其相适应的维护其心理健康的教育实践活动，以促进大学生的心理发展。也就是说，心理健康教育工作者必须以心理学、教育学等专业知识为理论基础，通过相关的心理技术课程或者心理咨询等方式对大学生进行教育，促进其心理发展。但实际上，我国部分大学生心理健康教育工作者无论是专业知识还是业务能力都有待提高。

1. 部分大学生心理健康教育工作者专业基础知识薄弱

部分大学生心理健康教育工作者疏于学习，心理学专业毕业生，除了心理学一般知识掌握较多外，对于与心理咨询直接有关的知识和技能也是知之甚少的，同样需要补充。

由于我国并没有开设专门的心理健康教育专业或类似专业，大部分大学生心理健康教育工作者以接受相关专业的学历教育为起点，基本靠自学来掌握心理健康教育专业基础知识。同时，目前我国大学生心理健康教育工作者的再学习还处在自发性探索阶段，没有形成完整的体系，部分大学生心理健康教育工作者缺乏主动性与积极性，长期忽视对于相关专业知识的汲取，专业素养逐渐退化。

2. 部分大学生心理健康教育工作者专业实践技能不扎实

部分从事心理健康教育的教师都是思想政治教育或相关专业的教师，对心理健康教育的实际操作尚缺少经验，在对心理健康教育相关知识进行学习的过程中普遍存在轻视实践和技能训练不足的问题。部分心理健康教育工作者无法做到专业实践技能与专业理论知识有效结合，不能及时发现大学生存在的心理健康问题，对已经暴露出来的大学生心理问题不能有针对性地妥善解决。

（四）大学生心理健康教育发展性和补救性教育发展不平衡

心理健康教育包括发展性教育和补救性教育两项任务。发展性教育主要是有目的、有计划地对学生的心理素质与心理健康进行培养、促进，使学生的心理品质不断优化；补救性教育则主要是对心理处于不良状态或心理出现问题的学生进行专门的帮助，使之恢复正常状态。就层次而言，发展性教育主要是针对正常发展的学生，是提高性的；而补救性教育则是主要面对心理方面出现不同程度问题的学生，是矫正性的。当前，在大学生心理健康教育过程中存在重视补救性教育、忽视发展性教育的问题。

大学生心理健康教育应该坚持从大学生自身的特点出发，培养大学生良好的心理素质。心理健康教育的受众应该是绝大多数的大学生，但在心理健康教育的过程中，部分心理健康教育工作者主要针对的是心理方面出现不同程度问题的大学生，重点关注他们的心理需要，解决已经出现的心理问题，往往忽视了绝大多数正常发展的大学生。其中，部分大学生也许心理健康同样出现问题，但由于出现的问题不明显或者学生自己隐瞒，同学以及老师很难发现，这就极有可能导致这部分学生的心理健康问题由小变大，最后可能会难以控制。

第二章 大学生心理咨询与测验

第一节 大学生心理咨询

一、心理咨询概述

（一）心理咨询的概念

心理咨询是指由受过咨询心理学专门训练的专业人员运用心理学知识、理论和技术，针对来访者的各种适应与发展问题，通过与来访者协商、交谈、启发和指导的过程，帮助来访者达到自立自强、增进心理健康水平和提高社会适应能力的目的。

心理咨询其实是一个“助人自助”的过程。先由“他助”（来访者求助咨询者），经过“互助”（咨询者与来访者之间相互了解、理解和谅解），最后达到来访者“自助”（自己改变认识和行为）的完整过程。来访者并不是为学习某种知识和技能，也不是为寻求道德上的教诲。咨询者给予来访者的是一种特殊的帮助，即通过咨询过程使来访者有新的体验，以新的思维方式和角度思考问题，用新的方式去体验和表达思想感情，采取新的行为方式适应环境，并和外界建立和谐的关系。

在理解心理咨询时，要特别注意把握好以下两方面的关系。

1. 心理咨询与心理安慰的关系

当一个人心理上遇到难以排解的困苦时，他可以找个亲朋好友诉苦一番或痛哭一场，当时可以听到许多宽心的话，也可以得到不少精神安慰。一般说来，安慰具有情绪宣泄和暂时恢复心理平衡的功能。但是，心理咨询的过程并非一般人理解的是劝慰人或开导人，也非少数人理解的仅仅是处理心理障碍。心理咨询过程实际上是“人格重构”的过程，它所追求的目标是帮助你实现“心灵再度成长”的任务。一般人在相互安慰时，总是会劝说对方尽快尽早地忘却其不快的经历。“过去的事情就让它过去吧”，这大概是人们平时互相劝慰时的共同准则。但心理咨询人员不会这样简单地劝说来访者忘却过去，而是竭力使人积极地看待个人所经受的挫折和磨难，将不愉快的经历当作自我成长的良机。与一般安慰不同的另一点是，心理咨询要避免使来访者依赖他人，要促进其独立性与自立性。虽然心理咨询不同于一般的安慰，但它并不排斥使用安慰效应。

2. 心理咨询和心理治疗的关系

心理咨询与心理治疗是两个不同的概念。“心理治疗”一词显然有着浓厚的临床色彩。心理咨询与心理治疗的区别主要有以下几点。

（1）从服务对象上来看，心理咨询以有轻、中度个人适应与发展等心理问题、心理困扰、心理冲突的正常人为主，心理治疗则主要以有心理障碍和心理疾病的人为主。

（2）从工作内容来看，心理咨询着重处理的是常人遇到的各种问题，如人际、情感、家庭、环境适应、职业选择、生涯设计等问题。心理治疗的适用范围则主要是某些神经症、人格及行为障碍等。

（3）从工作时间来看，心理咨询用时较短，咨询次数一般为一次到几次，而心理治疗费时较长，由几次到几十次不等。

心理咨询与心理治疗又是密切联系的。它们所采用的理论方法常常是一致的，工作对象和目标常常是相似的，都注重建立与来访者之间相互信赖的工作关系。比较合理的做法是根据当事人问题的严重程度，辩证地看待心理咨询与心理治疗之间的关系。

（二）心理咨询的作用

事实上，每个人在不同阶段、不同层面，在遇到不同的事件时，都存在或多或少、或轻或重的心理问题。当你感到心情郁闷、焦虑、兴趣下降等不适或异常表现时，不妨果断、大方地走进心理咨询室，进行心理咨询，就像得了感冒看内科医生一样自然。今后，定期或不定期心理咨询会被越来越多的人接受，甚至会被人们当成一种时尚，因为，心理咨询可以为你提供多方面的支持和帮助。

心理咨询可以教会你管理自己的情绪，使你拥有积极稳定的情绪，避免产生各种情绪障碍，如抑郁症、躁狂症、歇斯底里症等；帮助你学会正确认识自我和周围世界，使你拥有完善的认知体系，避免因为错误归因导致种种失败；帮助你恢复爱的能力，使你学会幸福地工作、幸福地生活、幸福地去爱；使你拥有健全的人格，摆脱自卑、自恋、自闭的不良心态，从而更好地投入到学习、工作和生活中；帮助你摆脱因失业、失恋、离异造成的痛苦，教会你应付生活中种种挫折的方法；矫治各种人格障碍和神经症；为你提供职业指导；帮助你在人生重大问题上正确独立地选择；帮助你度过人生的各个发展阶段。

（三）心理咨询的类型

1. 按照咨询的途径分类

（1）门诊咨询

门诊咨询是指在专门的心理咨询机构或医院的心理咨询门诊进行的咨询。心理咨询师与当事人采取面对面的方式交谈，详细了解、分析当事人的心理问题，帮助他们摆脱有碍于身心健康的不利因素，提高他们解决问题、适应环境的能力。对已经形成心理障碍者，则分析其病因和症状，制订完整的治疗计划。门诊咨询掌握情况全面，能够更深入地为当事人提供有效的帮助，是一种首选的心理咨询方法。

（2）电话咨询

电话咨询是利用电话通话的方式对当事人给予劝告、安慰、鼓励或指导。电话咨询方便、快捷，隐蔽性、保密性强，深受当事人的喜爱。它是心理咨询的一种重要形式。这种形式在国外经常用于心理危机干预，故心理咨询热线被称为“希望线”“生命线”。

（3）信函咨询

信函咨询是以通信的方式进行心理咨询。当事人来信提出自己要求咨询的问题，心理咨询师或者是心理医生给予回信答复。其优点是不受居住条件限制，对于那些不善于口头表达或较为拘谨的当事人来说是一种较易接受的方法。但咨询效果会受当事人的书面表达能力、理解力和个性特点的影响。

（4）专栏咨询

专栏咨询是指在报纸、期刊、电台、电视台和网络开辟心理咨询专栏，对读者、听众、观众提出的典型心理问题进行公开解答。优点是受益面广，具有治疗与预防并重的功能，但是存在模糊、粗浅、泛泛而论的缺陷。

（5）现场咨询

现场咨询是指心理咨询机构的专职人员深入基层或当事人家中，为广大当事人提供多方面服务的一种咨询形式。例如，重大考试前深入学校进行考前心理辅导等。

（6）网络咨询

网络具有极强的保密性、及时性，为心理咨询提供了无限发展的空间。通过网络，当事人能够真正毫无顾忌地倾诉自己的隐私，暴露自己的问题，从而使心理咨询师或者心理医生能够在尽可能短的时间内掌握当事人的基本情况，做出适时的分析判断，并可以通过实时交谈不断矫正其分析判断，做出切合实际的引导及处理。随着网络技术的不断发展和互联网的迅速普及，网络咨询将具有十分广阔的前景，网上咨询服务的类型一般有邮件咨询，QQ、微信或其他聊天工具的同步咨询，网上咨询室的语音、视频咨询。

2. 按照咨询的对象分类

（1）直接咨询

由心理医生对当事人直接进行咨询，可采取门诊咨询、书信咨询、电话咨询和现场咨询等形式。心理医生和当事人的直接交往和相互作用，使心理咨询的效果得到保证。

（2）间接咨询

由心理医生对当事人的亲属或其他人员所反映的当事人的心理问题进行咨询。由于在咨询人员和当事人之间增加了一道中转媒介，如何处理好心理咨询人员与中转人的关系，使心理咨询的意见为中转人所领悟、接受并合理实施，是影响心理咨询效果的一个重要问题。

3. 按照咨询对象的数量分类

（1）个别咨询

个别咨询是咨询师对来访者进行的一对一的咨询。

（2）团体咨询

团体咨询是针对团体的特点进行集体咨询。团体咨询是学校心理咨询当中应用最广的一种咨询形式。因为学生中的问题大多比较集中（如人际关系问题、恋爱问题等），且年龄相仿，非常适宜采用团体咨询。

4. 按照咨询的主要内容分类

（1）适应咨询

这类咨询的对象身心基本健康，但学习、工作和生活中有各种烦恼，心理矛盾时有发生，咨询的目的是排解心理问题，减轻心理压力，改善适应能力。例如，因学习成绩不如意而忧虑；因陷入失恋痛苦而难以自拔；因人际关系不协调而苦恼；因远离父母，缺乏生活自理能力而焦虑；因环境改变而导致自我认知失调等。

（2）发展咨询

在人生的发展历程中，人人都会因为成长而不断遭遇各种冲突和困扰。发展咨询的对象是属于比较健康、无明显心理冲突、基本适应环境的人。咨询的目的是更好地认识自己，扬长避短，开发潜能，提高学习、工作和生活的质量，追求更完善的发展。例如，怎样处理好社会工作与学习的关系？怎样获得更多的朋友？选择什么职业更有利于自己发展？以及如何实现人生价值等。我国目前大多数涉及心理咨询的职业活动，几乎都是属于这一类。这方面的工作构成了狭义上的心理健康支持系统。国内现有的学校心理咨询中心、精神病院的心理科、社区的热线电话以及其他各种形式的教育或心理机构，所做的服务工作几乎都是与发展咨询相关的。

（3）职业咨询

在职业高度分化的现代社会中，因为职业选择和工作适应等造成的个人问题正在日益增加。职业咨询因而逐渐发展成为一项专业服务。早期的职业咨询，一方面，帮助一些企业挑选适合于他们需要的专门职业人员；另一方面，帮助个人进行职业决策，向他们推荐适合于他们的工作。现代职业咨询包含了许多内容，例如，在人事管理方面，通过提供适当的评价、测试方法和各种论证思想，为管理者挑选适当的工作人员。目前，国家机关的许多人事聘用都加入了这项内容。又如，帮助谋职者进行职业生涯设计和规划等，以便更好地实现人职匹配。

（4）障碍咨询

这类咨询的对象属于有心理障碍，患有某种心理疾病，为此苦不堪言，影响了学习、工作和生活的人。咨询的目的是通过系统的心理治疗，帮助患者克服障碍，缓解症状，恢复心理平衡。例如，焦虑性神经症、严重神经衰弱等。

（四）心理咨询的原则

心理咨询的原则即心理咨询人员在工作中必须遵守的基本要求，它是咨询工作者在长期的咨询实践中不断认识并逐步积累的经验。国内学者根据自己对心理咨询工作的理解，提出了许多心理咨询的原则。

1. 保密性原则

保密性原则是心理咨询中最重要的原则。这一原则是指心理咨询人员有责任对来访者的谈话内容予以保密，来访者的名誉和隐私权应受到道义上的维护和法律上的保护，在没有征得来访者同意的前提下，不得将在咨询场合下来访者的言行随意泄露给任何人或机关。在公开案例研究或发表有关文章必须使用特定来访者的个人资料时，要充分保护来访者的利益和隐私，并使其不至于被他人对号入座。

保密是心理咨询中一项最为敏感的问题。因为大部分寻求咨询辅导的心理问题都涉及个人隐私，所以，一般来说必要的保密可以解除来访者的心理顾虑和保护来访者的权益不被侵犯。同时，保密也是心理咨询专业操守的体现，反映了咨询人员对来访者的尊重和必要的投入。除了为来访者考虑外，保密的另一个目的也是为了保护咨询者的利益。由于太多涉及来访者的隐私，会造成来访者对于咨询者的嫉恨，在这种情况下，咨询者最有效的自我保护形式便是为来访者保守秘密。在这方面，许多国家已经通过立法的形式加以确立。

2. 尊重、接纳与理解原则

在心理咨询的导入阶段，咨询员最好保持中立，对来访者的心理与行为、观点与立场无条件接纳。在咨询过程中则要让来访者意识到咨询员接纳的是来访者本人而不是他的行为。给来访者以充分的尊重，努力与其建立起朋友式的真诚、友好、平等、信赖的关系。耐心倾听，适当提问，用心去理解来访者面临的困扰和感受，真正做到以来访者为中心。让当事人尽情诉说，别关心他诉说的情节而要着力关心他本人当时的感受，接受当事人的各种情绪，尽管有时咨询员并不同意。要避免否认、嘲笑、责问、逃避和生气。

3. 自愿原则

心理咨询是建立在咨询者和来访者双方“知情同意”基础上的一种心理援助活动。来访者寻求心理咨询应该是完全出于自愿的，这不仅是对当事人的尊重，也是心理咨询能够有效的必要条件。迫于父母、老师、上司、同学、朋友的催促和压力而前来要求心理咨询与治疗者不乏其人，但咨询员往往要为他们付出比一般来访者多出许多的辛苦。既然是自愿前来，也可以自愿离去和中止咨询，这是来访者的权利。此所谓“来者不拒，去者不追”。

4. 限定时间和感情的原则

事先对咨询时间予以限定，可以让来访者有一定的安定感，使来访者能够充分珍惜并有效利用时间。一次两小时不如一次一小时，分两次咨询的效果好，后者可以使来访者在咨询间隔期充分回味会谈或治疗的体验，并将其作为走向适应和成长的刺激剂。限定时间也让来访者体验到咨询员也有自己的生活或者还有别人等待他的帮助。当然，时间长短的限定也不是绝对的。

另外，咨询关系不能超出咨询室以外。咨询者不要与来访者在咨询室以外亲密接触和交往，不对来访者产生爱憎和依恋，更不能在咨询关系中寻找欲望的满足与实现。咨询员过于了解来访者的内心世界和私生活，也会妨碍来访者的自我坦露。

5. 发展性原则

发展性原则，是指在心理咨询过程中咨询人员要以发展变化的观点来看待来访者的问题，不仅要在问题的分析和本质的把握上善于用发展的眼光做动态考察，而且在对问题的解决和咨询结果的预测上也要具有发展的观点。不要轻易将来访者的问题归为某种心理障碍或某种疾病，要知道来访者绝大多数只是在适应、情绪、交往、学习、自我等方面存在暂时性困难，应当相信他们能在咨询员的帮助下发挥出自己的心智潜能，并能最终战胜自己。

6. 预防重于治疗原则

预防重于治疗原则，是指心理咨询人员应注意加强对人们常见心理障碍的分析和研究工作，努力掌握各种常见心理障碍发生、发展的一般规律，促进常见心理障碍的早期发现和早期诊治。重视咨询过程中心理卫生知识的宣传教育，使预防重于治疗的思想深入人心，这样才能更好地发挥心理咨询在促进人们心理健康方面的作用。

7. 异同性原则

所谓“异同性”，是指在咨询过程中，咨询人员既要注意来访者的共同表现和一般规律，又不能忽视个体差异。来访者的年龄差异、性别差异、身体状态区别、问题成因的不同和现实表现千差万别，这些构成了咨询过程中差异性的基础，咨询员必须做到心中有数，因人而异，区别对待，“一把钥匙开一把锁”，就其不同特点采取相应的措施。在咨询工作中，要善于在同中求异，异中求同，努力做到两者的有机结合。

8. 整体性原则

整体性原则，是指在咨询过程中心理咨询人员要有整体观念，对来访者的心理咨询问题做到全面考察、系统分析，既要重视心理活动诸要素的内在联系，又要考虑心理、生理及社会因素的相互制约和影响，以使咨询工作准确有效，防止或克服咨询工作中的片面性。

9. 艺术性原则

艺术性原则，是指心理咨询人员在咨询过程中要通晓咨询的理论和技巧，善于运用言语表达、情感交流和教育手段促进来访者的思想转化和行为改变，以便如期实现咨询的目标。

10. 转介原则

转介原则，是指心理咨询者在心理咨询过程中发现自己能力有限或因某些外来因素阻碍咨询者对来访者的帮助时，咨询者应在征求来访者意见的基础上，主动将来访者介绍给其他适宜的心理咨询者或心理治疗机构。事实上，由于每位心理咨询者的文化水平、价值观念、个性特征的不同，接受心理咨询训练程度的不同，擅长的心理咨询内容的不同，在实际咨询过程中，一旦遇到来访者要求咨询的内容与咨询者的知识技能不匹配，来访者的价值观与咨询者有明显分歧，来访者的个性与咨询者有着不协调，或来访者与咨询者有某种私人关系等因素，最好的做法是把来访者介绍给自己认为能够成功胜任这一任务的心理咨询者或心理治疗机构，以便对其进行进一步的帮助或治疗。

（五）心理咨询的过程

心理咨询的过程一般分为六个阶段：收集信息、界定问题、确立目标、设计方案、实施行动和评估结束。

1. 收集信息阶段

收集信息阶段的首要任务是初步建立良好的咨询关系，这种关系是决定咨询成败的关键。一方面，在咨询初期，咨询者必须了解和掌握来访者详细、准确的情况，才能有助于咨询者对问题的界定；另一方面，来访者也要了解咨询者是否关心他，能否对他负责到底，是否有丰富的咨询经验和矫正技术，是否平易近人，是否信守诺言，为人保密。如此这般，来访者才能决定是否愿意在咨询者面前坦露真情或隐私。良好的咨询关系是化解心理障碍的一个重要因素。

收集信息阶段的另一个任务是咨询者要了解来访者的求助动机、心理问题、个人发展史、人格特点、社会背景和社会适应情况。咨询者在和来访者交流时一般注意收集两方面的信息：一是来访者的具体情况，如年龄、出生地、文化程度等；二是来访者存在的心理问题及产生原因，包括问题何时发生，问题发生前后的情况如何等。

2. 界定问题阶段

界定问题阶段的主要任务是依据收集到的信息，结合心理咨询的有关知识，对来访者的问题进行界定、诊断，辨明问题的类型、性质和严重程度等，为确立咨询目标和选择咨询方法打下基础。

（1）判断来访者的问题类型。来访者的问题是多种多样的，有的属于成长中的问题，如青春期性困惑；有的属于行为品德方面的问题，如为人自私；有的属于一般性的心理问题，如人际交往不适；严重的也可能属于某些神经症症状，如焦虑症、强迫症等。另外，通过对心理问题严重程度的评估，可确定哪些问题是可以通过心理咨询解决的，哪些问题是需要转介给其他机构或需要借助其他力量干预的。

（2）结合心理测验进一步诊断。在此不多做阐述。

3. 确立目标阶段

确立目标阶段的主要任务是在咨询双方对来访者问题界定的基础上，共同确立其应向什么方向改变，经过改变后可以达到一个什么样的状态。例如，如果来访者的问题是适应性不良，就可以把通过强化或消退等手段矫正不良行为作为主要的咨询目标；如果是由于认识的歪曲或错误造成来访者的心理问题，就应该把帮助来访者发现认识错误、改变不良认识作为主要的咨询目标。

4. 设计方案阶段

设计方案阶段的主要任务是根据来访者问题的性质，来访者的自身特点，外界资源中可供利用的支持条件，咨询者的能力，心理咨询的经验和技术储备，结合既定的咨询目标来设计咨询方案。说得通俗点儿，就是咨询者与来访者共同制定一个时间表，明确双方在一段时间内做些什么，以及如何做。

5. 实施行动阶段

实施行动阶段的主要任务是将方案中拟定的行动步骤一一付诸实施。在实施过程中，来访者是主角，他在咨询者的指导下，积极进行自我探索，产生理解、领悟，克服不良情绪，或开始用新的适应性行为代替旧的不适应性行为。而咨询者则主要起解释、督促、评估等作用，鼓励来访者把行动坚持下来。

6. 评估结束阶段

评估结束阶段的任务是评估目标收获、为学习迁移做准备。

（1）评估目标收获

咨询双方根据已确定的目标评估整个心理咨询过程，确认目标达成情况。必要时，这种评估还可以再一次利用心理测量。评估的价值不仅在于使来访者明了咨询的收获，还能提供一个机会，让来访者体会经过一段艰难努力终于达到目标的成功体验。这种体验是很珍贵的经验。

（2）为学习迁移做准备

咨询双方要针对来访者的担心，较详细地讨论来访者在实际学习、工作和生活中可能会碰到哪些困难，他应怎样利用在咨询中获得的积极经验和收获，去面对这些情况并加以妥善处理，从而扩大咨询效果，促进来访者的更快发展。

需要指出的是，以上六个阶段的划分是相对的。

二、大学生心理咨询的主要内容和步骤

（一）大学生心理咨询的主要内容

高校大学生心理咨询的主要内容涉及学业问题、人际关系问题、恋爱与性问题、个性情绪问题、个人发展前途问题、健康问题、就业择业问题、其他问题（包括家庭问题、经济困难、出国、危机状态等）。少部分涉及神经官能症、人格与性心理障碍等。概括起来有以下四大方面内容。

1. 以心理发展为中心的咨询内容

这方面的内容包括大学生的心理特点；大学生的发展目标；大学生的智力开发与创造力训练；大学生的情绪指导与情感陶冶；大学生的个性塑造等。

2. 以校园适应为中心的咨询内容

这方面的内容包括大学新生入学适应的心理问题；大学生学习的心理机制与帮助策略；大学生不良学习方法的纠正；引导大学生正确与异性交往；大学生人际冲突的妥善处理；大学生人际交往的技巧等。

3. 以心理问题处理为中心的咨询内容

这方面的内容包括大学生常见的心理问题；大学生学校适应不良的心理调整；大学生行为问题（不良生活习惯、自杀倾向、品行障碍等）的矫正干预；大学生性心理问题（性认同障碍、恋物倾向等）的矫治干预；大学生神经症倾向（焦虑症、强迫症、恐惧症、抑郁症、疑病症等）的矫治干预；大学生人格障碍（反社会型人格、偏执型人格、分裂型人格、强迫型人格等）的矫治干预等。

4. 以升学就业指导为中心的咨询内容

这方面的内容包括升学就业前的综合心理调整；考试焦虑的分析与排解；学生能力性格与职业兴趣的评估；毕业求职的技能技巧等。

（二）大学生心理咨询的步骤

1. 确定个人是否有问题

（1）依靠经验的方法

按照社会学的模式，个人在社会生活中的一切行为，判断是否合理的唯一标准便是看它是否能够与社会中其他人的行为协调一致，如果是一致的，便是合理健康的行为，否则便不合理。不过，这种不合理的行为可以分为两种：一种是犯罪或犯过行为；另一种则是心理障碍。举例来说，如果在我们这个社会中，熟人见面都要相互问候一声，而你却见谁都不理不睬，那么，你的这个行为便可以判断是有问题的。所以，在界定个人是否有心理问题时，必须根据他与现实社会文化之间的关系和相容情况来决定。

（2）依靠测验工具

早在咨询心理学初创的时候，美国心理学家联合会第 17 分支（咨询与指导分支）就已经提出，咨询人员的专业训练中应该包含对测验评价工具的运用能力训练。也就是说，专业咨询人员在使用测验工具方面同样应该是一个专家。这就如同一名内科医生必须能够识别各种医学检验报告一样，咨询工作者也应该能够运用标准化测验量表对个人心理问题做出解释。

常规的心理咨询中往往会有一些测验活动。经常用于咨询活动的测验主要包括以下几类。

（1）用于评价个人整体人格结构的量表（如卡特尔人格调查表，简称 16PF）。

（2）用于评价个人心理健康水平的量表。其中，又包括一般评定量表（如症状自评量表，简称 SCL-090）；专门评定量表（如孤独症行为评定量表，简称 ABC）；抑郁自评量表（SDS）；焦虑自评量表（SAS）。

（3）用于确定治疗方案的量表（如艾森克人格调查表，简称 EPQ）。

2. 选择心理咨询机构

慎重地选择心理咨询机构是十分重要的，这可以使个人及时获得适当的帮助。国内目前心理咨询机构主要包括以下几个类别。

第一种是学校心理咨询中心。许多大学都已经开设了这类咨询中心，主要由辅导员和心理学工作者联合组成。当学生面临涉及个人发展的各种具体问题（如对校园环境的适应问题、恋爱问题、学业问题）时，可以首先与自己学校的心理咨询中心取得联系，借助咨询老师的专业知识和必要的测验评价工具，谋求对于自己的问题初步澄清，并在此基础上得到老师的具体辅导。通常情况下，绝大多数大学生的心理问题都可以通过心理咨询中心得到解决。

第二种是更加专业一点的心理咨询机构，比如专门针对学业问题的咨询机构或专门涉及婚恋的咨询机构等。当个人问题在上述一般的学校心理咨询和辅导中不能得到解决时，可以有针对性地寻求这种专业咨询结构帮助。不过目前国内在这方面的专业咨询机构还不是很普及，在很多城市中几乎不存在。

第三种是附设在各种医疗机构中的心理咨询门诊，尤其是在一些精神专科医院中，现在已经相当普及了。对于一些发现有比较明显的不能自控症状的大学生，建议可以经由咨询中心转介后，寻求附设在各种医疗机构中的心理咨询门诊咨询。不过需要注意的是，由于这些机构目前都采用传统医学模式，比较强调通过物理和化学的手段治疗障碍，所以，对于大多数同学来说除非必要，一般情况下还是优先考虑去学校的心理咨询中心。

3. 明确咨询会谈的注意事项

一般的咨询过程是这样的：先由来访者与咨询者预约好咨询时间，双方在约定的时间准时赴约。咨询过程一般在咨询室进行，作为净化心灵和强化自信心的场所，心理咨询室一般都布置得很典雅，并能给人以充分的舒适、放松感。整个咨询过程必须在高度保密的情况下进行，除非来访者提出特殊的陪同要求，咨询过程一般要求是一对一的，即咨询室一次只能接待一名来访者。为了使心理咨询取得良好的效果，必须注意以下几点。

（1）建立合理的咨询关系

在心理咨询中，咨询者和来访者之间的关系是平等的，既非教师和学生的关系，也不是治疗者和患者的关系，而是一种更倾向于朋友的关系。由于这种关系的建立极富有治疗意义，所以，从咨询开始，咨询者和来访者都要努力推动双方发展这种关系。因为，合理的咨询关系有利于促进来访者的自我探索和自我发现；有利于促进来访者的情绪适度宣泄和向合理方向改善；有利于提高来访者的自尊和自信。

（2）咨询会谈中需要注意的问题

会谈是一种信息交流的过程，信息表达的内容包括认知性信息和情感性信息两类，而信息表达的方式则包括言语和非言语表达。另外，从会谈的过程来看，一次完整的会谈通常包括开始会谈、切入主题和结束会谈这三个环节。对于这些环节的处理适当与否，直接影响着咨询者与来访者的关系，需要谨慎对待。具体注意事项包括以下内容。

①当开始会谈时，双方可以首先从一些中性的话题（如天气、环境等）说起。不宜在开始时就把话题放在对方身上（如礼节性地称赞对方的穿着或其他外表），也不宜谈论自己。后两种话题在情况不明的时候，容易引起对方的不快或造成自我解嘲，应该注意避免。

②当你发现咨询员做出以下两种方式的姿态时，便可以准备切入正题了：一是以亲切婉转的语气询问你："我能为你做些什么？"二是干脆不发言，仅仅以一种亲切、关注的眼神看着你。

③切入正题后，你可能会出现比较强烈的情绪变化。一般当我们开始集中关注自己的问题时，随着认识的深入，情感也在随之显露出来。这时，很容易出现一些比较强烈的情绪表现，如哭泣等。在出现这些反应时，不必慌乱，也不必限制自己，咨询员多半能够表示理解并让你充分表达出来。这种情绪表达往往也是咨询的一个组成部分。

④用最自然的方式探讨自我，当你感觉有任何不适应的地方时，可以直接向你的咨询员提出来，通常他们会重视你的态度的。

⑤在交谈中，当你感觉对有些事情心理准备还不充分、暂时不想讨论时，也不必顾虑，只要你坦率地表达出来，咨询员会充分理解你的这种需要的；对于你已经谈出来的问题，也不必担心，保密是心理咨询的基本职业准则，除非某些特殊情况，一般是不会让其他人知道你的隐私的。

⑥保密的限度。在下列情况下，保密是有限度的。当确信来访者有自杀倾向时；当感到来访者有伤害他人的倾向时；当得知一名未成年来访者正在经受某种虐待时；以及当涉及某些法律问题时；等等。

⑦对于内心的一些涉及不道德的念头也不必顾虑，可以大胆地表达出来，咨询员会对这些表示充分的理解。同时，这些也很可能是帮助你的一些重要资源。事实上，在心理咨询中，对于道德问题的界定是十分谨慎的，一般不可以把观念上的不道德内容，界定为实际上的不道德。

⑧在咨询中，不要期望咨询员能够帮你解决问题。这是一种非常错误的观念，是与咨询的目标相违背的。咨询的目的就是要帮助来访者学会自助，而不是纵容来访者依赖咨询员。咨询员是一面镜子，借助于咨询员，可以让你更好地面对自己。

⑨在看待咨询活动的收效上，要有比较长远的眼光。它往往不是一朝一夕能够取得效果的。

（三）大学生心理咨询效果的评价及影响因素

1. 影响咨询效果的关键因素——咨询员

心理咨询不同于其他行业，不是什么人都能当心理咨询员的。要想做心理咨询员，首先，自己要有健康的心理，良好的人格和职业道德；其次，要具备心理学、医学、社会学、人文科学等基础知识；最后，还要有丰富的阅历和工作经历。具备了这些条件只能说基本合格，与优秀的心理咨询员相比，还相差很远。咨询员的特定角色地位决定了他在整个咨询过程中起着举足轻重的关键作用，咨询员的个人价值取向以及外部言行举止都直接影响咨询效果。

（1）咨询员的人性观

所谓“人性观”，就是对人性的一种假设。有人相信人性本“善”，有人相信人性本“恶”。对于一位咨询员来说，他所接受的人性观决定了他的辅导目标，影响他对辅导理论的选择和对来访者的态度。咨询员的人性观一般都与他们的专业取向相关。比如，倾向于精神分析学派的心理咨询员，通常比较习惯于采取人性本“恶”的假设，把人性等同于动物性；而采取人本主义取向的心理咨询员，则相信人性本“善”，相信人是有理性和值得信赖的。通常在咨询过程中，咨询员会让你感受到他的人性取向，并努力以此去影响你。

（2）咨询员的专业限制

就像一名医生或一位教师，他的专业训练决定了他可能只胜任某个方面的专业活动。比如，虽然这位咨询员对于学习行为的辅导十分熟悉，但是很可能他在对于婚姻恋爱方面却不擅长心理咨询。虽然可以帮助大学生解决许多涉及心理健康的问题，但是在这些问题中，心理咨询的专业选择还是有一定限度的。通常的分类是，临床精神科医生主要服务于那些有严重精神错乱的患者（如精神分裂症、各种情感障碍及人格障碍等），尤其在他们面临急性发作期时，因为丧失了合理的自我意识，不适宜进行心理治疗或咨询。专业心理治疗人员主要服务于那些因为长期的心理影响造成的个人情感或行为障碍，并借助系统的心理治疗手段去帮助个人。相比之下，心理咨询工作主要和个人当前所面临的一些具体心理问题或即将面对的困惑有关，咨询工作者通过各种针对个人或团体的咨询辅导活动（如青春期预备训练）来提高个人面对社会的能力，改善生活质量。

（3）咨询员的个人倾向

在某些情况下（如在少数民族地区或在不同种族的人之间进行咨询的时候），咨询员的个人信仰也会使咨询或治疗受到影响。在这种情况下，及时转换接受信仰一致的人咨询或治疗是很重要的。

2. 来访者个人因素

对于接受心理咨询的个人来说，是否有良好的动机愿望配合咨询者的咨询辅导工作是影响咨询效果的最主要个人因素。无论是动机过强还是动机不足，都会使咨询效果受到影响。往往有来访者因为种种原因，对于心理咨询存在疑虑，常常用一种挑剔的眼光看待咨询，与咨询员抬杠，甚至故意设置圈套，试探咨询人员，使咨询工作无法正常进行。同时，也有一些人盲目迷信心理咨询或某个咨询员的个人影响力，导致出现移情疗效，并且使这种疗效被扩大而影响了合理的治疗。

3. 心理测验的限制

随着心理学日益强调对人的客观评价，各种测验工具也开始大量地被运用到心理咨询中。运用心理测验的好处是可以比较方便快捷和客观地评价来访者，用一个比较一般的标准而不是仅仅凭借经验去评价人，其优势是有目共睹的。但是，尽管如此，测验仍然是有局限性的。在很多情况下，它无法取代通过会谈所获得的对来访者的经验评价。测验的局限性主要由于以下原因造成：第一，测验取样的限制。目前，国内大部分的评定量表都是从国外进口的，而心理健康问题具有很大的文化限制性，某些适合西方文化的内容未必适合中国人，如果一个西方的评定量表中把见面接吻看作合理的人际行为的话，移植到中国来这样的行为肯定是心理障碍。第二，使用上的限制。量表的使用虽然并不十分复杂，但也有很多专业问题需要考虑。比如，智力测验对于时间和完成测验的方式都有很多要求，使用不当便会使测验成绩反映失真。因此，检测人员必须经受严格的训练，使用过滥是很危险的。第三，对于结果解释上的限制。一些缺乏专业训练的和过于迷信量表的人员，可能由于滥用和不适当评价而误导来访者。

三、团体心理咨询

（一）团体心理咨询概述

团体心理咨询是指在团体咨询员的带领下，团体成员围绕某一共同关心的问题，通过一定的活动形式与人际互动，相互启发、诱导，促使个体在交往中通过观察、学习、体验，认识自我、探索自我、接纳自我，调整和改善与他人的关系，学习新的态度与行为方式，以发展良好的生活适应的助人过程。

与一对一的个别心理咨询相比，团体心理咨询的特点和长处在于：①效率高，省时省力；②感染力强，影响广泛；③效果容易巩固。在帮助那些有着类似问题和困扰的人时，团体心理咨询是一种经济而有效的方法。心理辅导员如果把自己可以胜任的工作局限于个别辅导的话，他也就限制了自己可以提供服务的范围。

团体心理咨询的一般作用有：①培养与他人相处及合作的能力；②加深自我了解，增强自信心，开发潜能；③加强团体的归属感、凝聚力及团结；④有助于德育功能的实现。

其实，在心理健康教育中，团体心理咨询的应用领域很广。就高校而言，团体咨询领域主要有以下几方面。

（1）大学生成长问题辅导（家庭影响、生命模式分析等）。

（2）心理健康问题指导（压力处理、挫折的承受和应对、男女相处等）。

（3）领袖才能训练（社交、沟通、团队合作、时间管理等）。

（4）人际关系辅导（自我认识、信任建立、助人技巧等）。

（5）就业技能训练（自我探索、表达练习、求职技巧等）。

（6）学习技能培训（学习方法探索、考试技巧练习等）。

（7）各类工作坊（如生涯规划、自我拓展训练等）。

（8）特殊群体工作（如贫困生、单亲家庭学生、学业困难生、问题行为学生等）。

（二）团体心理咨询的操作过程和常用方法

1. 团体心理咨询的准备

（1）培训咨询师和助手

咨询师是团体心理咨询活动得以顺利开展的基础和保证。因此，在团体咨询开始之前，首先要对咨询师进行培训。一个优秀的咨询师不仅要能接纳自己，还要能与他人和睦相处；不仅要具备团体领导技能，而且要有针对特定主题的知识。咨询师的培训内容包括知识学习，如离婚的影响有哪些，怎样开展自信心训练；技能技巧训练，如对他人的情感、反应、言语产生同感的能力。此外，自信、情绪稳定、善于表达情感、尊重别人、乐于助人、宽容、思维敏捷等素质训练也是必不可少的。

对于比较大的团体咨询活动，还需要培训助手帮助咨询师布置场地，配合咨询师开展活动。

（2）确定咨询目标

团体心理咨询开展之前，最重要的就是要选定一个合适的活动目标，因为今后的整个活动都是围绕着这个目标开展的。目标从大的方面来说有发展性目标和治疗性目标两类，但具体到一个实际的团体心理咨询活动，目标必须集中、明确，具有可操作性。例如，在“如何接受别人的关心与帮助”这个单元名称下面，可以设立下列单元目标。

①了解接受别人的关心与帮助的重要性。

②在人际沟通中能适时地接受别人的关心与帮助。

③在接受别人的关心与帮助中建立良好的人际关系。

这样的活动目标就定得比较具体、可行，所以实现目标的可能性就大，也为后面整个活动的设计奠定了良好的基础。

当活动目标确定后，还需要为活动设计一个好听的名字，要求既具有独特性、可理解性，同时又富有吸引力，还要考虑到未来成员的心理承受力。比如，“挑战自我”“人际交往小组”“自我拓展训练小组”“生涯发展设计小组”“生活规划工作坊”等。

（3）设计团体咨询计划

合理、有效的团体咨询计划是团体咨询活动开展的依据，也是取得预期效果的重要前提，计划内容包括几个方面。

①小组规模。团体心理咨询是以小组（集体）形式开展的，活动计划首先就应考虑小组的规模。小组人数过少，组员会感到有压力、乏味；人数过多，组员间不易沟通，参与交往机会受到限制，所以必须确定一个较理想的小组规模，一般说来，7～15人较为恰当。

②活动时间、次数及频率。小组活动可分为集中式小组和持续式小组。集中式小组是将组员集中住宿，在几天时间内进行团体心理咨询活动，一般以3～5天为宜，最长不超过1周；持续式小组是定期的，一般8～15次为宜，每周1～2次，每次1.5～2

小时，持续 4 ～ 10 周，活动时间要考虑到组员是否方便。

③活动场所。由于团体咨询的内容包括冥想和松弛运动，因此，活动场所要求安静，有足够空间，使人有安全感。此外，在计划中还要考虑经费预算。

（4）咨询前的准备工作

根据活动需要准备卡片、笔记本、收录机、摄像机、电视机、照相机、音响等。

（5）小组成员的选择

①招募小组成员的途径。小组成员的招募应坚持自愿参加的原则。招募途径主要有三种：一是通过宣传手段，成员报名参加；二是辅导者根据平时咨询情况，建议某些人参加；三是由其他人介绍。其中宣传招募是最常用的，宣传方式也是多种多样的，如张贴海报、开讲座、利用大众传媒等。

②筛选。为使团体咨询活动更具针对性，在所有报名者的基础上还要进行筛选。筛选可分为初次筛选与第二次筛选。初次筛选时一般用量表进行筛选，可以用 1 ～ 2 个合适的量表，选出得分较高的人。然后进行第二次筛选，这次可同时用几种技能：一是面谈法，了解一些报名者的基本情况；二是量表法，再填一些能反映活动目标的量表，以备以后评估之用；三是请他们写一份简单的自我情况报告，包括入组目标、生活中重要的人和事等，经过这次筛选就可以确定最终的组员。另外，这时还需要让组员填写申请书，以保证他们遵守小组规则，顺利完成各项活动

2. 团体心理咨询的操作过程

团体心理咨询的操作过程分为导入、实施和结束三个阶段。下面，我们就具体地来说明一下小组活动的运作。

（1）导入阶段

导入阶段一般指小组的前一、二次聚会，目的是让组员互相认识、互相了解、消除紧张情绪，营造一种安全、信任的气氛，为以后的活动奠定一个良好的基础。

小组活动开始时，组员大多互不相识。他们很想知道其他组员的个人情况及存在的心理问题，同时又有点儿恐慌、焦虑，怕不被人接纳，怕在他人面前出丑。因此这一阶段活动的重点是组员间的彼此熟悉和接纳。所以，这一阶段的活动又称热身活动、“破冰”运动。活动内容也是一些比较简单、容易的互相认识的游戏。

导入阶段的活动可以分为静态讨论和动态活动两类，前者适合于一些解决问题的小组，后者适合多种类别的小组，尤其适合青少年。

活动开始时，咨询者可以先大致介绍一下团体心理咨询概况及小组的情况，然后

同组员集体宣誓，遵守小组规则，之后安排一些活动，可以采用做游戏的方式让组员进行自我介绍或介绍他人，比如“最佳拍档”“猜猜我是谁”“征集签名”等。聚会结束时可以让组员回去写一下参加本次活动的感受及对今后活动的期望、建议，等再次聚会时大家分享作业。以后每次聚会结束都有类似的作业。当组员已比较熟悉，能开放自己时，导入阶段便告结束，开始进入第二阶段。

（2）实施阶段

这一阶段是团体心理咨询的关键阶段，也是活动目标的达成阶段。它是在前一阶段组员之间形成相互信任、相互坦诚关系的基础上，把小组当成一个安全的实验场所，通过组员间的相互影响、人际互动，使彼此能谈论自己或别人的心理问题和成长经验，一方面争取别人对自己的理解、支持、指导，另一方面发现自己的缺点和弱点并练习改善自己的心理与行为，以期能将学到的技能或改变的行为扩展到现实生活中。

这一阶段采用的小组活动形式和方法因咨询的目的、类型、对象的不同而不同。有的小组采用讲座、讨论、写日记等形式；有的小组采用自由讨论；有的小组主要采用行为训练、角色扮演等方法。其中以系列活动的形式居多。较常见的如自我探索活动有“我是谁”“生命线”“自画像”“墓志铭”“生命计划”等；相互支持的活动有“热座”“戴高帽”等。

（3）结束阶段

这是指小组的最后几次聚会，目的是巩固小组咨询的成果，做好分别的心理准备。咨询师应该充分把握时机，给小组活动画上一个圆满的句号。结束阶段做得好可以使成员掌握在小组中取得的经验，对小组留下美好的回忆，能把小组中的学习成果运用到正常生活中，达到真正的成长目标。

结束活动的方式可以分为三类。一是回顾与反省：大家回想一起做了些什么，有哪些心得体会，有哪些意见。二是祝福与道别：可以自制一些小礼物互相赠送，也可以说一些鼓励与祝福的话，维持并增进已建立的友谊。三是计划与展望：讨论今后的打算，应该制订什么计划，对未来有什么展望等。

这一阶段常采用的活动形式有“总结会”“联谊会”“反省会”“大团圆”等。通过前两个阶段的活动，原来互不相识的人已经成为朋友，集体气氛和谐亲密、心情舒畅、相互信任，在这种气氛下离别多少会有些伤感，需要安排好结束工作。活动结束后，也可在必要时再重新聚会，进一步交流，了解小组活动效果的保持情况。

3. 团体心理咨询的常用方法

团体心理咨询的方法一般根据小组活动目标和参加对象的不同而不同，运用最多的是头脑风暴法、角色扮演法。

（1）头脑风暴法

头脑风暴又称思潮冲击法、脑力激荡法，是培养创造性的方法之一。它是由美国企业家、发明家奥斯本首创，是目前世界范围内应用最广、最普及的集体智力激励方法。它通过暂缓对大家提出的设想做出评价，以鼓励人们对同一问题做出多种解答。它遵循以下四条基本原则。

第一，禁止随意批评他人的答案。

第二，鼓励畅所欲言。

第三，鼓励多种想法，且多多益善。

第四，欢迎进行综合归纳和提出改进意见，其主要目的是避免过早集中于某一答案而忽视最佳答案的提出。

心理学家提出这种方法的初衷是培养学生的创造性思维。以后在创造性活动中，人们常运用这种方法。它也是团体咨询中运用最普遍的小组活动方法之一。它要求在小组内就某个问题人人可以畅所欲言、不受任何限制地发表自己的意见，没有任何想法会被认为是太狂野或太疯狂而不可以提出。头脑风暴法不仅可以在团体咨询中使用，也可以在教育教学、员工培训中使用，为保证头脑风暴法的顺利进行，最好在头脑风暴法开始之前，指定以下五个基本角色由小组成员轮流担任。

①召集人：负责召集小组讨论。

②记录员：承担小组中每一位成员的发言记录。

③计时员：保证小组内每一位成员的发言时间。

④噪声控制员：控制小组讨论的声音音量。

⑤汇报人：代表本组汇报小组讨论的结果。

（2）角色扮演法

角色扮演法是指用表演的方式来启发小组成员对人际关系及自我情况有所认识的方法，如心理剧。角色扮演法通常由小组成员扮演日常生活情境中的角色，使成员把平时压抑的情绪通过表演得以释放、解脱，学习人际关系的技巧及获得处理问题的灵感并加以练习。角色扮演一般从成员中找到素材，然后稍加准备，对全体组员讲明场景，让组员自愿选择角色，扮演中可以互换角色。最后要注意发起组员进行讨论，互相启发、互相支持。角色扮演法，说得简单一点，就是学会换位思考的方法。

第二节　大学生心理测验

一、心理测验概述

（一）心理测验的含义

所谓心理测验，是通过对一个人少数且极具其个人典型性的行为，以及对反映在此人行为活动过程中的心理特征，依据特定、确定的原则进行合理化的逻辑推论和综合分析的一种科学手段。由于心理现象是内在存在的，并且通过行为表现出来的也较为隐晦，相比于自然的、客观存在的物理现象更为复杂，因此测量起来会有相当大的难度。由此可见，心理测量具有其独特的特性和本质。比如，心理测量是间接的，只能根据接受测验者在此过程中做出的自然反应来进行其心理特征的逐步猜测、推断，继而进行最终的统一和确立；心理测验具有一定的相对性特征，所以可以确定的是，并没有绝对的标准可以拿来衡量一个人的心理及行为特征，而只能选取一个较为大众性的行为来作为经验进行参照；心理测量具有客观性，它从对测验题目的编制、施测、记分，乃至对分数的换算、解释等有一个系统且科学的标准程序，从而可以确保测得的结果的可靠性和客观性。

综上所述，心理测验虽然较为隐晦，但并不是那么神秘，它是一种用以检测人类的心理和行为特征的较为有效的、方便而快捷的手段。而我们也应该由此清醒地认识到，单纯地认为测验万能或测验无用的思想都是不可取的。

（二）心理测验的分类

心理测验是一个较为宽泛的范畴，涉及的方面不同，分类就会大相径庭。比如，按测验内容进行分类，其具体为：智力测验、反应力测验、能力测验、学习成绩测验；人格测验，如明尼苏达多相 MMPI、艾森克 EPQ、卡特尔的 16PF 等，再或者按测验表现形式，可分为纸笔测验和非文字测验。按测验的对象特点，又可分为团体测验和个体测验。按测验的目的，可分为描述性测验、诊断测验和预测性测验。按测验的时间，可分为速度测验和难度测验等。

心理测验最根本的功能是测量个体差异或行为反应，从理论和实际应用的角度来看，又有许多具体功能。首先从理论研究方面来看，心理测验可以有效地帮助我们收集资料与相关数据，如通过智力测验了解个体的智力差异，其次是提出和验证假设，最后是实验分组，就是根据测验结果对被试者进行分类，以满足各类实验设计的需要。从实际应用的方面来看，它的功能则首先是选拔人才，其次是岗位的安置，最后则是诊断、评价和辅助咨询。

对于大学生的心理健康和心理咨询来说，我们主要是运用各种智力测验、人格量表和诊断测验，快速有效地准确掌握他们现阶段的心理发展水平、特点和心理健康状况。在咨询与心理治疗过程中运用各种心理测验时，一般应注意以下几个方面。

1. 选择正确的测验材料

从上述心理测验分类的阐述可知，任何心理测验都有其特定的适用范围，如此才能保证其测验的可信度和有效性。

2. 审慎使用心理测验

心理测验并非唯一选择。原因有二：第一，若我们在实施诊断的过程中，已经可以对接受测验者产生明确的看法，就可以不再使用心理测验了；第二，在治疗过程中，如果过多地使用心理测验，会破坏过程中的自然氛围，直接影响之后治疗的顺利推进。

3. 应严格遵照相关测验方法的规定实施测验，保证测验结果的可靠性

例如，要在专业人员的监督指导下进行检测；测验过程中，按标准的指导语、答案及统一的记分方法进行施测；尽量打消被试者的所有顾虑，比如，如实地完成测验项目等。

截至目前，我国的心理咨询中使用频率较多的心理测验方法有三种：智力测验、人格测验和症状评定测验。

（1）智力测验方面，对于儿童的智力测验用的是比奈—西蒙智力量表；对于成人的智力测验则用的是韦氏成人量表。它们的实施，一般是在来访者自己要求下，或者怀疑其有智力障碍时才会使用。

（2）人格测验方面，明尼苏达多相 MMPI，共涉及了 14 个分量表，即疑病、癔症、精神病态、抑郁、男子气、女子气、精神衰弱、精神分裂、妄想狂、轻躁症、社会内向、诈病分数、说谎分数、校正分数及不能回答分数。其中，最后 4 个量表则用于对效度的测验；艾森克 EPQ 量表，主要设计的范围包括神经质、内外向及精神质、掩饰性 4 个人格维度；卡特尔 16PF，包含了成熟安静、支配攻击、热心健谈、乐群性、聪明度、谨慎固执、敏感优柔、莽撞厚皮、焦虑不安、豪放淡泊、批评实验、自负自决、世故圆滑、克己严格、兴奋紧张、多疑善妒等 16 个人格维度。

（3）症状评定测验主要有：精神病评定量表、躁狂状态评定量表、抑郁量表、焦虑量表和恐怖量表等。

二、心理测验在大学生心理健康教育工作中的作用

（一）通过心理测验建立心理健康档案

早在 2004 年，教育部就颁布了《关于教育部直属高校暨部分地方院校开展大学生心理健康测评工作的通知》，要求从秋季新学期开始对教育部直属高校和部分地方院校开展入学新生心理测评工作，并公布了四种心理健康测验相关量表。有《中国大学生生活应激量表》《中国大学生心理健康量表》《中国大学生适应量表》《中国大学生人格量表》，这些量表都从不同角度测量了大学生心理健康水平。表明国家不仅重视大学生的心理健康问题，更重视心理测验量表的选择问题。目前，各种心理测验都被应用于大学生心理健康工作中，对大学生人群中可能存在的问题有了早期掌握和干预控制，并建立了心理健康档案。这些心理档案提供了个体心理变化的特点以及心理咨询与辅导的过程和效果等，为大学生心理健康教育工作者提供了可供参考查询的信息，促进大学生心理更加健康地发展。

（二）心理测验在心理咨询与辅导中的诊断和预防作用

当前，许多高校都有专门的大学生心理健康教育中心，拥有心理咨询室，使大学生心理健康教育工作得以顺利进行。当个体自感心理不适或心理活动不协调时会前往心理咨询室咨询。心理健康教育工作者为了进一步收集来访者的资料，确定来访者可能存在的心理问题，就会对其进行心理测验，来鉴别和诊断来访者的心理问题。心理健康教育工作者结合交谈中观察到的和心理测验的结果对来访者问题进行量化分析，确定问题性质及程度，使接下来的治疗工作能有的放矢。涉及发展性心理咨询，心理测验可以了解个体的兴趣、性格及价值观等方面的内容，帮助个体更好地认识自己、提高自己，也为个体今后发生心理问题起到了预防作用。总之，心理测验在心理咨询与辅导的诊断和预防中应用非常普遍，帮助了广大心理健康教育工作者更好地、更准确地了解问题所在，使心理健康教育工作更好地进行下去。

（三）心理测验的评估作用

心理评估是有针对性地进行大学生心理健康教育的依据，是检验大学生心理健康教育效果的手段。而心理测验是为心理评估收集数量化资料的常用工具。在对有心理问题的个别辅导中，心理测验为每个阶段咨询效果的评估提供了有效的指标，使心理健康

工作者有了明确的方向。而且在团体辅导中，心理测验更为省时、方便。总之，心理测验在评估各种心理干预措施对大学生心理健康的影响效果很大，对干预措施的有效性以及调整心理健康教育工作的策略和方法上都发挥着作用。

三、心理测验在大学生心理健康教育中存在的问题

心理测验在很大程度上为确定大学生的心理健康问题、开展心理健康教育及心理咨询等提供了有效依据，但在实施过程中确实还存在一些问题，需要心理健康教育工作者及研究者注意。例如，选择的测验工具不恰当，施测不够规范，测验解释不够科学，以及从国外引进的本土化不适应问题等，这些都会影响心理测验在大学生心理健康教育中发挥作用的程度，需要加以克服和完善，使心理测验真正成为大学生心理健康教育的重要手段之一。

第三章　大学生的自我意识与成长

第一节　自我意识概述

一、自我意识的概念

自我意识即对“自我的认知”，或者说是对自己的认知。它包含自我认知、自我评价和自我控制。自我意识是对自己及自己与周围环境关系的认识，包括对自己存在的认识，以及对个体身体、心理、社会特征等方面的认识。这种认识是个体通过观察、分析外部活动及情境、社会比较等途径获得的，是一个多维度、多层次的心理系统。

在西方心理学中，自我概念是一个非常笼统的术语，又称自我意识、自我观念、自我知觉、自我认同等。一般是指个体在社会化过程中逐步形成和发展起来的，关于自我及其与周围环境关系的多方面、多层次的认知与评价，是个体对自己多方面觉知的总和。自我概念是由一系列态度和信念及价值标准所组成的有组织的认知结构，这个认知结构把个人的各种特殊习惯、能力、观念、情感、思想组织起来，贯穿于其经验与行为的各个方面。

自我是心理学的重要内容。凡属于我或与我有关的事物都是自我的内容，如身体、品质、能力、愿望、家庭等，自我从物质自我、精神自我和社会自我三个层次起作用。

二、自我意识的内容

自我意识是意识的核心部分，指自己所认识到的关于自己的一切。对自我意识有不同的分类方式，按照自我意识的结构要素可以将其分为自我认知、自我体验与自我控制，按照其活动的内容可以分为生理自我、心理自我和社会自我，按照自我意识的差别可以将其分为现实自我、理想自我与他人自我。

（一）知、情、意的自我意识

按自我意识的结构要素，可从知、情、意的角度把自我意识分为自我认知、自我体验、自我控制。

1. 自我认知

自我认知是主观自我对客观自我的评价，包括自我感觉、自我观察、自我观念、自我分析、自我评价等。自我认知解决“我是一个什么样的人”的问题。进行客观、正确的自我评价是一个复杂、长期的过程，人的自我发展持续一生，对自我的认识将是人类永恒的话题。“认识自己”也将是一个终身课题。

2. 自我体验

自我体验是主观自我对客观自我产生的情绪体验，是在自我认知基础之上产生的。自我认知决定自我体验，而自我体验又强化着自我认知，主要集中在“能否悦纳自己”“对自我是否满意”等方面。自我体验的内容十分丰富，可以包括自尊、自爱、自信、义务感、责任感、优越感、荣誉感、羞耻感等。

3. 自我控制

自我控制是对自己行为、思想和言语的控制，以达到自我期望的目标。自我控制包括自我激励、自我暗示、自强自律，核心内容是“我将如何规划自己的人生？”自我控制是自我发展的最高阶段，其核心是“我应该成为什么样的人？”“我如何管理好自我？”人们经常讲的“自制力”就是自我控制的能力。大学生具备一定的主观能动性，可通过选择认识角度，转变认知观念，调整自我认知评价体系，感受积极自我，并实现对自我的有效控制。

自我控制是自我意识的关键，“知”与“行”不一，大学生常常“心动而不行动”，事实上心动是一件容易的事，而真正历练意志则需要更多的自我控制。成功的人都有较高的自我控制。但并非所有的自我控制都是积极的，过高的自我要求与控制，而在实际中却因为主观或客观原因未能达到，容易对自我产生怀疑与否定，产生自我意识的偏差。

（二）生理、心理、社会的自我意识

从自我意识的活动内容来看，自我意识又可分为生理自我、心理自我与社会自我。

1. 生理自我

生理自我是个体对自己身体、生理状态（如外貌、身高、体重）的认识和体验，它是个人在与他人交往中通过学习而逐渐形成的，它使一个人把自我和非我区别开来，意识到自己的生存是依托于自己的躯体的。生理自我是与生俱来的，我们不能改变而只能接受它，随着自我意识的成长，我们逐渐对生理自我有一个明晰的看法与正确的认识。大学生正处于对生理自我高度关注的时期，女生关注自己是不是漂亮、有吸引力，胖瘦高矮甚至脸上的雀斑；男生关注自己的体形与身体高度，甚至生理器官、声音的吸引力等。

2. 心理自我

心理自我是个体对自己的心理活动、个性特点、心理品质的认识、体验和愿望，包括对自己的感知、记忆、思维、智力、能力、性格、气质、爱好、兴趣等的认识和体验。

3. 社会自我

社会自我是个体对自身与外界客观事物关系的认识、体验和愿望，包括个人对自己在客观环境及各种社会关系中的角色、地位、权利、义务、责任、力量等的意识。

生理自我、心理自我与社会自我密切联系、相互影响，它们都包含着不同的自我认知、自我体验与自我控制，但由于比例和搭配的不同，构成了个体对个体自我意识之间的差异，也造成每个人都有自己的对人、对己、对社会的独特的看法和体验。

（三）理想自我、现实自我、他人自我

理想自我是指希望自己成为怎样的人，具有怎样的特征和品质，对将来或者想象的自我的认识。其中涉及的根本问题是“我想成为怎样的一个人”“我应该成为怎样的一个人”。

现实自我是指我认为自己实际上所具有的特征和品质。

他人自我是指自己在与别人接触、交往的过程中，别人认为我是怎样的一个人，对我有怎样的评价。

三、自我意识的心理功能

（一）决定个体行为的持续性与目标性

人是社会的动物，人的行为既由诸多社会因素决定，又与自我意识关系密切。每个人的现实行为，并不仅仅由其所在的情境决定，更重要的是与对自我的认知、自我意识有着密切的联系。自我意识较积极的学生，其成就动机和学习投入以及学习成绩也明显优于那些自我意识消极的学生，当学生认为自己声名不佳时，他们会放松对自己行为的约束。个人怎样理解自己，是保证个体如何行为及以何种方式行为的重要前提。

（二）决定个体对经验的解释

解释经验的方式决定于一个人的自我意识。一个自认为能力一般，只能获得平均成绩的学生，对于比较好的成绩会认为是取得了极大的成功，感到十分满足；而对同样的成绩，一个自认为能力优秀的学生，会解释为遭到了很大的失败，并体会到极大的挫折。事实证明，当个人的自我意识消极，每一种经验都会与消极的自我评价联系在一起；

而如果自我意识是积极的，每一种经验都可能被赋予积极的含义。

（三）影响个体的期望水平

自我意识影响个体对未来事情发生的期待，这是因为，个体对自己的期望是在自我意识的基础上发展起来的，并与自我意识相一致，其后续的行为也决定于自我意识的性质。有研究发现，差生的成绩落后并不是孤立存在的，而是他的整个行为动力系统都出现了角色偏离的结果。成绩长期落后对于普通学生是不正常的，但对于差生，由于他们的整个行为动力系统出现了偏离，并在偏离的状况下形成了新的自相一致的系统，即落后的学习成绩正是差生自己“期待”的结果。

四、大学生自我意识形成的来源

自我意识不是与生俱来的，而是后天获得的，是个体在一定的社会环境中、与他人的互动中逐渐形成的。一般而言，大学生的自我意识的形成有以下四个途径。

（一）通过对自我行为的评价

个体在内部线索模糊的情况下，常常依据外在行为来推断自己的特征，如性格、态度、品质、爱好等。个体的行为既具有外显性，又具有内倾性，因而依据自己行为的判断为自我的确立提供了可靠的依据。例如，参加公益事业会让大学生对自己的评价积极，而不断地受挫，有可能会让一个人对自己的评价趋于消极。

（二）他人的反馈

他人对我们的性格、品质、能力给予清晰的反馈，会增强我们对自己的了解。当被老师告诫要更加大胆、更加主动、更加勤奋一些时，个体会从反馈中得知：自己有些害羞，不够主动，学习不够勤奋。特别是当许多人的看法一致时，个体就会相信这些看法是正确的，从而确定自己的个性。激励对成长中的大学生非常重要，优秀的学生是夸出来的，当否定性评价过多时，学生会产生“习得性无助”。习得性无助是指对环境失去控制的一种信念，当一个人拥有这种信念时，他感到不能从环境中逃脱出来，便会放弃脱离环境的努力。有的大学生会说：“无论我如何努力，我也不会成为受大家欢迎的人。”事实上，“习得性无助”是一种严重的自我意识障碍，它抑制了人改造与影响环境的能力，强化了顺从甚至屈从并转化为一种内在信念。“习得性无助”是后天形成的，容易受到环境的影响。尤其是当大学生来到一个陌生环境开始新的生活学习时，很多在中学时代有着骄人成绩的学生由于种种原因而认同了自己的平凡并不尝试改变时，就极易产生“习得性无助”。

（三）反射性评价

所谓“反射性评价”就是“镜中我”，即生活中那些与个体生活无关紧要的人有时并不会给予清晰明确的反馈，但大家可以从他们的态度与反应中来了解自己。符号互动学者库利认为，个体感知自己就像别人感知自己一样，镜子中的我或别人眼中的我就是我们感知的对象，个体常常依据别人如何对待自己来了解自身，这一过程称为反射性评价。

反射性评价对自我的形成也起着重要作用，对于大学生自我评价的形成具有重要的意义。

（四）社会比较

著名的社会比较理论认为：人们非常想准确地认识自我、评估自我。为此，在缺乏明确标准时，人们常常和自己相似的人做比较。

大学生时代是人生发展的关键时期，大学生的人生目标、职业理想、生活态度等都在形成之中，社会比较为大学生提供了认识自我、了解自我和发展自我的重要标尺，社会比较也是每个个体认识自我不可或缺的方面，没有社会比较，就没有自我的进一步优化。当然，自我比较并不总是向着积极的方向，自我比较又分为向上比较、向下比较与相似比较。当个体的动机不同时，也会采用不同的比较策略。例如，自我保护与自我美化的动机促使学生与那些不如自己走运、成功和幸福的人相比；而自我的成功动机会使人与那些侥幸取得成功的人相比，以期望自己不需要付出努力而取得成功。如何学习自我认识，学会与他人理性地比较，有助于大学生更科学地认识自我，发展自我。

第二节　大学生的自我意识

一、大学生自我意识的发展特点

自我意识从童年时期就开始产生并逐步发展，青少年时期是自我意识发展最快的时期。大学生是青少年中的一个特殊群体，社会要求高、家长期望高、个人成才欲望强烈。但由于心理发展处于尚未成熟阶段，缺乏社会经验，进入大学后，大学校园在管理模式上与中学有很大差别。因此，大学创设了一种宽松自由的氛围，强调独立、注重自我确立，鼓励大学生在较大程度上按照自己的方式安排自己的生活；同时，大学生处于独特的社会层次并具有较高的文化素质，其思想与观点和社会上一般人有许多差异；但大学生的实际生活阅历有限，与现实社会有一定的距离，社会实践能力不强，加上以往为了在激烈的高考竞争中取胜，几乎全身心投入学习，缺乏独立能力与情绪调节训练，心理比较脆弱、适应能力差、情绪不稳定，心理失衡常常发生。所有这些因素使大学生自我意识的发展存在其自己的特点与规律。

（一）大学生自我认识的发展特点

1. 自我认识的全面性

大学生生活在宽松、自由的大学校园里，随着年龄的增长，身体各方面的发展趋于成熟，使得他们对自身生理、心理和社会各方面认识更加全面。大学生对自己的认识涉及面相当广泛，包括交际、友善、信义、容貌、学业、志向、家庭、成熟等各种维度。

2. 自我认识的独立性

独立性是自我评价的一个重要指标。事实上“自我”的产生就意味着主体对客观环境与他人的分离和独立。个体自我评价的发展大致经历两个阶段。第一阶段，自我评价开始摆脱对成人、权威的依赖，表现出反叛与对抗倾向；在评价标准上，由儿童期的成人评价标准取向变为同龄团体评价标准取向，成为一种相对独立的自我评价与认识。第二阶段，自我评价既摆脱了对成人的依赖，又逐渐克服了同龄团体的强烈影响，形成个体独特而鲜明的自我评价。大学生的自我认识随着年龄与环境的变化，由以往依赖于成人和同龄群体，逐渐发展为根据自己的价值标准取向进行自我评价及调整，表现出真正独立的倾向。

3. 自我认识的矛盾性

青年期自我意识的确立，是在自我明显分化的基础上完成的。在这一阶段，出现了两个“我”，一个是作为被观察者的“我”（me），另一个则是作为观察者的“我”（I），“客体我”与“主体我”的这种分化意味着青年时期自我矛盾冲突的加剧，对自我的肯定和否定导致“客体我”与“主体我”的矛盾斗争。这种矛盾一旦激化，将使青年难以确立自我形象，也就无法形成自我意识，从而引起情感急剧波动，导致青年一时难以自我接纳。青年期许多心理上的不适应由此而来。对于青年期的大学生而言，如果在“主体我”与“客体我”分化的基础上，能够形成新的认知水平上的协调统一的自我，那么就能建立良好的自我意识；反之则可能出现自我意识的混乱。大学生自我意识的混乱通常表现为两种类型：一种是过高的自我评价，另一种则是过低的自我评价。过高或过低的自我评价往往导致个体自我意识确立过程中的过分自负或过分自卑。

（二）大学生自我体验的发展特点

1. 自我体验的丰富性

随着大学生知识经验的增长，人际交往范围的扩大，生理心理的进一步成熟，以及对自我内心活动的关注，个体出现了许多以往少有的自我体验，如自爱、自怜、自责、自怨、自得、自负、自卑等。中国青年大学生的自我体验包含两个单极的主导维度——正情绪和负情绪，二者相互独立。正情绪包括接受、精力充沛、喜爱与满意等；负情绪包括精神低落、自我否定、对不良刺激的情绪反应及自我扩张等。

2. 自我体验的深刻性

大学生的自我体验不仅丰富，深度也在不断发展。从自我体验的内容上来说，青年时期的个体则将注意力放到了能力、品行等内在的个性品质上。随着自我评价的社会性程度提高，青年时期的自我体验更多地与自己的道德品质、社会价值、事业成就、地位等联系在一起；从自我体验的程度上来说，大学生由于生活学习环境的特殊性，对于自己往往抱有更大的期望，这些问题所引起的自我体验尤其强烈、深刻。

3. 自我体验的波动性

自我体验的波动性是大学生自我意识发展的必然规律，青年期是个体一生发展最重要，也是最波动的时期，生理的成熟、知识经验的丰富与人生体验的缺乏对青年的心理形成了巨大冲击。外界的种种复杂变化带来的刺激让人目不暇接，所有这些都造成了青年情绪上的不稳定性，表现在自我体验上就是自我体验的波动性，具体表现为：既容易产生积极肯定的情感体验，又容易在遭受打击时走向另一个极端。现代大学生面对着社会经济发展的不平衡、家庭背景的巨大差异、校园人才的激烈竞争、就业问题的日益严重等复杂多样的问题，均会对大学生的内心世界产生强烈冲击，导致心理失衡，如果大学生自己不能加以妥善地自我调节，容易走向自我体验的极端化，影响自我的身心健康水平甚至产生不良的社会后果。

（三）大学生自我调控的发展特点

1. 自我调控的主动性

中小学学生已经具备了一定的自我控制能力，但这种自我控制主要来自权威人物，依赖的是外部暗示甚至命令，具有明显的被动性。进入青年期后，个体主动自我调控能力明显增强。对于进入大学校园的大学生来说，由于父母不在身边，生活自由度大大提高，同时自我约束、自我计划、自我规范能力被迫增强。独立面对社会竞争、独立生活能力的形成都是大学生主动进行自我调控的结果。

2. 自我教育能力的发展

自我教育是自我调控的最高阶段。自我教育强调的是“主体我”对“客体我”不断进行教育，促使个体充分发挥主观能动性和自觉自主精神，最大限度实现自我目标，发挥自己的潜能。随着大学生活的展开，以往父母与老师的教导远离耳边，能够跟随自己、常伴身边的只有自己。大学生逐渐懂得了自我评价和监督，越来越意识到自己作为独立个体在社会生存和竞争方面面临的压力，危机感也不断加强。在这种情况下，自我教育能力可以帮助个体坚定意志，勇于面对困难，最终实现自我不断成长。从这个角度来说，自我教育能力是个体良好个性品质的重要指标。随着现代社会变化发展周期的缩短，大学生自我教育能力的高低在一定程度上意味着个体进入社会后可持续发展水平的高低。

（四）自我认同是人生发展的重要任务，也是大学生要完成的任务

按照艾里克森的人生阶段划分，在进入大学之前，个体应该就已经完成了自我统合的过程，但从中国大学生的实际情况来看，在初、高中阶段，学习和考大学是最重要的生活方式和生活目标，是由社会、学校、家长为学生早已确定的、不容置疑的道路。作为青春期的个体并没有真正的选择权和自主思考的意识，推迟了个体自我统合的年龄阶段。因此，个体是在进入大学后才开始发展自我认同的。

自我认同的内容主要包括以下六个方面：我现在想要什么？我有什么样的身体特征？父母如何期望我？以往成败经验如何？现在有什么问题？希望将来如何？这六个方面的问题就能够适应与化解危机，达到自我同一性。否则，容易导致自我同一性危机、个人方向迷失，与自己的角色不相适应，最后出现退缩、自卑等不良人格特征。具体来说，可能出现的情况有以下几种。

1. 对时间的认识

有的大学生没有认识到时间的重要性，为了避开成长的压力，不愿做出决定和付出努力，而是希望随着时间流逝，面临的困境也随之而去，有的希望时间停滞不前，长久沉浸在少年时代，不去主动承担责任，拒绝成长，造成不成熟的自我认同。

2. 自我肯定与自我怀疑

一个自我认同的人能够有效地统合自我与他人的信息，达到自我同一性，同时又能够努力去理解和尊重他人的独特性和自我认同方式。大学生的自我评价和认识逐渐表现出多元化，如对自己的天赋、智力、身体、心理、人际交往、社会活动等方面，都会逐渐进入大学生的自我认知范围，并且各方面的重要性也会因人而异。有的大学生过分

看重别人对自己外表的看法，有的则对一切抱着漠不关心的态度。

3. 预期职业成就与无所事事

大学生的职业生涯规划与职业预期是非常实际的问题，大学生通过职业生涯确立与肯定自己的能力。对大学生来说，重要的是坚持学习并充分发挥自己的潜能，而不是确定自己的能力有多大。许多有才能的大学生由于缺乏意志力和坚定的目标而无所建树。

4. 性别角色认同与两性混淆

大学生应当对社会规范的性别角色及其责任有所认同，接受自己的性别并有适当的性别角色表现，与同性或异性相处时都能够感到自在。

5. 服从与领导的认同

大学生既要发展自己作为团体领导者的能力，又要学会与适应作为团体成员的团队精神与合作精神。当作为领导时，能够适当地运用权力；而当作为成员时，不盲目服从而又能归属于团队。

6. 价值观的形成

大学生真正开始选择人生、思考人生，逐步形成自己的人生观与价值观及生活理念。大学生价值观的确立是自我同一性的最高境界，也是自我同一性最为重要的任务。

二、大学生自我意识的缺陷

（一）自尊与自卑

自尊是指一个人尊重自己、对自己持肯定态度的情绪体验。它是一种要求尊重自己的言行和人格，维护一定的荣誉和社会地位的自我意识倾向。自尊是一种积极的心理品质。

积极的自尊有助于调动和激发人的内在潜能，是促使人奋发向上的直接动力。

心理学研究表明，自尊是激励大学生力争上游、勇攀高峰、追求崇高理想的巨大动力，但过分自尊会导致自负。自负的人往往不接受别人的批评，唯我独尊，盛气凌人。这种人缺乏自知之明，总认为自己对而别人错，把自己的意志强加在别人身上，不能与人和睦相处，容易受伤害。其实，大学生过强的自尊心来自对自己的认识偏差，并不以内心深处对自我的真实认识为基础，为了维护在别人眼中的形象，对自我进行虚假的评价，个体无法真诚地与人交往，对别人的意见过分敏感，为了自我保护会表现出盛气凌人、攻击行为，或者一味回避与他人的交往。

其实，自尊心强的大学生也会出现自我评价低的现象，其原因有以下几点。

1. 过强的自尊心

大学生的自尊心比较强会诱发成才的心理动力；但自尊心过强也会导致消极的心理品质，如虚荣心的要求得不到满足，不能接纳自我，感到自己处处不如别人，自信心丧失，逐渐产生了自卑感。自卑心理过于严重会导致自我拒绝心理，悲观自责，自暴自弃。

2. 自我期望水平偏高

自我期望水平偏高即“理想自我”与“现实自我”距离增大，引起大学生对现实不满。“理想自我”的目标水平高一些，对大学生具有积极意义。但是，由于一些大学生的“理想自我”过于脱离实际，或在实现过程中缺乏应有的耐心和方法，往往在经过努力仍无法接近目标后，就容易急躁，失去信心，产生否定自我的心理。

3. 适应能力差

适应能力差容易积累一定的挫折感，挫折感容易导致消极的负性情绪体验。刚步入大学的新生，又称为“大龄中学生”，心理调节能力差，适应能力弱，往往因为小小的失败，就积累成一定的挫折感。例如，面临复杂的人际关系而不适应；心理闭锁而交友困难；学习方式、方法发生变化而不适应；不适应生活环境的改变，生活上不能自理；性意识的觉醒，渴求异性朋友但未能得到满足而不适应等。种种的不适应容易产生一系列挫折感，尤其一些挫折承受能力差而自尊心强的学生会感到痛苦、孤寂，对自己不满，认为自己无能，进而转化为自卑感。

4. 认识障碍造成的偏差

由于人生观、生活观的不健全，大学生在认识和理解问题的方式上，往往理论多于实际。对社会、人生的认识，尤其是对自我缺乏合理客观的态度，对自我的认识常常从消极方面出发，产生自我否定的心理。

自卑是因为感到自己有某些不足或缺陷而对自己不满意，觉得自己不如别人的情绪体验。自卑是与自尊相反的一种对自我的消极评价。个体心理学认为，人类普遍存在自卑感，只是自卑的程度和内容不同。心理学家阿德勒认为，每个人都有“自卑”情结，每个人都有先天的生理或心理缺陷，担心自己做得不够好，担心别人是不是能接纳自己等。

原来每个人都有自卑感，那么自卑就一定有其存在的价值。自卑并非一文不值，并非总给个体带来消极和不好的结果，适当的“自卑”可以促使个体不断努力，不断进步，不断向上。但是，如果过度自卑，则会阻碍个体的生活、学习和工作，导致个体不敢迈步，停滞不前。适当的自卑不仅于身心无害，还可以成为个体超越自我、追求卓越的动力。但过分的自卑会使人丧失信心，降低人生的追求，忽视自己的优势，怀疑自己的能力，限制潜能的发挥，甚至还会封闭自己。

大学生自卑心理的形成是多方面的，主要有以下几个原因。

（1）对自己生理素质的不满而产生的自卑

在大学生中，有一部分生理素质欠佳的同学，他们或者没有高大的身材，或者没有美丽的外表，或者没有潇洒的体态，在中学时，因一心投入学习中，对自己生理素质方面的缺陷还不太注意。但进入大学后，随着自我意识的增强，对自己的生理素质就特别在乎，因此而自卑。

（2）对自己社会条件的不满而产生的自卑

社会条件包括家庭出身、生活环境、专业等。有自卑心理的学生，主要来自农村、山区、偏远的地方，产生自卑的原因，或是因为服饰不那么时髦，或是因为谈话有着浓重的乡音，他们消极地评价自己。在这种自卑心理的支配下，他们在学习、生活和与人交往中，很难表现出大度、潇洒和自信，相反会因为经常担心别人瞧不起自己，自觉或不自觉地减少与教师、同学之间的交往。由于正常的交往受到压抑，越发强化了不健康心理，以致陷入“恶性循环”而不能自拔。

除此之外，专业的不理想也是产生自卑的原因之一。在科学技术越来越发达的今天，很多学科不断兴起，在这些领域需要大量人才，如果有幸被这些专业录取的同学，学起来就有干劲、有信心。但与此相反，有些专业的人员在大城市、好单位已达到饱和状态，学生毕业之后只有到偏远的乡村，或者有些专业的性质就决定了将来工作的艰巨性，必须深入生产第一线，必须到偏远的野外去工作，从而产生自卑。特别是近几年来大学生就业压力的加大，使一些学生产生的危机感、紧迫感不能得到有效释放，加剧了自卑心理的产生和发展。

（3）对自己能力的不满而产生的自卑

对于大学生，他们的能力主要指学习能力和社会交往能力。在学习能力方面，学习能力差的学生努力和结果不成正比，进而产生自卑心理。还有一部分学生未能很快适应大学生活，一旦有一门功课补考，自尊和自信就受到打击，从而全盘否定自己，产生自卑。

（4）由社会环境的不当评价而产生的自卑心理

心理学研究证实，人对自己的认识或判定与外部社会环境对他的态度或判定紧密相关。著名数学家华罗庚小时候念书时，有好几年数学成绩不好，在老师和同学的消极评价下，使他加深了自己数学低能的印象，直到有一天，他出乎意料地发现自己会做一道难倒老师的题目，才改变了对自己的认识。可以想象，如果没有这次“意外”的发现，华罗庚就会长时间地陷于数学低能的消极心理状态中。如果一个大学生经常受到领导、老师的消极评价或周围同学的疏远冷淡，自尊心得不到应有的满足，他就容易产生“别人都瞧不起自己”的自卑感。

（5）自卑的形成与气质、性格有关

有研究表明，自卑的形成与气质、性格有关，抑郁型气质和内向型性格的人对事物的感受性较强，对事物带来的后果有扩散趋向，而且不容易将消极体验及时宣泄和排解。当遭受挫折后，倾向于把失败原因归结为自身的缺陷，思维分析指向内心。所以这类人容易产生自卑心理。

（6）自卑的形成有其历史渊源

外界环境对人产生深刻影响的关键时期是在人的童年，不少心理问题都可在童年时期的生活中找到症结。自卑作为一个情结也主要是在童年时期产生。有些大学生在童年时由于某一事件而遭受父母打骂或同伴嘲笑、讥讽，久而久之便产生了很深的自卑感并植入人格中，以至于成人后依然在各种场合中表现出来。

童年时期之所以这么重要，主要在于人早期的不成熟性，儿童处于依附地位，对挫折或来自父母、老师及众人的评价只能一味接受并认同。发生在童年时期的自卑是影响较深、较持久的情结，需要持之以恒地加以调节才能克服。

（二）过分的自我接纳与自我拒绝

过分的自我接纳就是指大学生过高估计自己，不切实际地高估自己的能力和长处，难以看到自己的缺点和不足，却把别人看得一无是处。与人交往时，盲目乐观，自以为是，听不进别人的意见和批评。生活中，不少大学生经常把自己看作有价值的、令人喜欢的、优越的、能干的人。例如，他们认为自己的外貌是漂亮的、品德是高尚的、人际关系是融洽的、聪明才智是超常的等。相反，他们拿显微镜看他人的短处，把别人看得一无是处，正所谓“看自己，一朵花；看别人，豆腐渣”，这种“我好，他不好”的人际交往模式必然造成人际关系的紧张。另外，过分自我接纳的人还容易产生盲目乐观、骄傲自满的情绪，认识问题往往带有一定的偏激和固执，且行动目标往往力不能及，在实际行动中遭遇失败和冲突，从而引起情感损伤，严重时还会导致自我扩张的变态心理。

相对地，过分的自我拒绝就是不喜欢自己，不能容忍自己的缺点和不足，否定、指责、抱怨、苛求自己。恰当的自我拒绝可以使人反省自己，完善自己，但过分的自我拒绝往往会使人忽略自己的优势，看不到自身的价值，过分关注、夸大自己的不足，严重的会自暴自弃，丧失对生活的兴趣和信心。过分自我拒绝的大学生常常感到事事不如人，处处低人一等，对自己缺乏信心，自我否定，自我厌恶，自我绝望，甚至自杀。他们人际交往的模式是“我不好，你好”或“我不好，你也不好”。这类大学生会怀疑自己的各种能力，限制自己对未来事业及美好生活的憧憬，引起严重的情感挫伤和内心冲突。

（三）过分的独立意向与从众

独立意向是大学生自我意识发展的重要标志之一，指的是个体希望摆脱监督和管制的一种自我意识的倾向，表现在他们渴望以独立的个体面对生活、学习与工作中遇到的问题，不喜欢别人过多地干扰自己的言行。但大学生由于缺乏经验，往往不容易把握独立意向的尺度，会表现出过分的独立意向，如喜欢独来独往，不愿听从他人的意见，还会表现为过度以自我为中心，凡事喜欢从自身出发，很少站在别人的角度思考问题，不能为他人着想，习惯于让别人服从自己，造成人际关系的紧张。

过分独立意向最突出的表现就是自我意识发展中出现的逆反心理。逆反心理是大学生自我意识发展中的一种非理性的产物，其具有以下特征。①盲目性。一些大学生凡事不管正确还是不正确，都盲目抵制，反其道而行之；凡事无论是可行还是不可行，只要我想做就做，随心所欲，不考虑后果，表现出很大的盲目性。②抵触性。大学生的逆反心理与社会的某些行为规范、道德要求存在一定程度的不相容性，会产生应付、抵制、消极对抗的态度。③放纵性。具有逆反心理的大学生往往听不进别人的忠告、劝阻、批评，我行我素。④极端性。逆反心理在很大程度上是一种极端性的表露，一些大学生对待别人要求自己做的事情，常常是你让我做，我偏不做。

所谓“从众”，是指个体由于受到群体或舆论上的压力，在观点和行为上不由自主地趋向于与多数人一致的现象，即通常所说的“随大溜”。从众，是日常生活和工作中常见的社会心理现象。大学生从众现象比较普遍，既有积极的从众行为，也有消极的从众行为。积极从众是指在良好社会风气和正确舆论导向的引导下，形成的正面而进取的从众，如学习从众。据调查，大学新生入校时随意安排的学生班级之间、宿舍之间，一年左右时间，便在各个方面显示出不同成绩差异，出现明显的“不同步”现象。有的宿舍优等生、英语过级者比较集中，有的宿舍成员集体出动参加各种业务培训。对这种从众行为，有学生直言，宿舍里的同伴都在拼命学，我不上进，岂不丢人？这是一种积极的从众行为。消极从众是指在不正之风的污染下，形成的不求进取、阻碍发展的从众，如消费从众。高校校园中，有些大学生无视自己的经济基础，下馆子、过生日、会朋友，花钱大手大脚。

从众行为的过分普遍，反映了部分大学生自我意识弱化，独立性较差，缺乏个体倾向性的世界观、人生观、价值观，这是从众行为中消极现象产生的主要原因。如果一个人没有正确的价值观，即使其从众行为一时出现积极效应，一旦离开积极从众的氛围，又很容易不知所措，找不到自己努力的方向。

第三节　大学生健全自我意识塑造

自我意识对人的心理健康起着很重要的作用，它制约着人格的形成和发展，在人格的优化中发挥着强大的动力功能。健全的自我意识是心理健康的重要标准，是人类自身内在的一种成功机制，在人才发展中发挥着重要作用。

自我意识对大学生的成长和发展有重要作用。从某种意义上说，一个大学生有什么样的自我意识，他的人格就会向什么方向发展。那么，怎样培养大学生具有良好的自我意识，使其具有健康、积极、正确的自我意识呢？

一、树立正确的自我观念

（一）建立多元的自我概念

大学生在自我认知与自我评价中容易走极端，容易一旦在某方面稍有成绩，便沾沾自喜，一旦在某方面受挫，又会全盘否定自己的价值。树立正确的自我观念，首先要建立多元的自我评价系统。例如在大学生的生活中，应该从学习、人际交往、自我成长等多个方面对自己进行合理的评价，不要将自我局限在狭小的范围内，而应全面认识自己。某一方面失败不一定另一方面也不行，某阶段失败并不意味着整个人生失败。

（二）建立合理的比较体系

比较是大学生认识自我、了解自我和发展自我的重要方法。建立合理的比较体系，通常有以下两种方法。

1. 通过与他人进行客观比较来正确认识自己

“以人为镜，可以知得失。”他人是反映自我的镜子。大学生每时每刻都处在人际交往中，尤其是与教师、同学、朋友交往甚密，对此大学生要自觉地寻找比较对象，在比较中取长补短，发展自己。

2. 通过别人的评价来正确认识自己

大学生自我认识上的偏差，是“不识庐山真面目，只缘身在此山中”。因此，大学生要注重父母、长辈、教师和同学的评价，不要因为忠言逆耳便充耳不闻、我行我素，要接受别人评价中的合理部分，避免自我评价的偏差。

另外，大学生在比较时，要多角度进行比较，如果总是拿自己的不足和别人的优势相比，那么肯定很难对自己有自信。为了找到自己的位置，可以进行纵向比较——将现实自我与过去自我、理想自我进行比较；也可进行横向比较——将自己与各种人做比较，既包括比自己优秀的，也包括比自己稍差的。

3. 经常反省自我

孔子说“吾日三省吾身”，没有自我反省，就无从实现自我完善。在反省过程中，分析自己成败的原因，严于解剖自我，敢于批评自己，提高自我认识，调节定位自我。

内省调适法是指运用自我观察、自我分析、自我报告的方法进行自我评价，它是纠正自我评价偏差的根本。自我观察就是大学生在人际交往和活动中对自己的言行举止等过程的心理体验进行耐心的观察，在自我观察中加强自我分析，在合理的自我分析中形成自我报告。自我报告是指向自己报告活动的过程和结果、个人的言论和行为以及表现出来的个性品质，不但要求报告行动前的内心体验以及过程，而且更重要的是对结果的分析及评价。通过对报告的内省，进而使自我变得更为自由和客观，更加对立和稳定，避免自我评价的过低和过高。

4. 从活动分析中认识自我

大学生可以通过自己参加各种活动时的动机、态度、表现、取得的成果来分析认识自己。理想的活动成果、良好的活动效果可以使个体增强进一步认识自我的能力，发现自我的价值，从而激发自信，开发潜能。例如，一个原本有些害羞的大学生在同学的鼓励下参加了一次辩论比赛，并获得了奖励，他在活动的分析中就会发现自己具有这方面的能力，只要努力去做，就可以取得成功，得到别人的肯定，这对他克服害羞情绪、增强自信、发现自我潜能起到了积极作用。

二、积极地悦纳自我

悦纳自我就是对自己的本来面目持肯定、认可的态度，悦纳自我是发展健康的自我体验的关键和核心。大学生怎样才能形成悦纳自我的积极态度呢？具体地说，积极悦纳自我包括以下几个方面。

（一）全面看待自己的优缺点

既要悦纳自己的优点，也要接受自己的缺点。所谓“尺有所短，寸有所长”，每个人都既有长处又有短处，要肯定自己的价值，善于学习别人的长处，克服自己的缺点，扬长避短，充分发挥自身潜力。

（二）保持乐观、性情开朗

进入大学后，大家经常面临各种生活、学习压力，经常遇到挫折和冲突。有的同学碰到挫折时，会把挫折当笑话讲给其他人听，使自己总是保持一种愉快、充实的心境。其实，生活中谁没有烦恼呢，只要能换一个角度，乐观地去看待，那么个体一定会更快乐。

三、有效地控制自我

有效地控制自我是健全自我意识的根本途径，有效进行自我调控是为了保证自我的健康发展。

（一）培养顽强的意志力

大学生要发展坚持性和自制力，增强挫折耐受力，使自己能自觉主动地认清目标，为实现目标而努力排除干扰、克服困难。很多大学生为自己树立了远大的目标和理想，在努力的过程中，没有足够的自制能力和意志，经受不住挫折和打击，无法实现自我理想。

（二）建立合乎自身实际的目标

要使自我控制积极有效，大学生应该建立合乎自身实际的目标，首先要合理定位理想自我。理想自我是大学生将来要实现的目标，在确立其内容时，要立足社会需要，符合社会的要求和规范。同时，要从自身的实际出发，既不好高骛远，也不过于简单，把远大的目标分解成一个个远近高低不同的具体目标，目标的难度适中，即“跳起来摘苹果”。同时，目标要符合自己的实际能力，不苛求自己，不被他人的要求左右。只有明确这一点，才可能真正地认清自己，规划自己的发展方向，最终建立独立的自我。

（三）积极参加社会实践

自我评价、自我锻炼和自我教育是一个实践过程。大学生努力参加社会实践，用学到的知识和智慧为社会服务，可以认清自己的责任和义务，确立科学的人生观、价值观。在实践中，学会用乐观的情绪和积极的心态去对待问题，客观公正地看待事物，增加自我意识中的理性成分，消除偏激和肤浅，使自己得到和谐发展。

（四）塑造健全人格

人格不仅是人的心理面貌的集中反映，而且是人的心理行为的基础，它在很大程度上决定了人对外界的刺激做出怎样的反应，直接影响人的身心健康、活动效果、社会适应情况，进而影响一个人的生理、心理和包括社会文化素质在内的综合素质的发展。健全的自我意识的形成，除了要有对自我的正确认识外，还要有健全的人格支持。

四、培养自信心，提升自我效能感

无论现在还是将来，无论你身处逆境还是顺境，也无论周围的人与事如何变迁，只有你自己才是你永远的依靠。你应该自始至终信任自己、珍惜自己、帮助自己、激励自己，坚定地捍卫自己的自信。

有自信的人并不是天生就自信，其自信来自自觉地维护和积极地增进自信。缺乏自信的人也并不是天生就不自信，其不自信往往是长期缺乏自我肯定、自我激励以及被动接受外界消极评价的结果。真正自信的人首先有自爱，他知道自己有哪些长处，确信不疑而且十分珍爱，引以为荣。不自信的人缺乏自爱，他并不特别了解自己的长处，相反总是盯住自己的缺点或者有意挑剔自己的不足，并且耿耿于怀；即使有好的地方，他也十分轻视它们的价值，甚至会怀疑它们的真实性。

自我效能感是指个体对自己是否有能力完成某一行为所进行的推测与判断。自我效能感影响或决定人们对行为的选择，以及对该行为的坚持性和努力程度，影响人们的思维模式和情感反应模式，进而影响新行为的习得和习得行为的表现。自我效能感高的人，对于成功有较高的期待、遇事理智处理、乐于迎接应急情况的挑战、能够控制自暴自弃的想法——需要时能发挥智慧和技能。自我效能低的人：畏缩不前、害怕失败、情绪化地处理问题、在压力面前束手无策、易产生恐慌的情绪——当需要时，其知识和技能无法发挥。大学生的成功与成长无疑与自我效能感有着密切的关系，提升自我效能感对于提升心理素质、获得幸福感有重要的作用。

五、不断超越自我

健全自我的过程也是一个塑造自我、超越自我的过程。对于大学生而言，超越自我更是终身努力的目标。在行动上，无论对人对事，均全力以赴，使自己的能力品行得到最大限度的发挥。

完善自我、超越自我并不是一帆风顺的过程，需要付出艰辛的努力和沉重的代价，也是一个“新我”形成的过程，是从“小我”走向“大我”，从“昨天之我”向“今日之我”“明日之我”迈进。珍惜已有的自我，追求更好、更高的自我，做到一个“自如的、独特的、最好的”自我。既注重自我，又不固守自我，而是根据社会要求不断改造自我；既注重自我价值的实现，又不局限于追求个人自我价值的实现，而是把自我价值实现的过程与为祖国现代化建设作贡献的过程统一起来，在为他人和社会的服务中实现真正的自我价值。

第四章 大学生人格心理

第一节 人格概述

一、人格概说

（一）人格定义

人格又称个性，是个人带有倾向性的、本质的、比较稳定的心理特征（兴趣、爱好、能力、气质、性格等）的总和。一个人的人格表现在知、情、意等心理活动的各个方面，包括个人的认知能力的特征、行为动机的特征、情绪反应的特征、人际关系协调的程度、态度和信仰的体系、道德价值的特征等。一般说来，人格是在一定社会历史条件下，通过社会实践活动形成和发展起来的。一个人的人格是他过去的整个生活历程的反映。人格的形成也和人的生物遗传因素有关，因为人与人的个别差异从婴儿诞生的第一天起就有所表现。作为区别人与人的不同特征的人格，正是在这种先天生物学差异的基础上，在某种社会文化环境的影响下，通过不断的社会性内化过程而逐渐形成的。

什么是人格？在历史上有不同的学者从不同的角度对人格作出了相应界定。总体而言，从心理学角度对人格所下的概念有以下五种。

（1）罗列式概念。通常采用“人格是……的总和”的形式来描述人格，显然有助于确定人格的外延，但无法构建外延之间的关系，且外延的边界有多大也难以说清楚。

（2）整体性概念。强调人格是个人各方面属性所组成的整体，在很大程度上克服了罗列式概念的缺陷。

（3）层次性概念。在整体性的基础上，层次性概念把人格的属性或特征按一定的层次结构排列起来，人格特征具有内在的相互联系性和统一性，而最高层次的属性或特征具有统合的作用。

（4）适应性概念。此类概念深受达尔文进化论思想的影响，把人格看作人类在进化过程中不断适应环境的结果。

（5）区别性概念。如果说前面四种概念都反映了人们在人格上的共同性的话，区别性概念更多地看到了人与人之间在人格上的差异性，更强调个体人格的独特性方面。

（二）人格的特性

综合来看，人格具有以下特点。

1. 独特性

我们经常说的“人心不同，各如其面”“千人千面”就是指的这个意思。不同的遗传、教育和环境的影响，使每个人形成了各自独特的心理特点。虽然你知道自己和别人不一样，但还是会觉得和某些人更相似，与某些人更不同。这种相似性和相异性正是人格类型理论的基础，相似和不同构成了人际互动的丰富多彩。

2. 稳定性

“江山易改，禀性难移。”人格的稳定性就是指一个人经常表现出来的特点，是其一贯的行为方式的总和，一般表现为跨时间的稳定：今天的你和昨天的你大致一样；和跨情境的一致：性格外向的你在家里和学校都表现出喜欢说话与人交流的倾向。但是，稳定性并不意味着人格不可改变，人格同时具有可塑性。一般而言，儿童的人格正在形成中，还不稳定，容易受环境影响而发生变化；成年人的人格比较稳定，但是还可以自我调控。《国王的演讲》中的主人公经过自己的练习和努力最终克服了口吃，发表了激动人心的演讲。

3. 整体性

人格是人的各种人格倾向性和人格特征的有机结合。人格由气质、性格、能力、兴趣、爱好、需要、理想、信念等成分构成，这些成分或特征不是孤立地存在着，而是具有内在统一性。正常人能够正确地认识和评价自己，能及时地调整在人的内部心理世界中出现的相互矛盾的心理冲突，使他的动机和行为之间保持一致。一个人失去了人格内在统一性，就会出现人格分裂现象。美国著名的电影《搏击俱乐部》，就刻画了平凡的中年都市白领杰克的分裂性，他一面做着一成不变的工作，患有严重的失眠症；一面却分裂出另一个人格，与泰勒成立地下搏击俱乐部，疯狂地发泄情绪。

4. 功能性

人们常说性格决定命运。人格决定了一个人的生活方式，进而决定一个人的命运，这就是人格的功能性。一个人的人格功能发挥正常的时候个性表现为健康而有力；人格功能受损往往会影响一个人的社会功能和生活，表现出怯懦、无力、失控或病态。

二、人格的影响因素

（一）遗传因素

心理学家对于这样的问题，往往采用同卵双生子的研究来探讨，结果发现即使同卵双生子被分开抚养，他们之间的相似性也大于异卵兄弟姐妹，这意味着遗传的作用显著。在某些人格特质中，遗传的变异贡献量占 20% ～ 45%，这个比例是非常高的，智商的遗传影响也只是在 50% 左右。但是，人格也是可以通过环境加以改变的，对同卵双生子的研究表明，他们被分开抚养的时间越长，两人之间的差异也越大。每个人都是先天、后天相互影响的“合金”，我们的一些选择可能受遗传倾向的影响，如妈妈焦虑的情况下，孩子出生就表现出敏感焦虑的气质特点；外向开朗的家长，孩子也普遍外向活泼。但是我们不是机器人，不会按照编写好的程序进行。我们一生的发展其实是我们每个人自己选择的结果，遗传并不能决定我们的命运。

（二）社会文化因素

社会文化具有塑造人格的功能，这反映在不同文化的民族有其固有的民族性格，不同的地域有着不同的文化传统，不同的文化发展时期有着不同的文化认同。例如，中国文化中“人性本善”一直占据上风，而西方文化中则一直是“人性本恶”占据上风。因此，如果西方人在言行中表露出“恶”的一面，由于人性本恶，他们的防御也会比较少；而如果中国人在言行中表露出“恶”的一面，由于人性本善，他们必须说明自己的这个“恶”并非自己的本意，这样才能维持自尊和良好的社会适应，因此对行为的防御会更强烈。与中国人自我表达和判断他人的“曲折化”相比，西方人则更直接、更坦率。

（三）家庭环境因素

家庭是“制造人类性格的工厂”。家庭是个体最早接受教化的场所，社会和时代的要求，往往是通过家庭对儿童产生影响的。许多精神分析学家认为，一个人从出生到五六岁，是人格形成的最主要阶段，父母的教养态度对于其人格的形成和今后的发展起着重要作用。不同的依恋关系，父母对子女的态度，家庭氛围都对一个人的人格有着较强的影响。特别是童年经验的影响更是受到精神分析人格学家的重视，早期的亲子关系决定了行为模式，塑造出一切日后的行为。早期儿童经验是否对人格造成永久性影响因人而异，对于正常人来说，随着年龄的增长、心理的成熟，童年的影响会逐渐缩小、减弱，其效果不会永久不衰。

（四）自然环境因素

生态环境、气候条件、空间拥挤程度等这些物理因素都会影响人格。例如，热天会让人烦躁不安，对他人产生负面的反应。世界上炎热的地方，也是攻击行为较多的地方。人格特质和环境之间相互作用，外部环境和情境同样影响着人格特质的表现方式。

三、心理流派看人格

虽然我们讨论了人格的影响因素，但是这只是一些信息的片段，心理学家还试图解释人格产生的根源，不同的心理流派都给出了自己解释人格的概念、假设、观点和原则的系统，虽然并不相同，但是这些流派都在某种程度上给了我们一个指导框架，以免我们在理解人格时迷失方向。

对人格的解释主要分为五个流派，分别是精神分析流派、特质流派、人本主义流派、认知行为流派、生物学流派。

（一）精神分析流派

精神分析学派的代表人物主要有西格蒙德•弗洛伊德、阿尔弗雷德•阿德勒、卡尔•荣格。弗洛伊德是精神分析学派的创始人，精神分析流派认为人的无意识心理是人类行为的主宰，研究人格必须探索人格表面之下的东西。因此，他们非常强调个体童年经历对于个体人格形成的影响。同时，这个流派也最先提出人格发展的阶段理论。

精神分析流派认为，人格包括三个部分：本我、自我和超我。“本我”是性格中较为原始的部分，与满足生理需要相关，遵行“享乐原则”；“超我”是性格中道德和理想的部分，关注行为是否合乎社会规范，当我们的行为偏离社会规范的时候，它会引发罪恶感；“自我”在性格中扮演决策和协调的作用，既要满足本我需要，又要衡量社会可以接纳的方式和时机，遵行“现实、原则、人格”就是这三种“我”相互作用的结果，通过冲突达到一种微妙的平衡。虽然精神分析的解释很难实证，但是对各流派都有极强的影响，并且它创造性地提出了潜意识的作用，我们通常使用的“真我”“假我”“人格面具”等说法都是基于精神分析的理论。

（二）特质流派

特质流派的主要代表人物是奥尔伯特、卡特尔与艾森克。奥尔伯特于 1937 年首次提出人格特质理论，他将人格分为共同特质和个人特质，而个人特质又包括首要特质、中心特质和次要特质。你的人格特点有哪些？特质流派理论的研究回答了这个问题。他们直接从词典中挑选人格特质形容词加以分析，从中挑选出一个人在大多数情境中表现出来的相对稳定和持久的品质，称为特质。这种从人格的词汇学假设出发的研究方法，是实证性研究途径的典范，也是目前研究人格结构最客观、最可靠的方法。但是特质流派却没有办法解答人格成因，以及被测量出人格问题的人该怎么办。特质心理学家还试图搞清楚不同特质在一个人人格结构中的权重位置，试图确定不同特质的相互关系。特质理论认为，不同的人格特征都是一个连续体，你处在某个连续体的某个位置，如内向一外向不是两种类型，而是一个“内外向”这个特质的两端。

（三）人本主义流派

在人本主义心理学阵营中，最具有代表性的是马斯洛。马斯洛不同意行为主义与精神分析学派的人格学说，而是着力于创立一门研究人类的积极本性的心理学。人本主义心理学家认为人格责任感和自我认同感是造成人格差异的主要原因。他们不同意精神分析所强调的生物本能和无意识驱力作用，而是相信人的善良本性，特别是自我的调节作用；也反对机械的学习理论，而强调人的主观意识，即你对这个事情的知觉感受。人本主义特别强调自我的选择性，主张人格的可塑性。

（四）认知行为流派

该派的重要代表是凯利。凯利人格理论的核心是建构，是个体的行为所依赖的解释。一个建构就是一种思想、一种观点、一种看法，人们用它来解释个人自己的经验。建构一旦创建，人就受它的制约。认知行为学派认为人格的核心就是各种习得行为模式的集合，而习惯是经过长时间的条件反射、强化、社会观察习得的。因此，认知行为主义学者更注重行为的外界影响因素，而用已有学习经验来代替“特质”的说法。后来的社会学流派则强调了认知因素，认为一个人的期望、强化价值以及心理情境影响了人格的形成。行为主义也注重早期经验，但是更看重关键情境对人格产生的长期效应。

（五）生物学流派

生物学流派的代表人物有法国社会学家利托尔诺（Charls Letourneau，1831—1902）、英国教育家沛西·能（Sir Thomas Perey Nunn，1870—1944）等。生物学流派心理学家通常用遗传和生理过程来解释人格的个体差异。例如，人格结构中神经质维度的四个层面（焦虑、抑郁、自我意识和脆弱）与人体第 11 条染色体上的 BDNF（Brain Derived Neurotrophic Factor，一种由大脑产生的神经营养素）基因有关。

这些理论流派都是从各自的角度对人格问题提出了自己的观点，没有证据能证明谁对谁错，但是每个流派都在某种程度上帮助我们理解“我们是谁”这一问题。

对于我们来说，学习人格理论最期待能够回答“我到底是什么样的人，我周围的人是什么样的人”这类问题，特别是知道别人是谁，好“预测”他们的行为，并以此来确定我们对待他们的方式。“好人”就和他 / 她做朋友，“坏人”则“敬”而远之。

这个问题心理学家很早就开始了研究，提出了各种方法，试图把人格分为不同的类型。可以将人分成内向和外向两种类型，内向者的注意力、能量指向内在，通常安静、稳重；外向者的能量指向外在，通常胆大、好交际。

人格的维度是连续的，是可以测量的，测量的单位就是特质，每个特质在全人类上的表现都是一个正态分布。

如热情，只有非常少的人属于非常热情，自来熟，同样非常少的人属于完全没有热情，大部分人的热情特质在这个曲线上的某一点。

这样把所有人的所有特质综合来看，我们就会有一些特质比较突出，有一些特质则比较次要。于是奥尔波特将人格特质分为三种：首要特质、核心特质和次要特质。

①首要特质是一个人最典型、最具概括性的特质，如林黛玉的多愁善感、曹操的狡猾奸诈。但并不是所有的人都会表现出这样明显的首要特质。

②核心特质是代表一个人的主要特征、构成个体独特性的重要特质，在每个人身上有 5 ～ 10 个，如林黛玉的清高、率直、聪慧、孤僻、内向、抑郁、敏感都属于核心特质。

③次要特质，是个体一些不太重要的特质，对于理解个体的人格作用不是很大，如对于食物和衣着的偏好。

为了更好地说明人群的特点，心理学家还尝试把人分成两种类型（A—B 型）、5 种类型（大五人格结构）、16 种类型（16PF 人格结构），并发明了很多测试来对人格进行分类。人格分类通常会通过测试把拥有几种重要特质的人分成一类，但是这种划分也存在过于简单化的问题。

其实每个人都有很多面，片面地看到别人的一些行为表现就推定他就是这样的人，非常容易犯经验主义错误。只有接纳和认可人格特质的每一面才能更好地理解自己和理解他人。

第二节　大学生人格发展的特点及自我调节

大学生处于身心急剧发展和自我意识分化的特殊时段，大学阶段仍然是大学生人格不断发展的重要时期。我国有关学者的研究表明，具有创造力的当代大学生其人格特征是勇于创新与开拓，有努力取得成就的坚忍性，富有热情，自信心强等。然而，急剧变革、观念多元化的社会文化也使人格的形成变得困难，变得更加不确定，使大学生在人格发展的过程中出现更多的迷茫和冲突。

一、大学生人格发展的特点

（一）能正确认知自我

大学生正确认知自我的前提是首先能自我认可，基本上能接受一切属于自我的东西，从而形成对自己积极的看法；其次是自我客体化，对自己的优点与缺点都比较清楚和明确，理解现实自我与理想自我之间的差别。大多数人都有明确的奋斗目标和愿望，并为之努力奋斗。

（二）智能结构健全合理

大学生智能结构健全合理是指具有良好的观察力、记忆力、思维力、注意力和想象力，没有认知障碍，各种认知能力能有机结合并发挥其应有的作用。

（三）对社会环境的适应能力较强，不断地进行社会化活动

当代大学生对外部世界有着浓厚的兴趣，有着广泛的活动范围和爱好，人际交往范围扩大，积极参与各种形式的社会实践。同时，能容忍别人与自己在价值观与信念上存在的差别，根据事物的实际情况看待事物，而不是根据自己的主观愿望来看待事物。

（四）富有事业心，具有一定创造性和竞争意识

大部分大学生都能把事业看成生活的重要组成部分，在事业上有较强的进取心和责任感；具有竞争意识，具有开放性的思想观念，少有保守思想；喜欢创造，勇于创新，甘愿冒险，独立性强，富有幽默感，态度务实。

（五）情感饱满适度

情绪上稳定性与波动性、外显性与内隐性并存，情感丰富多彩，积极的情绪、情感体验在学习、生活中占主导。

这些特点表明，我国大学生人格发展状况基本良好，大学生在人格教育方面具有良好的自觉性。

二、人格障碍形成的原因

造成大学生人格障碍的原因非常复杂，一般涉及遗传和环境两个方面，尤其是遗传和环境的交互作用的影响。总结起来，其原因包括以下两个方面。

（一）生物遗传因素

遗传是人格不可缺少的影响因素，遗传因素对人格的作用程度因人格特征的不同而异，通常在智力、气质这些与生物因素相关较大的特征上，较为重要；而在价值观、信念、性格等与社会因素关系紧密的特征上，后天环境因素更重要。我们一生的发展其实是我们每个人自己选择的结果，遗传并不能决定我们的命运。

（二）社会文化因素

社会文化塑造了社会成员的人格特征，使其成员的人格结构朝着相似性的方向发展，这种相似性又具有一个维系社会稳定的功能，使个人嵌入文化形态。其影响力因文化而异，社会对文化要求是否严格，越严格，影响力就越大。影响力的强弱也要视其行为的社会意义的大小而定。社会文化对人格的塑造，反映在不同文化民族有其固有的民族性格。不同自然环境下民族也反映出人文地理对人格的影响。社会文化对人格具有重要的作用，特别是后天形成的一些人格特征。社会文化因素决定了人格的共同性特征，它使同一社会的人在人格上具有一定程度的相似性。

三、大学生常见的人格障碍

人格障碍是指人格特征显著偏离正常，且形成了特有的行为模式，对环境适应不良，常影响其社会功能，甚至与社会发生冲突，给自己或社会造成恶果。人格障碍并非精神疾病，但是如果得不到及时有效的矫正，往往持续终生，并容易引发精神疾病。人格障碍常开始于幼年，青年时期定型，持续至成年时期或者终生。人格障碍有时与精神疾病有相似之处或易于发生精神疾病，但其本身尚未是病态。

目前，大学生常见的人格障碍有以下十种。

（一）偏执型人格障碍

偏执是指根据错误或不全面的信息，产生不恰当的观念，秉持错误的思维方式，并且固执己见，不讲道理，认为只有自己是对的。如果经常出现偏执的状态，有可能存在偏执型的人格障碍。其主要表现为：①猜疑心理严重，常将他人无意的过失甚至友好的行为误解为敌意、歧视，因此会有很强的防卫心理；②容易嫉妒，对别人的身份、地位，以及受到的表扬或奖励心生不满，总觉得不公平、看不惯；③喜欢与人争辩，不遗余力地追求不合理的“权利”和利益；④总是把问题的责任推给别人，忽视或拒绝与自己想法不吻合的客观事实，很难讲道理，固执己见。

（二）分裂型人格障碍

有这类人格障碍的人的思维常常出现僵化，他们在与别人的对话中不理解对话的上下文，对举一反三的事例缺乏联想。有奇异的信念，或与文化背景不相称的行为，如相信透视力、心灵感应、特异功能和第六感官等，或在独处时感到了另一个人的存在。奇怪的、反常的或特殊的行为或外貌，如服饰奇特、不修边幅、行为不合时宜、习惯或目的不明确。言语怪异，如离题、用词不当、繁简失当、表达意见不清，并非文化程度或智能障碍等因素所引起。对人冷淡，对亲属也不例外，缺少温暖体贴。表情淡漠，缺乏深刻或生动的情感体验。多单独活动，主动与人交往仅限于生活或工作中必需的接触，除亲属外无亲密友人。

（三）冲动型人格障碍

冲动是一种理智被情感、情绪蒙蔽的心理现象。冲动型人格障碍的主要表现为：情绪急躁、易怒，做事盲目性强，没有计划，缺乏坚持性，不考虑行为的后果，常表现出攻击性，容易与他人争吵或发生肢体冲突。

（四）强迫型人格障碍

强迫是指经常不由自主地产生某种想法或行为，即使知道这样做没有必要，也无法控制自己去想去做。强迫型人格障碍主要表现为强迫性的观念和强迫性的行为，在日常生活中表现为以下五点。

第一，总是感到一种莫名的不安全，如锁上门后还反复检查是否锁好等。

第二，过于追求完美，却常常因过于执着琐碎细节导致整件事情失败。

第三，做事刻板，过于循规蹈矩，不懂得变通，难以适应变化。

第四，对于环境是否整洁过于敏感，洁癖严重。

第五，不仅对自己过于刻板，也用自己的特殊癖好来要求别人。

过分地谨小慎微、严格要求、完美主义及内心有不安全感。过高的标准使他们对自己和别人都要求完美，成绩很优秀，但却很少对自己满意，而且很难达到自己的预期要求。往往把事情放到最后，致使完成重要任务的时间所剩无几。当需要别人对自己的工作和成果给出评价时，往往会过分拘泥于条条框框。很难表达自己的感情，在别人眼中往往是一本正经的、严肃的、过于谨慎的和守纪律的。缺乏想象，不会利用时机，做事过分谨慎与刻板，事先反复计划，事后反复检查，不厌其烦的同时，犹豫不决。

（五）反社会型人格障碍

反社会是指与社会的规范背道而驰的思想观念和言行。反社会型人格障碍常表现为以下三点。

第一，总是违反各种纪律或规范，甚至习惯于犯罪，导致不能正常学习或工作。

第二，对他人及社会缺乏同情心、责任感，冷酷，情感淡漠。

第三，对自己违反道德准则和各种规范的行为结果不以为意，无悔改之心。

（六）表演型人格障碍

表演型人格习惯于用夸张的言行以吸引他人的注意。表演型人格障碍的主要表现为以下四点。

第一，表情易夸张，习惯装腔作势。

第二，以自我为中心，强迫他人满足自己的要求，否则就会产生强烈不满并想方设法使对方难堪。

第三，常表现出异于常人的言行举止，或习惯展现特别的外貌服饰。

第四，情绪情感特别强烈，并且过于敏感，常表现出戏剧性的情绪变化，喜欢对自己的经历过分夸张。

他们常常外表迷人，热心、好交际，如果自己不是人们注意的中心，便感到不舒服。但是他们常被别人认为是某种不真诚的、肤浅的。似乎通过在陌生人面前的表演来寻求别人的赞美。一旦建立了某种联系，就会变得苛刻、不为别人考虑，自我中心，并且自我关注。以高度的自我中心、过分情感化和用夸张的言语和行为吸引注意为主要特点。情感肤浅，易受暗示，容易被他人或环境影响，认为与别人的关系比实际上的更亲近。

（七）回避型人格障碍

回避型人格障碍的个体对他人的观点比较敏感，并由此而回避大多数人的人际交往。具有非常低的自尊，害怕被拒绝，这使他们的交往范围非常有限，而对那些他们认为值得信赖的人则表现出极端的依赖。他们并非出于冷漠、情感平淡、对人际关系不感兴趣而表现出背离社会；相反，他们是出于个人内部的焦虑和对拒绝的恐惧而导致对社会的背离。这类人的最大特点是自卑，其主要表现有以下三点。

第一，在人际交往方面特别自卑，渴望与人交往，但总是退缩、回避，没有或很少有知心朋友。

第二，在与人交往时总是怕出丑，习惯沉默，不敢主动表达自己。

第三，对需要与人交往的活动或工作总是想方设法逃避。

（八）依赖型人格障碍

依赖型人格障碍总是要求别人替他做大部分的决定、替他做重要的事情，并且对他的生活负很大的责任。应该住在哪里，应该拥有什么样的工作以及谁应该成为他的朋友，他都依赖于伴侣、父母和朋友的决定。他所依赖的人的需要就是他的需要，这是因为他怕说出自己的要求会破坏这种依赖关系。为了不被抛弃，这种人往往在生理和心理上承受着巨大的侮辱。独处时感到很不舒服，因此他往往需要陪伴，很不自信，认为自己很愚蠢、很无助。在一个亲密关系终结后，迫切寻求另一个作为支持和照料的依靠，不现实地沉湎于害怕被别人遗弃以致不得不自己照料自己的恐惧。依赖型人格障碍的主要表现为任务依赖和情感依赖，具体表现有以下五点。

第一，缺乏自主性和决断力，总是需要他人帮助自己决定事情或进行选择。

第二，缺乏独立思考能力，人云亦云，总是听从别人的看法。

第三，特别害怕独处，极力避免孤独。

第四，为了讨好别人，使别人能陪伴自己，宁愿去做自己不愿意去做的事情。

第五，经常觉得自己被抛弃，对亲密关系的终结感到绝望和无助。

（九）自恋型人格障碍

自恋型人格障碍主要是持续地表现出浮夸（无论幻想或行为的），需要他人赞扬。自以为了不起，好出风头，喜欢别人的注意和称赞。好“拔尖”，只注意自己的权利而不愿尽自己的义务。利用别人来满足自己的欲望。往往忌妒或认为别人在忌妒自己。不合理地期望特殊的优厚待遇，要求旁人都得按照他们的意志去做。缺乏同情心，理解不了别人的感情。在无限的成功、权利和美貌的幻想中表现出“夸大”和自我关注。他人的批评、漠视及自尊受到威胁会令他们感到愤怒和羞耻。当与人建立一种关系时，可能会在对自我的过度理想化和对他人的极度贬低之间摇摆不定，这种自恋的根源可能正是由于脆弱的自尊和深埋的失败恐惧。

（十）多重人格

多重人格的人同时具有两种或两种以上迥然不同的人格，是一种癔症性的分离性心理障碍。平常人们所说的“觉得自己不是自己”就是多重人格的典型表现。

具有多重人格的人，虽然在他身上表现出来两种或更多完全不同的亚人格，但在某一时间只有一种最为明显，并且每种亚人格都是完整的，都有自己的记忆、行为、兴趣、偏好，完全可以独立存在。

多重人格包括双重人格、三重人格……最多的可以达到 17 重人格，其中以双重人格最为多见。双重人格的人通常是其中一种人格占优势，两种人格互不干预，在其中一种人格表现出来时几乎意识不到另一种人格的存在。双重人格的人，起初一种人格向另一种人格转变的过程非常突然，常伴随创伤性事件，以后这种转变只在其遇到重大应急事件、接受放松或催眠治疗时才发生。

具有上述几种人格障碍的人在日常生活中并不占多数，但具有某些人格障碍特点的人在生活中却比比皆是。这些人格特点虽然不能视为人格障碍，但如果不及时加以克服，极有可能转变为人格障碍。

四、大学生的人格问题与自我调节

不良人格是介于正常人格与人格障碍之间的一种人格状态。在大学生中，常见的不良人格有懒散、拖拉、怯懦、孤僻、冷漠、悲观、依赖、敏感、多疑、焦虑或对人敌视、暴躁冲动、破坏等。不良人格在青年群体中较为常见，不仅影响活动效率、妨碍正常人际关系，而且会给人生蒙上一层消极的阴影，如不及时矫正与治疗，会发展为各种人格障碍。因此，应了解并掌握一些常见不良人格的特征及调适的方法。

（一）拖延

拖延是当前不少大学生的常见通病。本可完成的事情，今天推明天，明天推后天，不到最后一刻不做，做时又马马虎虎。拖延与不快乐、生理免疫系统脆弱、压力过大等都呈正相关。造成拖延的原因有逃避困难、目标不明确、惰性。拖延不仅耽误学习和工作，而且会导致心理压力增大。

（二）焦虑

很多人喜欢把事情往坏处想，常会把一件很小的事情想象成大难临头。不只有神经过敏的人、抑郁的人、患恐惧症的人才会这样，事实上大多数人在大部分时候都这样。对有的人来说，只有当一切都顺利时才感到快乐。但往往在这种时候，他就会开始担心，会不会有不好的事情发生。焦虑通常是危险来临的警笛，驱使个体去深思熟虑、苦思冥想，企图找到各种可能的解决办法。所以对于焦虑，个体应该忍受、关注甚至心怀感激。但很多时候，焦虑是不必要的或过多的。下面有三个指标来衡量焦虑是否变成负担，应该赶快从肩上卸下来。第一，焦虑是不是不可理喻？个体要时常将内心的“坏天气”与外部真实的“天气”进行校准。焦虑是否已经超出了对现实威胁应有的反应范围？如一个在期中考试中两门不及格的学生在临近期末考试时担忧得睡不着觉，这种焦虑是合理的。但当一个大学生不去参加考试是因为他担心在他答题时，教授会一直盯着他看，这样他的手会不由自主地发抖，这种焦虑就是不合理的。焦虑失控的第二个指标是麻痹性。焦虑的初衷是促使个体采取行动，改变生活。当焦虑达到极致时，它就会麻痹你，让其变得无动于衷。如一位女生总担心出门会被汽车撞到，终日躲在宿舍里不敢出门。焦虑的最后一个指标是强度。如果焦虑只是一般水平，且没有不合理性或麻痹性，那可以处之泰然。仔细聆听它的指示，去改变外部生活而不是情绪状态。如果焦虑程度很高或一般，但是有不合理性或麻痹性，那应该马上采取行动减少焦虑。

第一个技术是渐进式放松训练。必须每天最少做一次（最好两次），每次至少10分钟。进行渐进式放松时，先绷紧全身的肌肉，然后慢慢放松身体的主要肌肉，直到完全松弛下来（在网络上有很多这种放松的指导语供参考）。大部分时候，放松训练都有一个反馈系统，这个反馈系统与焦虑相对抗。

第二个技术是冥想。它简单易行，但很有效果。这个技术需要每天使用两次，每次20分钟。冥想的作用在于驱除那些产生焦虑的想法，它可以是放松训练的补充。

（三）抑郁

个体每天都要面对很多失意与挫败，也由此会变得悲观绝望，整天什么也不想做，对生活失去了热情，甚至对美食、娱乐都没有兴趣，在床上辗转难眠。抑郁时，看不到自己的未来，并把原因归咎于自己的资质。认为自己资质平平，所以毫无前途可言。经常会放大生活中的困难与挫折。即使成功了，也能找出一大堆理由来证明这是失败之作。人在抑郁时，悲观的解释风格会处于主导地位。抑郁的人总是以阴暗的眼光来看待美好的事物。在面临选择时，也会犹豫不决，举棋不定。当处于抑郁时，觉得什么都会来跟你作对，甚至自己的身体。

轻微的抑郁症由悲观的思维习惯导致。悲观主义把失败和被拒归因到永久的（“永远都会这样”）、普遍的（“这会毁了一切”）和人格化（“都是我的错”）的原因。这些习惯性的信念通常都不是真的，只是个人的非理性的主观看法而已。认知疗法的核心是：思维习惯可以彻底改变，即使是重度抑郁症患者。而轻微的抑郁症通常不需要治疗就可以得到改善。认知疗法共有五条原则。

第一，学会辨认自己的下意识想法。这些想法在你感觉最糟糕的时候冲出来，而且来势汹汹，让你来不及反应，也无力反抗，如“我是一个很差劲的学生”等。

第二，学会用相反的证据来反驳下意识想法。方法大家都会，只不过是在面对别人的苛责时才使用。如果一个善妒的朋友告诉你，你是一个非常差劲的人，你会搬出一大堆证据来反驳他。同理，学会收集证据来反驳自己的非理性信念。

第三，学会用不同的解释方法进行重新归因。这也是用来反驳下意识想法的。学会用新的解释风格来反驳，如对自己说：“这完全不符合逻辑啊，我只是在文娱方面比较弱一点，我在人缘等方面还是很不错的，我怎么会是一个很差劲的学生呢？”

第四，学会把自己从抑郁的想法中解救出来。反之，会让情况越来越糟糕，尤其是当一个人处于压力之下还得强颜欢笑时。最好的做法就是不去想它。不但要学会控制思考的内容，还要学会控制思考的时间。

第五，学会质疑引起抑郁的那些假设。这些假设束缚了你，如“没有爱我活不下去”“我是个失败者，因为我做得不够完美”等。

认知疗法对治疗抑郁症非常有效，治愈率高达70%，但通常要一个月后才见效。需要注意的是，认知疗法对文化水平较低的人和圆滑世故的人效果不得而知。

（四）懒散

懒散是不少大学生感到苦恼并难以克服的一种不良人格。处于懒散状态的大学生也常常感到内疚、自责、后悔，但又无力自拔，主要原因是此类大学生想得多、做得少，缺乏毅力。

要克服懒散，首先要充分认识到其危害性；真正要做的是认真做好计划，坚定地行动起来。从日常小事做起，自己对自己负责，努力做到不为自己找借口，不原谅自己偷懒，按计划今日事今日毕，多参加有益于身心的活动。

（五）狭隘

斤斤计较、耿耿于怀、嫉妒挑剔、容不得人等，都是狭隘的表现。狭隘影响人际关系，伤害他人感情，也给自己带来烦闷、苦恼，影响自己的情绪和形象。

克服狭隘，一是要胸怀坦荡，一切向前看，有“比天空更广阔的心灵”；二要开阔视野丰富自己，“站得高，看得远”；三要学会宽容，做到“宰相肚里能撑船”。

五、大学生常见人格障碍与自我调节

（一）偏执型人格障碍的应对方法

第一，改善沟通，建立互信。猜疑和误解很多时候都是缘于沟通不畅，或是缺乏互信。加强沟通，遇事不要先生气、先怀疑，要尝试相信他人，减少猜疑和误解。

第二，自我分析，保持理智。经常分析和提醒自己，在怀疑他人或忌妒他人时，是不是自己的偏执心理在作怪。

第三，积极自我暗示。暗示自己别人不会为难自己，自己也要谦和待人。别人的看法也许是对的，自己也该多听听。

（二）分裂型人格障碍的应对方法

第一，走出孤独，与人交往。人与人之间本来就有差异，相信他人能够理解自己，接纳自己。

第二，走出空想，幻想变成理想。幻想再美好也是一场空，如果能够在生活中为理想踏踏实实地努力，最后就能拥抱真真实实的美好。

第三，培养生活情趣。养一盆花、看一本书、做一些运动。培养一些爱好，最好能有几个“臭味相投”的朋友一起，才会知道幸福的滋味。

（三）冲动型人格障碍的应对方法

第一，培养自控，管住情绪。情绪犹如野马，理智就是缰绳。我们要握紧缰绳，否则野马就会把我们甩飞。

第二，积累阅历，开阔胸怀。只有多看书，多观察社会，我们才会知道冲动其实解决不了问题，真正解决问题的是合作、是妥协。要合作，就要放下仇恨，敞开胸怀。

第三，找个方式释放自己。年轻难免气盛，精力过多就会满溢。跑跑步、唱唱歌、去旅行，很多方法可以释放自己的能量，然后你会感到好轻松。

（四）强迫型人格障碍的应对方法

第一，相信再大的事天也不会塌下来。许多事情没有想象中的严重，就算被子没叠、手没洗，一时半会儿也没什么要紧，影响不大。就算自己偶尔有不好的念头，有就有吧，每个人的内心都很复杂，我也一样，没关系的。

第二，多做，少想，不后悔。自己计划好的事情，或做了的决定，就不要去更改、去怀疑，而要按计划去做，事后无论结果如何，也不要后悔，后悔没用。

第三，适度“放纵”。若什么事情都像条约一样，生活将会变得死板、没有情趣，适度的“放纵”，自己给自己松松绑，自由地呼吸，你能做到的。

（五）反社会型人格障碍的应对方法

1. 做人要有原则

没有原则的人就像脱轨的火车，是一场灾难，伤害别人，自己也跑不远。法律、道德，这些都是必须遵守的原则，不容触犯。

2. 尝试体验痛苦的感觉

自己不觉得自己做的事会给别人带去痛苦？那么让别人也那样对你做，体验一下痛苦的感觉。以便今后再想这样做的时候回味一下这种感觉。

3. 放下仇恨，学会爱

人与人之间虽然有仇恨，但更多的是关心和爱护。以怨报怨，伤害别人，自己也得不到幸福。以德报怨，世界会更美好。

（六）表演型人格障碍的应对方法

第一，自己的“表演”别人喜欢吗？自己总觉得自己的表现很好，很完美，很受别人欢迎，真的吗？问问别人对自己的看法，不要争辩，认真地听，好好反思。

第二，做一个别人喜欢的人。做别人不喜欢的事情而得到关注，是自讨没趣，不如不做。控制自己的表现欲望，不要让它为所欲为，静下心来做自己的事，不要总是影响别人。

第三，恰当地发挥自己的表演才能。清楚什么时候能表演，什么时候不能表演。在舞台上，可以尽情发挥，相信大家会喜欢你。在生活中，活得真实自然，平平淡淡才是真。

（七）回避型人格障碍的应对方法

1. 走出自卑，树立自信

人人都有缺点，不用因为自己有缺点而自卑，人人都有优点，找到自己的优点，树立自信。

2. 学会交往，勇敢走出第一步

怕见别人？想躲起来？不行，人应学会交往。别人不会嘲笑你，同时会理解你。只要勇敢走出第一步，就能找到温暖的双手和微笑。

（八）依赖型人格障碍的应对方法

1. 相信自己“我可以”“我能行”

自己的生命自己做主，你会活得更有力量、更有自由。相信自己有能力做自己的事，别人告诉你不行，你不一定不行，相信自己，尽力尝试。

2. 克服依赖思想

即使幼儿园的小朋友都知道自己的事情自己做，我们更应该做到。小朋友能自己收拾东西，我们要做得更多，自己做决定、自己承担责任、自己做计划、自己监督自己……

（九）自恋型人格障碍的应对方法

1. 解除自我中心观

自我中心是自恋型人格的最主要特征，而人生中最为自我中心的阶段是婴儿时期。

由此可见，自恋型人格障碍患者的行为实际上退化到了婴儿期。因此，治疗自恋型人格障碍，必须了解那些婴儿化的行为。首先，可以通过罗列自己认为不讨人喜欢的人格特征和别人对自己的批评，来看看有多少婴儿期的成分。例如，渴望持久的关注与赞美，一旦不被注意便采用偏激的行为；喜欢指使别人；对别人的好东西垂涎欲滴，对别人的成功无比嫉妒等。然后，通过回忆自己的童年，会发现以上人格特点在童年便有其原型。例如，总是渴望父母的关注与赞美，每当父母忽视这一点时，便要无赖、捣蛋或做一些异想天开的动作以吸引父母的注意；童年时衣来伸手，饭来张口，父母是仆人；总想占有一切，别的小朋友有的，自己也想有。当明白了自己的行为是童年幼稚行为的翻版后，以下的内容可能会有益。①我将努力工作，以取得成绩来吸引别人的关注与赞美；②我不再是孩子，许多事都要自己动手去做；③每个人都有属于自己的好东西，我要争取我应得到的，但不忌妒别人应得的。同时，还可以请一位和自己亲近的人作为监督者，一旦出现自我中心的行为，便给予警告和提示，督促自己及时改正。通过这些努力，自我中心观会慢慢消除。

2. 学会爱别人

对于有自恋型人格障碍的人来说，光抛弃自我中心观念还不够，还必须学会去爱别人。生活中最简单的爱的行为便是关心别人，尤其是当别人需要你帮助的时候。朋友生病后及时送上一份问候，朋友会真诚地感激你；当别人在经济上有困难时，你力所能及地解囊相助，自然会得到别人的尊敬。只要在生活中多一份对他人的爱心，自恋症便会减轻。

（十）多重人格障碍的应对方法

第一，通过宣泄，把主体人格“诱导回来”，让其对原先无法接受的愤怒、不满、冲动等承担责任，并用更具有建设性的办法处理它们。因诱导主体人格的过程也是发泄后继人格的过程，由此置于二者之间的隔墙便会自动解体，二者的交流得以实现。

第二，人格分裂者最害怕的问题是记忆碎片，也就是遗传基因产生的紊乱会扰乱脑部，使记忆遗失。分裂出的每个人格对原先人格的记忆、性格都有一定了解，如果分离人格遗失前者记忆，患者有可能被另一人格完全占据。

第三，鼓励各分离的人格之间的内部交流，因为这种内部交流有助于“拆除”置于主体人格和后继人格之间的隔墙。

第四，分离人格的产生有些是因为未能满足正常的需要，对此应考虑需要的功能，不能轻率处置。

第五，对于人格分裂者，融情治疗应当可以治愈。融情治疗为善意欺骗与诱导宣泄，并制造物象，如人格分裂者总是把所见所闻默默记在潜意识中，治疗这么多的人格，可用象形的物品。

第六，饮食疗法，清淡可口为主。

第三节 大学生健康人格的塑造

一、健康人格

健康人格是生物进化所赋予人的本性在充分发挥时所能达到的境界，是人类应该追求的价值目标。具有健全人格的人是心理健康者，他们能有意识地控制自己的生活，掌握自己的命运；他们能意识到自己的优点和弱点、善与恶，并且容忍和认可它们，他们不是生活在过去的往事中，而是坚定地立足于现在，并注意到未来的目标和任务。

二、大学生健康人格的基本特征

当代大学生处于新旧交替、中西融合的变革时代，他们将在比较和选择中广泛吸收中西文化、传统和现代的长处，培养有利于身心健康和全面发展的健康人格。根据国内外学者的研究，结合大学生的特点，大学生健康人格的基本特征概括如下。

（1）思维开阔，思想开放，尊重并愿意考虑各方面不同意见，同时赋予创造性。

（2）乐于接受新思想、新观念、新生活。

（3）客观有效地认识现实、自己和他人，与周围环境建立和谐、愉快的关系。

（4）言行自然、率直、纯朴，表里如一。

（5）重视现在和未来，珍惜时间，有较强的时间观念。

（6）富有自主性。具有独立于文化背景和环境之外的意志力，相信依靠自己的知识和能力，能够获得成功和发展。

（7）尊重他人，人际关系融洽，富有可依赖性和可信任性。

（8）具有民主的风度，不固执己见，具有广阔的胸襟。

（9）具有坚强的意志，能为自己的目标合理地调节、控制自己的行为。

（10）有效地运用智慧和能力，并充分发挥自己的才能，富于创造性。

三、大学生健康人格的培养途径

（一）认识自我，优化人格整合

认识自我是改变自我的开始，为了有效地进行人格塑造，应该首先充分了解自己的人格状况，明确人格塑造的目标、内容、途径、方法。人格塑造也就是为了实现优化人格整合，达到人格的健全。整合是使人格的各个方面逐渐由最初的互不相关，发展到和谐一致状态的过程。优化的过程即选择某些优良的人格特征作为自己努力的目标，同时针对自己人格上的缺点、弱点予以纠正。

（二）努力学习科学文化知识

不少人格发展缺陷缘于无知，无知容易使人自卑、粗鲁，丰富的知识则使人自信、坚强、理智。各学科的全面发展是人格健全发展的智力基础，因为各学科的知识同处于一个庞大的系统中，彼此之间既相互联系，又能在各自的发展中相互迁移、相互促进，可以说，有了智力基础，人格发展的速度与质量才有保证。

（三）积极参加实践活动，从小事做起

实践是人格发展的必由之路。无论是知识的获取、能力的形成，还是意志的磨炼都离不开实践。比如一个人的勤奋、坚忍、乐观、细致等人格特征都是长期实践锻炼的结果。一个人的一言一行往往是其人格的外化，反过来一个人日常言行的积淀成为习惯就是人格，例如个人有刷牙、梳头、洗手、勤换衣服、常剪指甲等习惯，就反映了他具有“清洁”这一人格特质。因此，优化人格整合要从眼前的小事做起，无数良好的小事可最终构建成优良的人格大厦。

（四）发展良好的人际关系，融入集体

人格发展、塑造的过程是个体实现社会化的过程，是个体与他人、集体、社会相互作用的过程。人格是在行为中表现的，健全的人格也只有在与人交往中才能体现出来。塑造健全人格，必须发展良好的人际关系：尊重社会习俗、关心他人的需要、真诚地赞美、多与他人沟通意见、保持自尊和独立等。集体是人格塑造的土壤，通过与集体交往，自己的某些人格品质或受到赞扬、鼓励，或受到压制、排斥，从而有助于做出有针对性的调整。

（五）锻炼身体，强健体魄

人格发展的过程是体质、心理因素与智力因素协同作用、相互促进的过程，健康的体质是人格健全发展的物质基础。一个体弱多病的人是难以发展健全人格的，拖拉、

懒惰、急躁、怯懦等人格发展缺陷与不坚持体育锻炼明显有关。

（六）防止“过犹不及”

凡事都有度，人格发展和表现的度是十分重要的，人格塑造过程中应把握辩证法，掌握好度，否则就会过犹不及，适得其反。具体来说，应该是：自信而不自负，自谦而不自卑，勇敢而不鲁莽，果断而不冒失，稳重而不犹豫，谨慎而不怯懦，豪放而不粗俗，好强而不逞强，活泼而不轻浮，机敏而不多疑，忠厚而不愚昧，干练而不世故等。度的把握还表现在不同的人格特质要协调发展，做到“刚柔相济”，对于“刚”者应多发展些“柔”，对于“柔”者应多发展些“刚”，这样才能形成合理、和谐的人格结构。

第五章 大学生的学习能力提升

第一节 大学生学习心理概述

一、学习的概念

学习的过程是一种渐进的尝试错误的过程。学习一定的行为，重要的是产生结果，如果产生了令人愉快的结果，就会促使人们的这一行为更高频率地发生。学习的一个重要特征是要引起心理或行为的变化。一般认为，学习的概念有广义和狭义之分。广义上，学习是人和动物共有的心理现象，它是为了更好地适应环境而由后天经验或实践引起的一系列心理或行为的变化，而且这种变化不是暂时的，而是相对稳定和持久的。人类学习与动物学习的区别是人类具有主观能动性，动物的学习大多数只是被动地适应环境，而人类的学习可以凭借主观能动性在适应环境的基础上，积极主动地认识世界和改造世界。此外，人类的学习具有社会性，它能够通过语言和文字传递社会历史经验，使人们能够学习前人所积累的经验和文化，这种学习超越了时空的界限，使人类的学习内容无限丰富。狭义上，学习指学生的学习，是学生在教育者的指导下，有目的、有计划、有组织地通过各类信息的影响，促进个体的身心发展，以达到社会所期望的状态，成为适应社会并能够在一定程度上促进社会发展的人。

二、大学生学习的特点

大学阶段是人们进行学习活动的一个非常重要的时期，大学生从青春期进入成人期后，其身心发展在很多方面会出现新的变化和特征，大学学习也有其特殊性，这些都意味着，比起中小学学生，大学生的学习在学习目标、学习内容和学习方式上都会出现很大的变化。了解和把握大学生学习的特点，有助于我们更好地适应大学的学习生活。

（一）学习的自主性

进入成人期后，大学生的自我意识开始成熟并日趋稳定，主要表现为在学习上有着更强的独立性和自主性。

首先，与中学生相比，大学生拥有更多自由支配的时间。大学生的课程安排不像中学生那样每天都排得满满的，在上课之外，大学生每天有将近一半的时间供自己自由支配，可以对每天的学习做出更个性化的安排。

其次，与中学生相比，大学生拥有更为丰富的学习资源。除了教师的课堂教学外，图书馆、阅览室、校园学术讲座、学生活动、社会实践、师生交流、同学交流等都可以成为大学生的学习资源。

再次，与中学生相比，大学生的学习方式会发生明显的变化。在中学阶段，学生的学习主要是在教师直接组织和指导下进行的，大部分的学习过程都有老师安排，学生只需去执行。大学学习不像中学那样完全依赖教师的计划和安排，学生不只是单纯地接受课堂上教师所教的内容，还需要根据自己的学习目标和专业要求，自主学习一些自己感兴趣的和对自己有价值的知识。因此，自学在大学生学习中占有重要的地位。另外，还有一些大学特有的教学环节，像专业调查研究、参与课题、毕业论文写作等，虽然这些环节也需要教师的指导和同学的讨论，但主要工作是依靠自己的力量独立完成的。

最后，与中学生相比，大学生有了更多独立思考的意识。面对学习的内容，他们不再不假思索地全盘接受，而敢于以质疑的态度对待学习、对待书本、对待老师，开始在更多的问题上通过独立思考拥有自己的观点。比如，在老师上课时，对于一个争论性较大的问题，大学生敢于表达自己的观点，喜欢争辩与探讨；在专家讲座后，他们会向专家提出自己的问题，甚至对专家讲座中的某些观点进行质疑。

当然，不可否认，“自主”也是一把“双刃剑”。在上课之外，大学生是相对自由的，如果我们不能有效地把握自主时间，在缺乏外界压力和自我约束力的情况下，一些学生有可能会把这些时间挥霍在其他事情上，如终日睡觉、沉迷网络游戏等，这样不仅浪费了时间，还会对身心发展产生不良的影响。

因此，学习的自主性要求大学生有良好的自我控制力、时间管理能力和规划意识，结合自己的实际情况，合理地制订学习计划，科学管理和利用好时间，利用好丰富的学习资源，不断提高自学能力。

（二）学习的专业性

大学生学习与中学生学习的另一点明显的区别是，中学生处于基础教育阶段，他们更多学习的是多科性的基础知识，在同一年级，中学生所学的课程内容基本相同。而大学是专业教育阶段，大学生在入校时会划分一定的专业，在某一专门领域进行有针对性的学习，掌握这一领域的专业知识、专业能力和专业道德，为毕业后在相关专业领域从事工作做准备。

基于大学学习的专业性，大学生应深入了解自己的专业，包括专业的培养目标、就业面向、课程设置、毕业条件等，努力发掘所学专业的专业魅力，培养自己对本专业的热爱，形成对专业学科知识的浓厚兴趣。在此基础上，认真学习自己的专业知识，锻炼专业技能。

当然，大学学习的专业化并不是狭隘化，大学生在认真学习专业知识的同时，要清晰地认识到仅仅把眼光盯在专业领域内是很难学好专业的，因为在当今时期，学科的发展呈现明显的融合趋势，各个学科之间出现了更多的交流和联系。有时，一个学科的专业知识是以另一个学科为基础的，比如，要学好物理专业，必须有扎实的数学基础。同时，很多工作也体现出多学科的相互合作的特征，要成功完成某项工作，仅仅有某个单一专业的知识是不够的，需要其他相关专业的配合。所以，专业学习是大学生学习的主体方向，但不是学习的全部。大学生在学好专业知识的同时，需要拓展自己的知识面，了解相关学科的一些知识，形成最佳的知识结构，这样才能更好地完成未来的专业工作。

当今社会对人才的要求是全面发展，除了专业素质外，还要求学生具有一定的人文素质、科学素质、良好的思想道德素质和心理素质，这些素质需要我们在相关领域的学习中不断积累。

（三）学习的多样性

学习的多样性是指在大学期间，学生可以通过多种渠道、多种形式进行学习。大学生除在课堂学习之外，还可以通过学校丰富的教学资源进行学习，如听学术报告、到图书馆查阅文献资料、参加社团学生活动、与教师和同学交流、参与教师的科研课题等。除了校园内的学习，科学调查、社会实践也是大学生学习的重要方式。灵活多样的学习方式不仅为大学生从不同层次、不同角度学习知识提供了宽广的平台，也为大学生在学习活动中发展自己多方面的兴趣、培养多方面的能力提供了条件：如学生可以通过选修课，学习自己感兴趣的知识；通过参加学生活动锻炼自己多方面的能力；通过参加演讲比赛锻炼自己的语言表达能力；通过参加心理协会学习一些心理健康方面的知识等。

（四）学习的探究性和创造性

大学阶段是个体智力发展的高峰期，智力上的成熟使大学生具备了深入思考的基础。大学学习具有研究、探索和创造的性质。

首先，大学生的一些学习环节本身就是一种探索和创新，如专业论文写作。大学期间，论文写作是专业课程的一种重要考查方式，它需要学生认真确定课题和研究思路，通过调研和思考，分析和解决研究的问题，并提出自己对该课题的观点。再如，对某一学科的学习已不是单纯对知识点的背诵，更为重要的是，要掌握这门学科的研究方法，了解学科存在的问题，对某些领域能形成自己的思考和见解。

其次，一些课外活动也体现了探究和创造的特点，如环保协会的学生通过专业知识测量附近水域的污染情况，航模协会的学生设计出更加精巧、仿真度更高的模型等。

三、大学生学习的任务

大学生，作为优秀青年的群体、充满生机和活力的群体，是民族的希望，国家未来的栋梁。大学生要真正成为中国未来的建设者和接班人，就需要珍惜大学学习的时光，不断充实自己，培养自己各方面的能力，以适应未来社会的需要。因此，大学生在校期间的学习任务应该是全方位的，它应包括学会学习、学会做人、学会做事、学会生活。

（一）学会学习

大学生将来所面临的社会是一个学习型的社会，学会学习是在这个社会生存下去，并为之做出贡献的最基本要素，学会学习也就自然成为大学生学习的首要任务。学会学习就是要培养独立自主的学习能力，摸索出一套科学的、适合自己的高效学习方法；形成良好的学习习惯，学会合理安排自己的时间；学会并熟练地掌握查阅文献、综合分析信息的方法和能力。学会学习有一个过程，不可能一蹴而就，需要大学生具有培养自己学会学习的意识，在学习基础知识和专业知识的过程中不断探索，要在学习中处处留心，不断总结，逐步达到真正会学习的境界。

（二）学会做人

当前大学生大多数是独生子女，多数从小生活在父母身边，没有过过集体生活。在父母的呵护下，从小就不过多地考虑如何与别人相处，更不用说谦让别人。而大学是一个小社会，它是大学生独立人生的开始，每位大学生要适应未来的社会和工作，在考虑问题时，必须跳出以自我为中心的圈子，多角度地观察和思考问题，培养自己完善的人格，使自己成为一个全面发展的人。就心理健康方面而言，学会做一个全面发展的人，就是做一个智力正常、情绪稳定、意志健康、人格完整、自我评价正确、人际关系和谐、适应能力强的人。学会做人是做事和学习的基础，不会做人就不会做事，也将影响学习的心情和效果。因此，大学生从入学的第一天起，就要给自己制定一个做人的标准，从小事做起，严格要求自己，努力实现自己做人的目标。

（三）学会做事

大学生学习的目的在于应用，在于将所学知识奉献于社会，即在于做事。同样，大学生学会做人的目的也在于更好地去做事，因此，学会做事是大学生学习的又一重要任务。

学会做事并不是一件容易的事，它需要具备一定的素质和能力。大学生应抓紧在校的学习时间，不断培养和提高自己各方面的素质和能力，为将来走上社会、做好事情打下基础。

具体而言，大学期间应具备的基本素质有思想政治素质，即包括科学的世界观，正确的政治方向、政治立场和政治态度，政治敏锐性和鉴别力，坚定的共产主义理想和信念等；道德素质，即包括诚挚的爱国主义情感，热爱劳动、艰苦奋斗的精神，合作精神，创业精神，奉献精神；科学素质，即包括合理的知识结构，精深和广博的专业知识，强烈的科学意识和科学观念，科学的思维方式和工作方法，求实的科学精神和科学态度；身心素质，即大学生必须身体健康，心理健康。

要学会做事，在将来社会中开创自己的事业，不仅需要具备一定的素质，更需要具备相应的能力。能力作为胜任工作的主观条件，不是与生俱来的，必须经过学习和培训才能获得。大学生要做好事应具备的能力包括：熟练运用专业知识的能力；辨别是非的能力；组织管理能力；敏锐的信息收集、综合、分析能力；建立良好的人际关系能力；勇往直前的开拓创新能力；较强的语言表达和写作能力。

（四）学会生活

学会生活是做好其他一切工作的基础，一个不会生活的人，在学习和工作中必然遇到一系列的困难，很难将学习和工作搞好，在与周围人相处中也易遇到障碍。因此，学会生活是大学学习的重要任务之一。

大学生学会生活，就是要形成文明的生活习惯和健康的生活方式，主要包括以下内容。

1. 树立科学的健康观

这里的健康不仅指身体的健康，更强调一种在现实的环境中有效运作的能力，指在经常变化的环境中能对抗紧张，经得住压力挫折，能积极安排自己的各种生活；使自己的智慧、情感融为一体，生活和精神充满生机，真正达到生理和心理的健康。

2. 积极参加各种有益的社会活动和集体活动

大学通常给予大学生很大范围的自主安排时间的权利，大学生要学会合理安排好时间，在学习之余能够开展健康有益的文艺、体育等娱乐活动以及社会实践活动：通过活动，积累生活阅历和经验，同时放松身心，调节情绪，提高素质，陶冶情操。

3. 养成文明、良好的集体生活习惯

在宿舍、教室里和与同学相处中，要维护集体的利益。做到心胸豁达、情绪乐观；生活规律，坚持锻炼；劳逸结合，善用闲暇；营养适当，不吸烟、不酗酒；适应环境，与人为善；自立、自尊、自爱、自强。

第二节　学习动机

一、动机与学习动机

（一）动机

动机是推动人们从事某种活动，并朝一个方向前进的内部动力，是为实现一定目的而行动的原因，是个体的内在过程，而行为是这种内在过程的表现。动机本身不属于行为活动，它是激励人们行动的原因，不是行为的结果。在心理学上，动机是指激发和维持个体活动，使活动朝向一定目标的内部动力，是发动和维持活动的心理倾向。

动机是以需要（内驱力）和诱因为必要条件而存在的。引起动机的内在条件是需要，有机体的需要可以分为生理的和社会的两种。生理的需要，是饥饿、口渴、困倦、劳累、性欲等造成的需求，这是第一级水平的内驱力；社会的需要，如对地位、权力、认可、荣誉、尊重、爱情、独立的追求等，这是第二级水平的内驱力。驱使有机体产生一定行为的外部因素称为诱因。凡是个体趋向诱因而得到满足时，这种诱因称为正诱因；凡是个体因逃离或躲避诱因而得到满足时，这种诱因称为负诱因。

动机在推动人的行为中有非常重要的作用，其作用表现为以下三个方面：第一，唤起行动；第二，使活动指向一定的目标；第三，将唤起的行动坚持进行下去，并及时调整活动的强度。

（二）学习动机

人的任何活动总是从一定的动机出发，指向一定的目的的学习动机是直接推动学生进行学习以达到某种目的的心理动因，即推动学习的主观动力。学习动机主要表现在：学生喜欢学、想学、要求学，好像有一个迫切的学习愿望。如果学生不想学，或者不喜欢学，没有学习要求，学也是被迫的，就一定学不好。所以，有强烈的学习动机，是保证学好的前提。我们看到一些教学水平高的老师，在没有开始教以前，就能激发学生的学习动机，教师想教学，学生愿意学，双方都有积极性，教学的成功就有一半保证了。有的教师不善于激发学生学习的积极性；相反地却在扼杀学生的学习动机，靠命令、靠体罚逼学生学。有的教师在放学后还把学生留下来，要他们重新学，重新做，让学生很不高兴。学生上了半天课，已经很疲倦了，这种情况下强迫他们学，就造成了学生精神上、身体上的痛苦。越是这样对待学生，他们就越不想学、不喜欢学。如果学生没有学习动机，没有强烈的学习愿望，学习的结果肯定不会令人满意。

教育心理学提出，学习动机是直接推动人进行学习的内部动力，是激发学习、维持学习并将学习导向某一目标的原动力。引发学习动机的因素是学习需要和学习诱因。学习需要是人们为了提高和改善自己的生存环境和社会地位而学习的欲望，这种欲望达到一定程度就会推动人主动去学习。学习诱因是激发学习动机的外界刺激物，是学习动机的定向目标。有动机的学习，其效果较好；而在无动机的学习中，往往敷衍了事。

二、学习动机的类型及其特点

（一）考试型

考试型，这种类型的主要特点是，考试是学习的主要动力。一般包含两种情况：一种是被动考试型，这种类型的特点是为了应付考试而学习，表现出来的就是大家常说的“60 分万岁”；另一种是主动考试型，这种类型的特点是为了考出好成绩而学习，典型表现就是“考试机器”“考试狂”。由于当前的高等教育仍然是主要通过考试来评定学生的各方面发展，学生的绝大多数利益（如评先进、评奖学金等）和考试成绩挂钩，所以参加考试仍是大学生在大学期间的中心任务和主要心理负担。总体上来看，学生在学习行动中处于被动的状态，学习的知识考试后就忘，学生总体能力培养效果很差，所以这种学习动机的强化作用及学习效果较差。但是这种学习动机具有“指挥棒”的效果，具有一定程度的指导性和强制性。

（二）求职型

求职型，这种类型的主要特点是，毕业找个好工作是学习的主要动力。近几年来，大学生毕业后全部进入人才市场，加之国家就业形势严峻，过去那种“考上大学就有了工作”的状况变成了“大学毕业可能直接失业”的现状，找工作、找好工作就自然而然地成了大学生的奋斗目标。在“找工作”这个“指挥棒”的指挥下，大学生对于有助于找工作的学习内容努力学习，对于与找工作关系不太紧密的学习内容则采取“过关就行”

的态度。在以此为学习动机引起的学习行动中，学生处于相对主动的状态，学习的部分知识相对巩固，学生部分能力得到培养，这种学习动机的强化作用较好。

（三）兴趣型

兴趣型，这种类型的主要特点是，感兴趣是学习的主要动力。这种学习动机是由于学生对某一知识的初步了解或个人的性格、爱好而产生的，在以此为学习动机引起的学习行动中，学生处于主动地位，因此学生在学习过程中心情愉快，有较强的求知欲，对所学的知识具有较强的接受能力，对所学的知识掌握比较牢固，相关能力的培养较快，但是这种学习动机的强化作用较差，往往会由于学生兴奋点的转移而消退。

（四）感情型

感情型，这种类型的主要特点是，不辜负别人的器重是学习的主要动力。这种学习动力的来源有许多方面，最常见的是来自同学和教师。例如，某学生的计算机编程水平较高，同学们一致夸奖，于是这个学生通常会努力学习计算机编程，使自己的水平达到众人夸奖的程度。这是来自同学的动力，此外更多的是来自教师的动力。又如，某学生很受某教师的器重或被视为得意门生，这个学生一旦察觉到这一点，就会对这个教师所教授的课程学得十分卖力。因此，这种学习动机是由于学生感受到来自某一方面的强烈期望、信任而产生的，在以此为学习动机引起的学习行动中，学生处于主动地位，因此有较强的求知欲，对所学的知识具有较强的接受能力，对所学的知识掌握得比较牢固，相关能力的培养较快，这种学习动机的强化作用不稳定，往往会由于所受期望强度的改变而增强或削弱。

（五）责任型

责任型，这种类型的主要特点是，报恩是学习的主要动力。这里所说的“恩”是多种多样的，大的方面可以是“国家恩”，小的方面可以是“父母恩”。例如，以美国为首的北约军事集团，用导弹袭击我国驻南斯拉夫联盟共和国的大使馆，激起中国人民的极大愤慨，不少学生立志努力学习，振兴中华。这就是报国家恩，这种学习动机由于建立在全民族的长远利益上，所以具有很强的强化作用。又如，某大学生家境不好，父母节衣缩食供他上大学，他念及父母辛劳，不忍懈怠，努力学习。这就是报父母恩。总而言之，这种学习动机是由于学生感受到强烈的责任感和使命感而产生的，在以此为学习动机引起的学习行动中，学生处于主动地位，因此有较强的求知欲，对所学的知识掌握比较牢固，相关能力的培养较快，这种学习动机的强化作用较为强烈，但是这种学习动机的强弱与学生个体的道德修养、责任心有着密切的联系。

（六）充实型

充实型，这种类型的主要特点是，自我的充实感是学习的主要动力。这种学习动机主要来自学生在学习知识的过程中的充实感的不断强化和对自身完善的欲望。最常见的例子是，某人学英语，开始很痛苦，但是坚持了下来，后来一天不看英语就觉得少点儿什么。另一个例子是，某学生认为日语对自己将来水平的提高很重要，于是开始自学日语。在这种学习动机引起的学习行动中学生处于主动地位，内心承受的学习压力最小，能够获得很强的心理满足感，因此有很强的求知欲，对所学的知识具有很强的接受能力，对所学的知识掌握牢固，相关能力的培养快，由于学习成为一种享受，一种需要，所以这种学习动机的强化作用非常稳定，基本不受外部因素的影响。

第三节 大学生常见的学习心理问题及调适

一、大学生学习动机问题

因此，大学生的学习动机问题实际上就两个方面，学习动机过强和学习动机不足。

（一）学习动机过强

1. 学习动机过强的表现

学习动机过强的学生常常把学习看得至高无上，认为学习是展现自己价值的唯一途径，把分数和名次放在很重要的位置，甚至与自己的荣誉、地位联系起来。他们在学习中好胜心很强，要求自己一定要成功，不允许失败，一旦出现失败，失落感就很严重；另外，他们对自己的期望值也很高，这种期望值甚至远远超出了自己现有的水平和能力。为了达到这种期望值，他们会苛刻地要求自己，把时间全部用在学习上，很少或从不参加其他活动。这种过于单一和长时间超负荷的学习，使他们承受着很大的精神压力，从而可能导致情绪紧张、记忆力减退、注意力难以集中、学习效率下降等问题。

2. 学习动机过强的原因

导致学习动机过强的原因有以下几个方面。

（1）对学习不正确的认知态度

学习动机过强的人往往用不正确的态度看待学习，他们把学习成绩出类拔萃看作大学成功的唯一标志，把自己超负荷的学习作为成功的必由之路，把学习的价值看成获得奖学金、保研等荣誉的道路，忽略了自己的学习兴趣，感受不到学习过程的快乐。

（2）过高的自我期望值

一些大学生由于过于追求完美，要求自己做得最好，或迫于家庭、学校和社会的较高期望，给自己制定了过高的学习目标，并强迫自己通过长时间、高负荷的学习去实现这一目标，导致学习动机过强。

3. 学习动机过强的心理调适

（1）大学生要正确地认识学习

学习是大学生在校期间的主要活动。大学生努力学习是一件好事，但学习不是为了获得一些虚幻的荣誉。大学生应把关注点转移到学习活动过程中，发掘自己的学习兴趣，感受每天的学习进步，体验学习的成就感。

（2）大学生要正确地认识自己

学习动机过强，往往缘于对自己的认识不正确而产生过高的期望值，并由此造成在学习活动中对自己的过分苛求。大学生首先要对自己的水平和能力有一个客观的认识，并依此科学地制定学习目标，使目标在自己能力所及的范围内，不要高不可攀或与他人盲目攀比。另外，目标的实现并非一日之功，不要苛求在短时间内迅速达到，使自己背负过大的压力。所以，目标的制定要分阶段、有步骤、有可操作性，循序渐进地完成。

（二）学习动机不足

1. 学习动机不足的表现

当前大学生学习动机不足主要表现为学习惰性较大，对学习没有热情，失去兴趣。课前不认真预习；不愿上课，经常迟到，甚至逃课；上课不能集中精力，不认真听讲，懒得做笔记，对教师提出的讨论问题不理不睬，不去思考；课后不能及时复习，不愿看书、不愿完成作业，作业拖拉，敷衍了事；学习时无精打采，很少感受到学习带来的快乐；考试态度消极，经常出现挂科现象。

2. 学习动机不足的原因

（1）高考失败

一些大学生由于高考发挥失常，没有考入自己理想的学校，觉得在现在的学校是“委曲求全”，这种失落感使一些大学生时时感到不满和消沉。这种不满和抱怨始终伴随大学的学习，使学生对学习没有热情，缺乏动力。其实，高考不是人生的终点，而恰恰是一个起点，无论现在我们在哪所大学，我们都有足够的时间去改变自己。当然，要改变自己，我们就要有奋斗的动力。在大学学习中，与其抱怨，不如奋进。

（2）学习压力的减退

在高中时期，为了取得更好的成绩，考上理想的大学，许多学生长期刻苦地学习，付出了很多的时间和很大的精力，身体上和心理上都感到非常疲惫。进入大学后，一些学生认为考上大学就万事大吉了。感到应该好好“休息一下”“调整一下”，出现了一种彻底的放松感，加上很多学生进入大学后，远离家长的管束，缺少外部的学习压力。因此，他们往往安于现状，不思进取，导致学习动机水平较低。

（3）大学生发展观念的特殊性

心理学认为，动机产生的基础是需要，需要是人在生理或心理的一种不平衡状态，人们感受到这种不平衡状态，会希望通过努力使之达到平衡，从而激发出行为的动力，如某学生在高中某一次考试中，竞争对手的分数比他要高很多，这时他就产生不平衡感，希望通过自己的努力赶超这位竞争对手，进而激发出强烈的学习动机。高中时期，成绩是同学之间的一个核心比较要素，成绩不如他人会使自己产生强烈的不平衡感。而大学则有着非常广阔的发展空间，学习并不是唯一的比较要素，一个人的学习成绩不如他人，但他的组织能力和人际交往能力却非常突出，他会认为自己并不比别人差，也难以引发这种不平衡感。

二、大学生学习焦虑问题

学习焦虑是人的一种情绪状态，是个体由于不能达到预期的学习目标或不能克服学习上的困难而使自信心受到挫伤，或者使失败感和内疚感增加而形成的一种紧张不安、带有恐惧的情绪状态，人的焦虑情绪有程度的不同，焦虑程度过高或过低都对学习有不利的影响，只有适中的焦虑程度，才有利于提高学习效率。可见，焦虑程度对学习效率的影响与动机程度对学习效率的影响是相似的，即呈现为倒“U”形曲线，表明焦虑程度过强和过弱都会使学习效率下降，中等焦虑程度则有利于取得最佳学习效果，最佳焦虑水平取决于学习任务的难易，对于容易的学习任务，最佳焦虑水平偏高；随着学习任务难度的增加，最佳焦虑水平有逐渐下降的趋势。

在当前大学生中，由于从中学到大学的转变，无论是学习环境，还是学习内容、学习方法、学习目标等方面都发生了较大的变化，部分大学生难以适应这一变化。因此，学习焦虑的问题比较常见，尤其是个性较敏感，性情急躁的大学生更容易陷入这种焦虑状态，而大学生长期处于较高的焦虑水平，对于学习效率和效果将有很大的负面影响，严重的还将影响他们的身心健康。

（一）学习焦虑的表现

处于严重学习焦虑状态下的大学生，由于精神过于紧张，顾虑的问题较多，常表现为在学习上注意力涣散、记忆力减退、思维混乱、烦躁、易怒等。严重的还常伴有头晕、头痛、忧虑等现象，影响身心健康。

处于严重焦虑状态下的大学生在多次努力学习无果的情况下，往往采用回避和退缩的方式消极对待学习，过早地放弃努力。但这样做反而使他们不能取得应有的成绩，学习每况愈下，自责感不断增加，心理压力更大，进一步增加焦虑，形成恶性循环，引起行为上的进一步混乱、盲动，以致发生心理疾病。

学习焦虑的突出表现是考试焦虑，即在临考前或临考时产生紧张与恐惧的情绪状态。考试焦虑表现在临考前神情紧张、忧虑，在临考时肌肉紧张、心跳加快、血压上升、手足发凉、注意力不集中、思维僵化、记忆力下降，原本熟悉的材料这时也因过度紧张而回忆不起来，严重时还会出现“晕场”的现象。

（二）学习焦虑的原因

形成学习焦虑的原因可以从个体外部因素和内部因素进行分析。来自外部的各种压力，要求大学生努力学习，取得好成绩。而来自内部的因素，即大学生已具备的各方面素质与能力，可能还不足以使大学生实现外界对他在学习上的要求。内外因素的矛盾，加之部分大学生性格内向等方面的因素，就极易形成学习焦虑。

1. 外部因素

（1）学业压力

大学的学习科目较中学有了很大的增加，学习的难度加大，速度加快，学习方式方法也有所改变。这要求大学生及时跟上变化，调整自己的学习方法，合理科学安排学习时间，紧跟教师的教学步伐。否则，由于没掌握的知识不断累积，学习压力会越来越大。

（2）考试压力

考试压力主要来自部分大学生对考试的意义估计过高，认为考试成绩不好，影响个人在班级的威信，脸上无光；甚至有的认为，考试成绩不好会影响教师对自己的看法与信任，影响毕业时择业的条件等。另外，对考试结果期望值过高，提心吊胆，害怕失败，也是造成考试压力的一个重要因素。

（3）来自周围环境的压力

大学生生活在人类社会中，就必然要受到来自社会大环境与小环境的学习压力；这些压力包括来自同学间的竞争压力；来自家长的“望子成龙，望女成凤”的压力；来自教师的压力，教师对学生提出过高要求，对没达到要求的学生进行严厉批评，使学生产生一种对任课教师的恐惧感；来自学校的压力，例如学校对学生提出一些要求，要求学生在毕业前拿到某些等级证书，对拿不到证书的同学采取不发毕业证书等相应的处罚，使学生对相应考试产生恐惧；来自社会的压力，如就业压力，迫使大学生要取得好成绩，以增强日后的择业竞争实力。

2. 内部因素

（1）自信心不足，总认为自己的智力、能力、基础不如别人。

（2）成就动机过强，迫切希望取得好成绩并且超过他人。

（3）对以前考试失败和挫折的体验太深刻，以致遇到考试就产生害怕、恐惧心理。

（4）兴趣爱好过于单一。

（5）性格内向，不擅长交往，自我封闭。

（三）学习焦虑的调适

第一，任何事物的产生都有其起因，大学生应学会冷静分析造成焦虑的主观和客观原因，针对原因找出缓解焦虑的方法，决不能采取回避现实的态度，放任焦虑发展。对于自己无法找出原因的焦虑可到心理咨询机构去寻求专业的帮助。

第二，正确认识和评价自己的能力，确立切合自身实际的学习目标，不能把学习名次看得过重。要知道，能不断超越自我，不断进步，也是一种成功。

第三，调整适应大学学习的学习方式，尽快摸索总结一套适合自己的学习方法，注意劳逸结合，提高学习效率，掌握学习的主动权，尽快适应大学的学习生活。

第四，培养广泛的兴趣，正确处理学习活动与其他活动的关系，适当转移注意力，降低焦虑水平。

第五，保持适度的自尊心，降低对胜败的敏感度。同时，也要增强自信和毅力，不怕困难和失败，保持情绪的稳定。

第六，系统脱敏法。系统脱敏法是利用对抗性条件反射原理，在放松的基础上，循序渐进地使神经过敏反应逐步减弱直到消除的一种行为治疗方法。它用于特别害怕某种客体式情境的恐怖和焦虑状况。具体步骤如下：

第一步，写出引起自己焦虑的刺激情境。例如，题目太难了，书看不懂，学习任务没完成，考试临近等。

第二步，将列出的刺激情境按照从弱到强的顺序排列焦虑等级。

第三步，使自己进入放松状态，当全身处于松弛状态时，开始从紧张程度最低的情境进行描述。当能够身临其境地感受到最低情境的状态，同时身体依然处于放松状态，不觉紧张，此时可进入下一个情境的描述。如此依次进行，直到进入最让人高度紧张的情境时仍然能够保持一种完全放松的状态为止。

针对较为突出的考试焦虑问题，可考虑从以下几方面进行调适。

（1）正确认识考试的意义，端正考试的动机。要认识到考试的目的只是检查教与学的成效。通过考试，可以检验自己近一段时期的学习态度、学习能力和知识水平，调整对自我的认识并不断进行自我完善。总之，考试是一种检验和激励的手段，它不能决定一个人的前途和命运。因此，应将考试看成检验自己的大好机会，而不要把考试成绩看得太重。考试过度焦虑的根源不在于考试而在于学生自身因素，只要自己用理智和意志来进行控制和调节，就可以克服这种焦虑情绪。

（2）对考试成绩的期望值要符合个人实际。考试前应对自己已掌握的知识和已具备的能力有正确的评价，在正确评价的基础上制定出考试成绩的目标，这样的目标才会符合个人实际，避免考试焦虑的出现。否则，如果目标太高，超过了自己的真正水平和能力，在考试之前会因实现目标没有把握而失去信心，影响复习的质量和效果，最后导致考试过度焦虑。

（3）平日努力学习，加强准备，以平常心应试。考试成绩的高低决定于平日学习的努力，而不是取决于考试本身。平日努力不够，复习不够，企图在考试时侥幸地获得高分，这是不切实际的想法。克服这种侥幸心理，可降低考试焦虑。在平时应加倍努力，注意知识的积累和巩固，彻底吃透教材，克服学习中的难点，这样才能以平常心应试，稳操胜券，克服考试焦虑。

（4）有意识地克服“怯场”现象，考试时产生的“怯场”现象，可能是由于对考试信心不足而临场慌乱；可能是缺乏应试的经验与技能，临时碰到问题无力应付；也可能是由于学生个人的气质与性格特点不能适应紧张的场面。因此，应根据学生的心理实际，在日常就给予相应的调适，以预防考试“怯场”的发生。考试“怯场”现象出现时，考生往往由于焦虑强烈而大脑一片空白，思维停顿。考场上学生突然手脚发颤，大汗淋漓，此时应立即停止考试。要引导考生闭上双眼进行深呼吸，放松，有目的地进行自我暗示。有条件的话，考生可适当舒展身体，待情绪趋于镇定后，再进行答题。考生也可自备一些清凉油、风油精放在鼻子前闻一闻，然后伏在桌子上休息片刻，这样可以避免晕倒或虚脱的发生。

三、大学生学习畏难问题

畏，是害怕、恐惧的意思，它是个体企图摆脱、逃避某种情境时产生的情绪体验；难，是困难，挫折的意思，它是个体从事有目的的活动受到阻碍或干扰，以致其动机不能得到满足时产生的情绪波动和心理防御的过程。大学生学习畏难是在学习活动中遇到了某些阻碍和干扰，使学习的需要难以满足，于是产生了害怕学习的现象，进而产生某些逃避学习的行为。

（一）大学生学习畏难的表现

1. 逃避学习环境

有些大学生在学习上遇到困难或挫折后，往往不从主观上分析原因，片面地认为自己再怎么努力也是没有用的。于是变得对学习漫不经心，得过且过，转而把大量的精力用在了与学习无关的活动中，如娱乐活动、谈恋爱等方面。大学生这种逃离学习环境的行为，在一段时期内，对畏难情绪的缓解可能会起到一定的效果，但是学习毕竟是大学生的主要任务，学习的重要性在大学生生活的现实及在大学生的潜意识中会不断地以各种形式显现出来，提醒大学生要好好学习。这样大学生很容易陷入逃避学习与需要学习的矛盾中，造成学习畏难情绪的进一步加深。

2. 好幻想

有些大学生学习不好或遇到考试失败等挫折后，常以幻想的方式来排解当前消极的情绪。他们往往跳过努力学习的过程，幻想有一天学习成功了，他们将得到家长和教师等长辈的赞许，周围同学的认同，将来有可能走上好的工作岗位的愉快景象。这种幻想可能会使他们鼓起勇气，努力学习，但是，如果总是沉浸于幻想之中，不去面对现实，则会使他们难以接受学习过程的艰辛，以致最终不能适应学习生活。

3. 找借口

有些大学生每到考试时就会生病，他们中的一部分人是由于对学习有畏难情绪，害怕失败，精神紧张过度，不自觉地将心理上的困难转换成身体方面的症状，为自己日后考试的失败找借口。另一部分人可能并没有生病，但同样由于害怕考试的失败，推说自己生了病，借以逃脱他人对自己学习不好的责备，而维护自我的尊严。

4. 封闭学习

一些对学习有畏难心理的同学还经常表现出对一切有关学习的事情自我封闭。他们往往不愿意与人谈起自己的学习情况，降低自己的学习要求，逃课，见到教师就头痛等。

（二）大学生学习畏难的原因

1. 学习任务较重

大学的学习任务与中学的学习任务相比，加重了许多。表现在：学习的课程增多，不仅有基础课，还有专业课；也有相当一部分的选修课。难度加大，大学的学习内容不再像中学的学习那样都是一些已公认的基础知识，大学的学习内容有很大一部分是专业的前沿知识，具有很强的不确定性，要学生自己去辨别、去分析，有一定的难度；要求高，大学是面向社会培养有用的人才，因此，对大学生的要求要明显高于中学生。要求他们不仅要掌握知识，还要很好地运用知识，更要求他们有一定的创新能力。这样的学习任务不是轻松就能完成的，学习任务的加重、难度的加大，是大学生产生学习畏难心理的原因之一。

2. 对自己的认识不足

一些大学生过高地估计自己的能力与各方面素质，于是盲目地给自己订立过高的目标，其结果当然是实现不了。而一次次的挫折、失败，自然给他们带来了不小的打击，使他们在学习上产生畏难心理。

3. 学习方法不当

一些大学生在进入大学后，没能很好地调整自己的学习方法，仍沿用中学时的学习方法，这与大学的学习要求是不相匹配的。正是由于学习方法不当，使这些大学生虽然平时很努力，但最终仍会遭遇失败。

（三）学习畏难的调适

1. 正确对待学习上存在的困难

学习上存在困难并不可怕，可怕的是对困难不能正确地认识，进而不能很好地对待，使困难得不到解决，正确认识学习上存在的困难是解决学习问题的关键所在，而正确地对待困难，及时有效地解决问题可以防止学习畏难心理的产生。大学生学习上的困难大多是由于不适应大学的学习节奏，未能找到合适的学习方法而造成的。因而了解大学学习的性质、特点，探索一套新的、适合自己的学习方法是克服畏难心理的有效途径。

2. 改变不良认知方式

畏难心理的产生在很大程度上是由于大学生对学习困难的认知引起的。或者说，是由大学生认知方面的偏差引起的。例如，有的学生一次考试失败，就认为自己能力不行，学不好；有的大学生在中学阶段学习一直很好，可是进入大学后，由于一时的不适应，造成学习上的滑坡，因而对自己的学习能力产生怀疑，开始害怕学习；还有的学生把学习中的一些小失败、小挫折想象得非常可怕，认为自己能力不行，学不下去，毕不了业，找不到工作，人生没前途，生命没价值等。可见，改变学生的不良认知方式，纠正错误的观念，引导学生实事求是地评价学习中出现的各种困难，使他们从困难中看到希望，有利于克服学习畏难心理。

3. 勇于面对困难

最大的恐惧就是恐惧本身。当对某事物感到恐惧时反而去接近它，有利于克服恐惧心理。为了克服学习上的畏难心理，应鼓励学生主动地投入到学习活动中，但是投入学习的过程要有一定的策略。应引导学生从简单的学习活动开始，有计划、有步骤地展开学习活动，由易到难，让学生在不断尝到成功喜悦的同时，消除学习畏难情绪，最终掌控学习活动。

4. 优化个体自身的人格品质

学习上出现畏难心理与人格特征有一定的关系。性情急躁、心胸狭窄、意志薄弱、缺乏自知之明的人更容易在学习上产生畏难心理。因此，大学生应主动对自己的人格特征进行反思，有意识地培养自己良好的人格品质。学习的路途是坎坷的，只有乐观自信、自强不息、顽强拼搏的人，才能有光辉的前程。

四、大学生学习疲劳问题

学习疲劳是因学习强度过大，学习时间过长，让人在生理和心理上产生劳累感，使学习效率下降，并渴望终止学习活动的生理和心理现象。学习疲劳包括生理疲劳和心理疲劳，生理疲劳主要是肌体受力过久或肌肉重复伸缩而造成的一些机体上的疲劳的症状；心理疲劳一般是由于长时间从事心智活动，大脑得不到休息，大脑皮质的兴奋区域代谢旺盛或兴奋持续时间过长，消耗过程超过恢复过程，脑细胞处于抑制状态所引起的心理反应。

学习疲劳是一种保护性抑制，一般经过适当的休息即可得到恢复，对大学生的身心发展不会造成什么影响。但如果长期处于疲劳状态，勉强让大脑的有关部位保持兴奋，就会导致大脑兴奋和抑制过程的失调，严重的还会引起神经衰弱等疾病，并可能引发身体器官的病变，严重影响大学生的学习。

（一）大学生学习疲劳的表现

1. 学习生理疲劳的表现

大学生在学习时间、强度等方面的过度造成的生理疲劳主要表现为肌肉痉挛，麻木，眼球发酸，头脑发涨，腰酸背疼，动作不准确、僵硬，打瞌睡等肌体反应。

2. 学习心理疲劳的表现

大学生学习用脑过度，造成的学习心理疲劳主要表现为注意力涣散，思维迟钝，情绪易躁动、忧郁、易怒，学习效率下降，学习错误增多，对学习易产生厌烦情绪。

（二）大学生学习疲劳的原因

1. 生理疲劳的原因

大学生生理疲劳主要是在学习活动中，由于学习环境不良，学习压力过大，学习时间过长，不注意劳逸结合，睡眠时间不足，营养供应不足，不注意用脑卫生和用眼卫生等原因，造成生理疲劳现象。长时间的生理疲劳对大学生的学习易造成不良影响，最终有可能出现学习上的心理疲劳，影响其身心健康。

2. 心理疲劳的原因

大学生心理疲劳的原因是多方面的，除了因长期学习生理疲劳而造成的心理疲劳外，还有因学习内容单调、难度过大，学习过于紧张而造成大脑神经持续处于高度紧张状态，对学习缺乏兴趣抑或受到其他因素的干扰，如家庭经济问题、思想问题等原因造成心理疲劳。

（三）大学生学习疲劳的调适

1. 科学用脑

大脑是人体一切活动的中心，自然也是学习活动的中心。学习活动持续时间过长，就会影响大脑活动的正常运转，引起疲劳。因此，科学用脑，保证大脑的清醒状态，是缓解学习疲劳的有效方法之一。科学用脑，首先，从生理上要做到饮食合理，给大脑以充分的营养，保证其功能的正常发挥。其次，在学习时要根据不同的学习内容，合理安排用脑时间。大脑有左右两半球，左半球主要与抽象的思维活动有关，右半球主要与形象思维活动有关，而大脑的各个半球又可以分成若干区域，不同的区域分别司管着不同的人体功能。因此，我们应使大脑皮质兴奋与抵制区域不断轮换，轮流休息，动静结合，这样有利于大脑皮质保持较长时间的学习工作能力，防止用脑过度和疲劳过度。最后，要注意不能用脑过度，不要等到“脑袋麻木”了才停止学习和工作，否则极易引起大脑损伤，进而诱发各种身心疾病。

2. 劳逸结合

不会休息的人就不会工作，同样，休息好是为了更好地学习，因此，大学生要学会劳逸结合，才能更有效地预防学习疲劳的发生。首先，要做到劳逸结合，在经过一天的学习后，晚上按时睡觉，保证充足的睡眠。其次，要养成良好的生活习惯、安排好学习和休息的时间。做到学习时专心致志，提高效率；休息时大脑放松，安心休养。学习与休息时间的安排应顺应人体生物钟的节律变化，而这一变化规律又会因地因人而有所不同，因此，大学生应研究自己身体机能工作的规律，合理安排学习与休息的时间。最后，在平时要注意加强体育锻炼，使脑力劳动和体力劳动交替进行，它可以改善血液循环，有利于消除大脑和肌体的疲劳。

3. 创设良好的学习情境

学习情境对人的心境有很大的影响。有研究表明，良好的学习环境可使大学生在学习活动中身心舒畅，提高学习效率；而在嘈杂、脏乱的学习环境中，可能引起心烦意乱，焦躁不安。因此，大学生在学习时应尽可能地为自己创造一个良好的学习情境，避免身心疲劳的发生。

4. 培养学习兴趣

对学习感兴趣，可以使大学生在学习时心情愉快，长时间学习而不知疲倦；反之，对学习不感兴趣，就会感到学习的内容枯燥、学不进去，很快就会进入疲劳状态。可见，大学生有意识地培养自己学习的兴趣，有利于避免学习疲劳。

5. 保持乐观的精神和积极的情绪

生理学、心理学研究表明，情绪不仅影响身体功能与健康，而且对脑本身的功能与健康都有重大影响。积极的情绪可以使人精力充沛、食欲良好、睡眠充足、身体健康，使大脑处于最佳工作状态。

五、大学生学习注意力不集中问题

注意力是心理活动对一定对象的选择和集中。注意力是人的各种心理过程正常进行的保证，它在人的各种感受器所接受的种种信息中选出符合个体当前需要的信息进行加工；它能维持信息在意识中进行精加工；它能监督和调节个体的行为，使之指向一定的目标，促进目标的达成。可以说没有注意力，人的各种心理活动将很难进行。同样，大学生的学习活动也离不开注意力，注意力差的学生易出现学习效率低下，学习成绩不如他人的现象。

（一）注意力不集中的表现

1. 容易走神

学习时注意力不集中的大学生，常在学习时不能有效控制自己的心理活动，想一些与学习毫无关系的事情，思维远离当前的学习活动，且不易收回。

2. 易受干扰

注意力不集中的大学生，在学习时很容易被外界无关刺激吸引，有时甚至是很微弱的刺激，也能引起他们注意力的分散，偏离当前的学习活动。

3. 无关动作增多

注意力不集中的大学生，在学习时往往伴随一些与学习无关的动作，如说话、东张西望、玩弄手指、摆弄笔杆、摸东翻西等，始终不能把注意力放在学习上。

4. 效率低下

注意力不集中的大学生学习效率是很低的，他们通常给人的印象是花在学习上的时间很多，却见不到成效。如有的同学一个晚上都在看书，但是可能连一页书都没有看完。

（二）注意力不集中的原因

1. 学习目的和任务不明确

人是有目的的动物，没有目的，就不知往何处使，更谈不上注意力的集中。同样，当大学生对学习目的不明确时，他们也很难长久地将注意力集中在学习内容上，从而出现分心现象。但是，如果只有目的，而没有具体的学习任务，那么，学生在每一次具体学习时，可能会因缺乏必要的紧张而容易走神。

2. 对所学专业不感兴趣

兴趣是引起注意的重要原因。有的大学生对自己所学的专业并不感兴趣，学习总是处于一种被动状态，形成过得去就行的心态，自然学习的注意力难以集中。

3. 不适应大学的学习方法

由于大学教育、教学方法的改变，大学生的学习方法与中学生的学习方法有了明显的不同，一些不适应大学教育方法的同学下课后不知如何组织复习，并在没有督促、没有压力的情况下，管不住自己，光想玩，自然学习的注意力难以集中。

4. 学习环境不良

不良的学习环境对注意力也有一定的影响。例如，学习时周围噪声过强，学习环境杂乱、污浊，环境过于空旷、冷清等，都易使注意力分散，影响学习效率。

5. 个体心理因素的影响

大学生由于过度的疲劳和焦虑，也容易导致注意力不集中。长时间的用脑，不注意劳逸结合，不讲究学习方法，都会引起大脑过度疲劳。大脑过度疲劳，会使大脑产生抑制，造成注意力分散；另外，如果大学生过度焦虑，总是担心学习成绩不好，别人如何评价自己等问题，势必将学习的注意力引向这些焦虑点，而不能很好地集中在学习内容和学习过程中，引起注意力的分散，影响学习效果。

（三）注意力不集中的调适

1. 明确学习目标、规定任务

大学生在学习前应根据自己的条件，为自己确立一个适当的目标，并依据目标制订详细的学习计划，每次学习时都应有具体的学习任务，要带着任务和问题进行学习。这样学习才有动力，才不易分心。

2. 激发学习兴趣

大学新生入学后，学校应对各专业前景、发展方向做一些介绍，培养大学生对本专业的兴趣，促进他们将注意力集中在学习上。

3. 寻找科学学习方法

大学新生在入学之初，可能对大学的教育教学方法不适应，导致学习时注意力不集中。教师应及时地对他们进行教育，使他们明白大学教学与中学教学的区别，帮助他们尽快总结出一套适应大学教学并与个人自身条件相适应的科学学习方法，提高他们在学习时的注意力。

4. 选择环境，排除干扰

由于每个人的心理特征不同，个人所喜好的学习环境也不同。如有的人必须在绝对安静的环境下才能集中注意力，而有的人在轻柔的乐曲声中更能集中注意力。因此，大学生可以根据个人不同情况，选择适合自己的学习环境。大学生大多过着集体生活，有时在无法选择环境、干扰无法排除时，就需要有与干扰作斗争的自制力。

5. 劳逸结合，张弛有度

要科学地安排作息时间，适当地休息或进行体育活动，防止过度疲劳。同时，要消除焦虑、紧张情绪，保持平和愉快的心境。

6. 学会运用思维阻断法

注意力不集中的学生在学习时常会胡思乱想，及时阻止这种纷乱的思绪对提高学习效率大有益处。当纷乱思想出现时，一种方法是听一些柔和的音乐，使大脑放松下来；另一种方法可采用把眼睛闭上，反复握拳、松开，使肌肉收缩，并同时对自己说“停”，如此反复数次，有助于集中注意力。

7. 用期限效果集中注意力

对自己并不喜欢的工作设定一个完成期限，就会强迫自己去完成它，这样可以集中精神完成不感兴趣的工作。

8. 应用报酬效果集中注意力

首先，可以给自己定个奖赏，作为学习的报酬，这个报酬可以依自己的需要和兴趣订立。其次，遇到困难的工作可用假想敌人和处罚来激励自己。

第四节　学习能力培养

一、适应大学生活

（一）调整自己的位置

每个人在现实生活中，随着外界环境的变化，都要不断地调整自己的位置，使自身的需求和发展与社会的需求和发展相一致。进入大学后，需要我们尽快地调整自己，寻找自己在大学生活中的最佳位置。首先，要平定情绪，不要被一时的不适应吓倒。其次，尽快从高考后的失落、成功的陶醉和入学后的新奇中脱离出来。最后，努力去探索大学学习的特点和规律，做学习的主人。

（二）培养自信心

大学人才云集，自己过去的某些优势已不再那么明显，甚至不复存在，许多大学生因此而产生自卑感，对自身的智力产生了疑问，甚至失去了学习的信心，所以培养自信心是至关重要的。

（三）寻找最佳的学习方法

寻找最佳的学习方法是保证学习顺利进行并取得良好效果的一个重要前提条件。大学学习的一个突出特点就是以自学为主，所以围绕这个问题，大学生寻找最佳学习方法应在以下几个方面给予重视。

1. 阅读

阅读是获取知识的必由之路，当今知识的更新与发展越来越迅速，以个人的精力一切从头做起是不可能的。所以掌握阅读的方法，特别是学习书本知识十分重要。但是，能阅读不等于会阅读，识字的人都能阅读，但是大多数人不会阅读。区别就在于“能”阅读的人读书只是个过程，把自己的头脑变成了名家、名著的复印机和保存室；而“会”阅读的人能在书中找到有利于自身发展的智慧，并以此为基础去发挥自己的潜能。这正所谓“活读运心智，不为书奴仆”。

2. 积累文献资料

大学的学习既然以自学为主，那么我们有一位非常好的帮手——图书馆作为知识的宝库，也可以说它是一位无声的教师，每一位大学生都要与它多接触，成为它的朋友和学生。那么，如何充分有效地利用好图书馆呢？

（1）要提高我们的检索能力。

（2）做好索引和卡片。把有用的资料按自己的方式做成索引或制成卡片，一旦需要时，可以及时准确地查找到。这样既可以节省时间，又提高了学习的效率。

（3）记好笔记。俗话说：“好记性不如烂笔头。”在记笔记的过程中，可以随时记录下自己当时的灵感和想法。所以，我们在阅读时要做到手勤、脑勤，要养成良好的习惯。

3. 科学运筹时间

对于时间在学习中的价值谁都明白。由于一下子从紧张的中学学习进入宽松的大学学习，一个明显的感觉就是时间特别宽裕，加之个别同学目标不明确，于是很多同学不知道如何打发课余时间。

（1）养成珍惜时间的好习惯。有人说，人的一生有 2/3 的时间是在睡觉、吃饭和娱乐中度过的，而真正用在学习和工作上的只有 1/3。所以，前人才会感叹：“一寸光阴一寸金，寸金难买寸光阴。”

（2）要善于安排时间。要充分利用有限的时间多去学习和工作，要巧用时间，积少成多。

（3）丰富充实自己的生活。大学有形的学习只是其生活的一部分，我们还要善于从无形的学习中获取更多、更直接的知识和能力。要充分利用好休息日、节假日、寒暑假到社会实践中去发现自身的不足，努力提高自己。

二、提高心理效能

（一）增强学习动力

增强学习动力需要内外部环境共同来调节。就外部环境而言，需要有一种重视教育、重视知识、尊重人才的良好社会氛围和浓厚的学习、学术风气。这有赖于社会的发展、教育改革的深入，并不是一朝一夕就可以达到的。因此，增强学习动力更需要自身的调节能力。

1. 确立明确的奋斗目标

要根据大学学习的规律并结合自身的特点，制定出新的奋斗目标。目标的确立要注意使个人目标与社会责任联系起来，要把近期目标与长远目标结合起来，只有这样，制定的目标才有生命力，由此产生的动力才会强烈。

2. 培养学习兴趣

兴趣是最好的老师。兴趣是人们将注意力集中于某一对象，并伴有喜欢、愉悦的感情体验的心理状态。一个人若对一件事有兴趣，那么他就会深入持久地去做。兴趣不是天生就有的，而是随着年龄和实践培养和发展起来的。所以，这就要求我们在学习中善于发现和激发自己的兴趣，并由此深入其中，逐步从中体会奋斗与创造的乐趣。学习兴趣的培养方法有以下两个方面。

（1）培养明确而强有力的学习动机

学习动机对学习兴趣的形成起着积极的促进作用，只有具备了明确而强有力的学习动机，有对知识的渴求和对成才的强烈愿望，才会对学习产生浓厚的兴趣。

（2）扩大知识掌握的深度和广度

知识的巩固和不断扩大、加深是兴趣产生的重要条件。大学生对某门课程的知识掌握越多、越牢固，产生兴趣的可能性就越大。大学生常有这样的感受：听懂了就有兴趣，听不懂就没兴趣。对专业的兴趣问题也是如此，对专业不感兴趣往往造成对学习不感兴趣，而了解专业前景，丰富专业的相关知识，就有可能逐步培养起对专业的兴趣。

3. 增强克服困难的毅力

没有积累，就没有提高和飞跃，只有不断地进行量的积累，才能达到质的飞跃。所以，在学习中，要调动自身的积极性去克服各种困难，才能顺利地完成大学的学业。

4. 培养良好的注意力

（1）提高对注意力作用的认识

要想获得大量的知识，进行创造思维，就必须最大限度地开放“注意”这一门户，高度集中注意力。

（2）要有不倦的好奇心

好奇是专注的第一要素，要保持学习不倦，首先就要对所学内容不断地回顾和不断地发问，这样才能永葆好奇和新鲜感。

（3）要有顽强的意志

注意力是个人意志的一种表现，学习中的挫折往往是集中注意力的劲敌。因此，我们要有“败不馁”的精神，在遇到困难时冷静观察和思考，最后做出可行性的探索。

（4）要有健康的人格

注意力在我们的学习中起着重要作用，其他心理活动依靠注意力才能逐渐完善起来。如果没有健康的人格，很难控制注意力。

（5）建立有效的学习规律

这里包括规划固定的学习时间，选择合适的学习地点，学习要有劳有逸、有张有弛，每天必须规定出一段时间来全神贯注地进行学习。在这段时期，抱着坚定的意愿把注意力集中在一项学习任务上，肯定能明显地促进学习的进度。在选择学习地点时，无论是在学校还是在家里，学习的地点必须舒适、安静、光线好、通风好、无干扰，要想使头脑保持清醒、精力充沛，生活就要有规律，不要搞疲劳战术。

（6）学会运用思维阻断法

人在注意力不集中时，常常会胡思乱想，而及时阻断这种纷乱的思维对提高学习效率很有必要。当纷乱思想出现时，把眼睛闭上，反复握拳、松开，使肌肉收缩，并同时对自己说停止。如此反复做若干次，可以帮助你集中注意力。

5. 掌握记忆方法

记忆力是智慧的仓库。一些优秀人才的较高智能与他们具有很强的记忆力分不开。然而在日常生活中，有的大学生常常因记忆力不佳而忧虑，有的学生在考试来临之前感到记忆力不佳，有的同学考前记住的东西，在考试时忽然忘了。针对这些记忆障碍，我们要积极地进行化解。

德国心理学家艾宾浩斯的记忆实验证明，记忆与遗忘总是相对出现的，在记忆的同时，遗忘就开始发生。要保持最佳记忆，就必须克服遗忘。识记后的一个小时内遗忘速度最快，遗忘量最大，而后逐渐变慢，学习过的材料过了一个小时之后，记住的材料仅仅剩下 40% 左右，再过一天，会忘掉全部材料的 2/3，六天之后只剩下 5% 左右。遗忘规律告诉我们，必须重视及时复习，从而提高学习效率。最好的办法就是趁热打铁，当天的功课当天消化。在复习时间上，对新学到的知识每次复习的时间要长一些，间隔时间要短一些。

有些大学生认为记忆力是天生的，因而不注意寻求记忆规律和技巧，致使学习效率不高，知识基础不牢。事实上，每个普通人都有强大的记忆力。现代心理学研究证明，目前人们的记忆力一般只发挥了全部脑机能的几十分之一或几百分之一。如果重视记忆，经常锻炼记忆力，掌握记忆规律和科学的记忆方法，人的记忆就会放射出奇异的光彩。下面介绍几种主要的记忆方法。

（1）目的记忆法。心理学研究表明，在所有条件相同的情况下，有意识记的效果比无意识记的效果好得多。因为记忆目的明确使大脑细胞处于高度活动状态，大脑皮层形成兴奋中心而注意力格外集中，接受外来信息显得主动，大脑皮层留下的痕迹也颇清晰、深刻。若第二天要考试，当天晚上记忆效率就特别高，因为此时的记忆目的性很明确。所以，首先要加强记忆的目的性。

（2）选择记忆法。为了记忆有效，大学生还应对记忆材料有一定的选择，去粗取精，有重点、有选择地记忆，这样才能扩大自己大脑的记忆容量。一本书要能够读得它变薄，也要能由薄变厚，这里的“变薄”就是指要有选择地重点识记，取其精华；至于“变厚”，则指运用知识时要融会贯通、举一反三。因此，遗忘那些不需要的材料是一种积极的提高识记效率的方法。

（3）过度记忆法。进入脑中的信息开始时是一种神经冲动的回路活动，经过一段时间以后，记忆痕迹才得以固定。在此过程中，需要多次强化才能记忆牢固，所以要反复记忆。实验证实，识记 50 个外语单词，反复次数在 4 次以内记忆效果一般，一旦超过 4 次，记忆量就有一个突增，到 7 次时，差不多可以全记住。可见，适当的过度记忆，多反复几次，记忆效果大不一样。

（4）联想记忆法。联想记忆是通过事物在时间、空间、性质、因果等方面的联系来帮助记忆。它利用事物之间的接近性、类似性、对立性、因果性等关系从一事物去回忆另一事物。例如，学习外语，可以把同义词、近义词、反义词放在一起学，就容易把这些词记住。

（5）歌诀记忆法。歌诀记忆就是将有些记忆材料编成顺口溜，这样朗朗上口，易读易记。

（二）保持适度紧张

心理学研究表明，适度的心理紧张是心理活动所需要的，它能有效地发挥智力水平，调动心理潜能，提高学习效率。

1. 提高学习的紧张度

要有意识地脱离沉湎于娱乐、混日子的人际环境，加入学习刻苦、学业优良的人际群体，多到图书馆、自修室、实验室等学习气氛浓厚的环境，制订内容具体、适当的学习计划，并保质保量地完成，利用对学习活动结果正、反两方面的想象产生奖惩的心理感受，从而增加学习压力，提高心理紧迫感。

2. 克服学习过度焦虑

要正确认识和评价自己的能力，调整抱负水平和期望目标，增强自信和毅力；要重视努力过程，淡化结果、价值，保持愉悦稳定的情绪；探索、掌握切合自己特点的学习方法；把握大学学习规律，增进学习效率。

（三）预防、消除心理疲劳

1. 善于科学用脑

人的大脑左、右两个半球有着不同的分工，一般左半球主要负责语言、逻辑、数学、符号、线性分析等抽象思维活动；右半球主要负责想象、图形、色彩、音乐、情感等形象思维活动：人脑左、右两个半球对身体进行交叉控制，即左半球控制身体的右半部活动；右半球控制身体的左半部活动。此外，大脑活动还有一种“优势现象”，即当大脑某一功能区的活动占优势时，可使其他功能区的活动相对处于休息状态。所以，我们根据大脑的活动特点，不同学科交替进行，就能有效地预防学习心理疲劳，提高学习效率。

2. 注意劳逸结合

大脑工作时，神经细胞处于兴奋状态，根据神经活动兴奋与抑制过程相互诱导的规律可以知道，长时间兴奋就会转入抑制状态。当我们长时间看书学习，觉得头昏脑涨、注意力不集中时，如果不适当休息，就会使兴奋与抑制失去平衡，并有可能导致神经衰弱。因此，在学习之余，应该多休息，或参加一些文体活动，使身心都得到放松和调节，保证充足的睡眠时间，培养广泛的业余爱好，使生活内容丰富多彩。

三、培养应试能力

（一）养成良好的学习习惯

学习是持之以恒的事情，正所谓“冰冻三尺，非一日之寒”，在平时就应该养成良好的学习习惯，考试时才能得心应手。

（二）正确对待考试

考试只是衡量学习好坏的手段之一，是学校教育中的一个重要环节：考试成绩并不能完全准确地反映一个人的知识水平，特别对能力的反映更欠准确。所以，我们既要重视考试，又不要把分数看得过重，不要为分数所累。许多研究表明，一个人的成就跟学习成绩并没有太大的关系。在人类历史上，许多著名的科学家、发明家也都曾经是考试失败者。一两次考试的失败并不能说明什么，不必因此而灰心丧气。

（三）提高应试技巧

1. 做好考前准备

首先，在考试前 4 ～ 6 周就要进行“强化复习”，将一学期所学的内容做系统的整理，边整理，边思考，边回忆。从面到点、从点到面，不断深化，使学的东西形成一个清晰、完整、有逻辑联系的整体，加深印象。其次，列个时间表，合理分配好各门课程的复习时间，并把相似学科的复习时间错开，以免各科间相互干扰，最后，临考试前一天晚上，再用两个小时做最后一次强化来加深记忆。

2. 合理安排作息时间

不要使大脑过度疲劳，以免影响发挥，尤其是临考前几天应保持充足的睡眠，这样才能保证使自己头脑清醒、精力充沛。

3. 应付怯场的方法

（1）采取先易后难的解题方法。考试时，先做有把握的或较简单的题，这样可以缓解紧张情绪，增强自信心（切记不要发完试卷后就答题，应先从头到尾看一遍）。

（2）积极的自我暗示。如果因考题太难而紧张，可暗示自己：“考题对大家都一样，我觉得难，别人可能觉得更难，因此不必过分担忧。”

（3）做几次深呼吸。闭上眼睛，做几次深呼吸，要做得深而缓，这样可以有效地缓解紧张、放松身心。

（4）转移注意力。当你感到紧张时，可向窗外看一看或上趟厕所；也可以提前带些含化片、口香糖等进行咀嚼，以转移对紧张情绪的注意力，迅速稳定情绪。

（5）寻求心理咨询。对考试焦虑或怯场的同学，必要时应寻求心理咨询人员的帮助，通过有针对性的科学训练和心理调适改变这种状态，从而顺利完成考试。

第六章 大学生创造能力培养

第一节 创造力概述

一、创造力的含义与构成

（一）创造力的含义

创造力是指人的一种心理品质的反映。所谓“创造力”，就是人们在各种类型的创造活动中，凭借个性品质的支持，利用已有知识和经验，新颖而独特地解决问题，生发出有价值的新思想、新方法和新成果的能力。

（二）创造力的本质内涵

以上对创造力的界定揭示了创造力的本质内涵：

（1）创造力是每个正常人人皆有之的普遍现象。20 世纪初，人们对创造力具有一定的神秘感，认为只有极少数具备特别天赋的人才可能有创造力。随着科学技术的发展，特别是心理学、脑科学的突破与发展，人们才“揭开了创造力神秘的面纱”，使人们认识到除了低能与智力缺陷的人，人人都具有一定的创造力。只不过因为主客观的原因，才导致在现实中程度上的个体差异。

（2）创造力是人们根据掌握的知识、技能、经验，创造性地解决问题的能力，并且强调了个性品质在创造力中占据的重要位置。这条实质内涵，是马克思主义唯物论的反映，是揭示了创造力既不是与生俱有的，也不是脑袋里固有的，而是在后天的实践中，在知识、技能、经验的基础上产生的。

（3）创造力是一个活动过程，并依创造成果大小来衡量创造者的创造力水平。此条内涵符合事物的发展本身就是个过程的规律。创造力是在创造活动过程中得以体现的，在这个过程中思维和行为得到开发，使潜在创造力转变为现实创造力，并以创造成果的不同形式表征出来。创造力最终要体现思维成果，而这种成果从价值论上分析，要获得社会效益、经济效益、生态效益，当然也包含个体效益，并依价值效益大小来衡量创造力的大小。

二、创造力的系统构成

（一）知识元素

知识是创造力构成的基础要素。任何发明创造都离不开感性知识和理性知识的指导，因为知识和各种能力联系在一起，尤其感性思维能力更与知识密不可分。

1. 感性知识

所谓“感性知识”即知觉的感性经验。感性知识在知识系统中的位置越来越重要，以往我们对知识的传统界定是：知识属于认识的范畴，而感性经验只是知识的初级形态，甚或是将感性经验排斥在知识之外。1996 年世界经济合作与发展组织发布了《以知识为基础经济》的报告，对知识的形态做出了新的界定，提出知识应当包括四种类别：（1）事实知识，是关于事实和现象的知识，指人类对某些事物的基本知识所掌握的基本情况；（2）原理知识，是关于规律和原理方面的知识；（3）技能知识，是关于经验积累以及技能和诀窍方面的知识；（4）人力知识，是关于人力资源方面的知识。这种对知识新的划分，与以往对知识的传统界定有了根本性的差异，知识的范围被大大拓展，尤其当我们把系统化的经验类知识也划入知识范畴之内且并不作为知识的初级形态时，就意味着知识概念的重大变迁，即知识不再仅停留在认知范畴，而是扩展到了应用范畴，知识不再只被视为认识的结果，而被视为认识的全过程。

2. 理性知识

理性知识是人们在感性经验的基础上，经由概括和抽象以后上升为指导人们行为的理论。理论知识一旦形成，便成为人的智力因素的承载体，保留在人们的头脑中或以文字语言等方式存留下来。

知识是创造力必然的基础要素，在人类文明史上每十项发明创造都是建立在知识（感性知识和理性知识）的基础上，不存在离开知识的创造。创造就其本质来说就是一种对现有知识的重新组合、转换和提升的过程。在创造发明过程中，对知识进行分割、组合和提升，促使新的设想形成。知识是创造的渊源，人们进行创造活动时，都是以自己已有的知识结构为出发点而进行的。一个没有知识或知识很少的人，是不可能有重大发明创造的。

然而，知识和创造力并不是正相关效应，即知识多的人并不一定创造力就强。有时知识多反倒成为创造的障碍性因素。因为知识越多，若不能恰当运用，反倒成为思维的桎梏，束缚人们的创造力，导致创造力水平的下降。

理性知识是提升创造力水平的基础条件，但若成为僵死的教条，则作为负面力量，牵制创造力的开发，从而影响创造成果的涌现。

（二）智能元素

智能元素是人们在认识客观事物的过程中所形成的认知方面的稳定心理特点的综合。它包含基础智能、核心智能、工程智能和个性元素。

1. 基础智能

即构成智能元素中的基本条件，分别由以下几个方面构成。

第一，观察智能。指有目的、有计划的比较持久的知觉能力，主要表现在观察的目的性、条理性、概括性和敏锐性上；创造从本质上讲，是在其过程中进行矛盾的转化和统一。要做好矛盾的转化和统一，首先要揭示矛盾，而观察力正是起到这个作用，因而可以说它是创造力的前端。

第二，注意能力。注意是人的意识对一定事物的指向与集中。指向是注意的开始，它回答“是什么”，让人们“知其然”；集中是注意的深化，它解决“为什么”，让人们“知其所以然”。注意能力也就是一个人在支配自身心理活动使它及时指向并集中于某一对象的智力。

科学研究表明，注意能力与观察能力是紧密联系在一起的，没有专注的能力，不可能进行有效的观察，没有细致入微的全面观察，则往往容易放过专注视线以外的某些变化，甚或与一些有价值的东西擦肩而过。

注意有无意注意和有意注意。无意注意是一种没有预定目标、不需意志控制、完全随机性地指向某一对象的注意。它是由被注意对象所发出的刺激特点和人们感官上的不由自主性所导致的。无意注意是被动的，容易发生，也易消逝。

作为一种心理活动，无意注意和有意注意与创造密切相关，创造自始至终离不开注意这种心理过程的参与，注意力与创造力呈线性关系。

第三，想象能力。想象是人脑对记忆的表象进行加工改造并进而形成事物形象的心理活动，它是大类对客观事物特有的一种反应形式。人的各种有意识的活动都离不开想象。创造的历史证明，高度发达的想象能力是创新型人才必不可少的基本素质之一。

想象力的实质，是沉积在大脑深处的信息被激活、被调动起来，重新进行编码组合，得到一种超越现实的结果。想象力能使现实中没有的事物和信号，通过想象勾画出来，帮助完成思维的跨越。

想象力对人类生活十分重要，科技创造、文学艺术都离不开想象，想象力参与到人类生活的各个方面及一切过程，脱离了想象力，人类生活难以为继，更遑论发展。

第四，记忆能力。记忆是巩固知识的重要心理机制。记忆力是人们过去记忆过的事物或经历过的事情在大脑中的反映能力。没有记忆力的作用，就不能储存信息，也无从为产生联想进行思维，发挥想象力乃为其他高级智能活动提供必需的原材料，进而整个智力结构就要垮散。从这个意义上讲，记忆力是人们进行创造活动的重要条件。

2. 核心智能

核心智能是指在智能结构中处于核心地位的智能即思维能力。思维是人脑对外界客观事物间接和概括的反映，它既积极地反映客观世界，又能动地反作用于客观世界。思维又是人类智力活动的主要表现形式，它是有关人类精神、物理、化学、生物等现象的高级混合物。在人类全部智能以及智力结构中，思维力处于核心地位，观察力、注意力、想象力、记忆力都与思维力密切联系，均受思维力的统率和影响。

思维能力的创造性是极其复杂的高级思维活动，它通过思维不仅要揭示客观事物的本质及内在联系，而且要在此基础上产生新颖独特的和具有一定社会价值的思维成果。创造性思维大体分为以下几种类型。

第一，逻辑思维。逻辑思维是指理性思维中属于形式逻辑部分的思维形式，而逻辑则可理解为思维的规律性。它是用概念、范畴、规律和假说等元素，进行判断、类比、归纳和演绎的程序，这种程序是步骤分明的，是可以还原可以检验的程序，逻辑思维有形式逻辑、辩证逻辑、数理逻辑、科学逻辑、语言逻辑和模糊逻辑等。逻辑思维提供正确推理的规律、规划和方法，帮助人们在实践的基础上，借助已有知识，通过合乎逻辑的推理获得可靠的新知识。例如，人们看到水受热变成蒸汽，蒸汽遇冷又凝结成水珠，水珠在 0℃以下又结成冰，于是推论：物质在发生形态变化时吸收或放出热量。

第二，形象思维。形象思维也称具象思维。它是以具体特殊的对象为思维内容的一种思维形式。形象思维既具有直观的描述性，又具有直接的感受性。它的整个思维过程总是与思维对象的具体形象或思维对象的具体运动变化相联系，并通过想象、联想、幻想，以强烈的感情、鲜明的态度，运用集中、概括的方法进行思维。形象思维不仅适用于文学、艺术等创作活动，而且也适用于科学创造技术发明等活动。

第三，发散性思维。发散性思维也称扩散思维、辐射思维、放射思维。它是指围绕某一问题沿着不同方向、不同角度进行思考，从多方面寻找解决问题的多个方案的思维方法。运用这种思维方式，可以摆脱传统习惯的禁锢，突破常规的束缚，闯出新路子，提出新颖独到的创见。发散性思维是创新思维中最重要的一种，许多发明创造者都是借助发散性思维获得成功的。

第四，收敛性思维。收敛性思维与发散性思维共同构成创新思维的最基本思维方式。与发散性思维相反，收敛性思维又称辐合思维、集中思维。其思维形式是以截然不同事物的特性为基点，从事物边界出发，向中心移动。它以问题为中心，围绕中心组织信息，从不同方面向中心收敛，以达到解决问题的目的。

收敛性思维与发散性思维是相辅相成的，既对立又统一的一对思维方式。发散度高，收敛性好，创新水平才高。研究证明，大多数创造性发现需要收敛和发散两种思维。即一个问题的解决，往往是这个人的思维沿着一些不同的道路发散，然后又运用收敛性思维综合发散结果，敏锐抓住其中最佳的线索，使发散性结果去假存真，去粗取精，升华发展，最后促使问题得到创新性解决。

第五，正向思维。由发散性思维派生出正向思维，正向思维，是指常规思路，遵照事物的常见特征与一般趋势，依照时间发展的自然过程而进行的思维方式。正向思维与事物发展的一般过程相符，同人们的思维习惯一致，因此一般人较多运用正向思维来认识事物的规律，预测事物的发展趋势，从而获得新的思维内容，完成创造性过程。

第六，逆向思维。逆向思维就是不采用常规思路，与自然过程相反或与事物的常见特征、一般趋势相悖的思维方式。这种方式看似荒唐，实际上是一种非常奇特而又美妙的思维方法，常常能出奇制胜，做出突破性的发明创造。

正向思维与逆向思维之间互为前提，是对立统一的关系，没有正向思维也就没有逆向思维；反之亦然。逆向思维的应用常常是建立在一定的正向思维的基础上，没有一定的正向思维基础，是很难产生逆向思维的，创造性思维正是正、逆两种思维的有机结合。

第七，求同思维。求同思维是指从不同事物和现象中寻求相同点，并从相同点出发，把千差万别的事物联系起来，从而发现新的创意的思维方法。联系和发展是唯物辩证法的基本特征，求同思维就是透过事物的表面现象找出事物之间的本质联系，通过不同事物的本质联系，求得共同点并获得新知识，产生创造性的思维成果。

第八，求异思维。求异思维是指从同类事物中寻找不同之处的思维方法。一位哲人说得好“世界上没有完全相同的两片树叶”，即在同类事物中也存在差异，人们找出这种差异，诱发出创造性思维，获得新的知识，创造新的成果。

求同思维与求异思维也是对立统一的关系。我们既可以通过求同思维找出相似中的同，也可以通过求异思维找出相似中的异。找出了同，就是找出了不同事物的本质联系，在事物的联系中发现新的知识；找出了异，就是找到了相同事物的区别，从而派生出新的知识和新的思维成果。

3. 工程智能

工程智能是指对创造技法的牢固掌握和对创造原则的娴熟运用等，它包括以下几个方面：信息检索能力、操作力。

第一，信息检索能力。所谓信息检索能力，是指从汇集的文献信息中查找特定用户在特定时间、特定条件下所需信息的操作过程。随着现代科学技术的发展，人们越来越认识到，信息检索能力实际上在现代社会已成为衡量人的智能发展水平的重要标志。在创造力的智能要素中，它更是不可或缺的重要部分，因为创造过程的每一个步骤，都绝对不可缺少信息。在当代，知识更新周期越来越短、各种资料浩如烟海，若不具备一定的信息检索能力，必然对创造形成障碍。科学家用于查阅文献的时间居然占了全部科研时间的一半多，可见信息检索能力的重要性。

第二，操作力。指解决问题的实践能力，它在智力结构中占据重要的位置。现代科学研究指出，人的双手巧妙动作和敏锐感觉会迁移到思维中去，使思维更具准确性和明确性，有利于创造性思维的开发。人们常说“手脑并用”，就指的是操作力与思维力并行不悖、相得益彰的关系。手使脑得到发展，使它更加聪明，脑使手得到发展，使它变成创造的聪明的工具，变成思维的工具和镜子。操作力在创造中可以起到诱发作用，即操作力可以激发创造兴趣，甚至可激发灵感。

操作力在创造过程中还起到物化作用。操作能力是将智力物化的“催生剂”，凭借操作才能实现智力向物质的转化，形成物质形态成果。

操作力还在创造过程中具有检测作用。创造的构思以及推翻不科学的论断、发现新的定律、只能靠操作来检测。

4. 个性元素

所谓“个性元素”，指在创造过程中所表征的个性特征。例如，兴趣爱好、才能、气质、特色、性格等。主要包含以下两点。

第一，创造风格。主要指创造过程中所表现出来的个人工作风格。由于个性特征的多样化，因而体现在个人的风格上更是多姿多彩，因人而异。有的喜欢独自作战，有的喜欢群体攻关；有的喜欢所有工作准备就绪才开始进行创造；有的是边创造边准备相关东西；有的当发现创造出现问题先停下来，思维转移，在将思维点扩散转移过程中迸发灵感，再继续沿着原有的创造目标前进；有的是当发现创造出现问题，锲而不舍直到攻克为止。创造性的工作风格是创造者在长期实践中摸索适合个性特征而形成的，是创造者非常宝贵的素质。

第二，非智力因素。主要指对人们进行智力测验时起着重要作用的个性因素，如毅力、意志、动机等。我国心理学家和创造学界，对非智力因素进行了深入的研讨，认为非智力因素在人的事业成就中起着重要作用，尤其对于创造而言，是创造活动的驱动力要素。非智力因素主要包括，动机、兴趣、情感、意志、性格五种基本因素，它们与创造都有着极其密切的关系。

关于创造力与动机。动机是指激发和维持个体从事某种活动，并使这一活动朝着一定目标努力的内部心理倾向或内部精神动力。创造性动机是人类动机中的一种，是指直接激发人们从事创造活动的内在驱动力。它在创造活动中具有三个方面的功能：一是激活功能。动机由人的需要所产生，同时它又激发、推动创造个体产生创造活动；二是指向功能。创造动机将创造活动沿着指定的目标或对象进行；三是维持与调节功能。指创造主体在创造活动中被适当地调整和支配，以保证创造活动有效进行。

创造性动机表现形式多种多样，一般我们把它分为外部动机（间接动机）和内部动机（直接动机）两大类。

外部动机也称间接动机，它是通过创造活动以外的刺激来激励人们从事创造活动的动力。外来的刺激有为公利和为私利之分，所谓公利指为国家的繁荣昌盛，为民族的和平统一，为人民的幸福安宁，为社会的发展进步等，表现为强烈的历史责任感和社会责任感。激烈的情感因素会产生巨大的创造动力，推动创造者获取最后的成功。若为了获取个人经济利益或名誉地位从事创造活动的外来刺激，则是为私利的。这样的外部动机，其心浅薄，其力脆弱，经不起艰难困苦的磨炼。

内部动机也称直接动机，即能直接促使人们从事创造活动的动力。直接动机主要包括好奇心、求知欲、成就感、挑战心理、发明志向和创造兴趣等。

关于创造力与情感。所谓“情感”，是指人们对客观事物能否满足人的需要而产生的一种带有特殊色彩的态度体验，这一心理过程包括情绪、感情、情操三种发展水平。人们在创造活动中，会产生各种各样的情感体验。比如，在遇到复杂问题难以理解时，会产生棘手的情感；在难以做出判断时，会产生不安的情感；在理论与实践有出入时，会产生疑惑的情感；在获得新突破、取得创造成果时，会产生愉悦的情感。

情感的表现形式有激情和心境两种形式，激情形式是两种冲动性的心理状态。在激情的冲击下，一方面可能压抑理智做出蠢事，另一方面可能迸发创造力，做出常态情况下难以取得的成就。情感的心境形式，指情感影响心境。良好的心境具有生理学的意义，可使人们的记忆力、注意力、思维力、想象力等心理因素活跃起来，从而有利于创造力的发挥。

关于创造力与意志。意志是人们自觉确定目的，并支配和调节自己的行为以克服困难、达到预定目的的心理过程。意志能够创造奇迹，人们一旦建立明确目标，在实现过程中，意志会使人们克服全部困难，表现出惊人的主观能动作用。

意志的目的性是意志最重要的特征。没有明确的创造目的，就不会有明确的创造对象，也就谈不上实际的创造效果。

意志的顽强性是最可贵的品质，凡是有成就的科学家都具有百折不挠的顽强意志。因为创造的过程充满艰辛，布满荆棘，若无顽强的意志，必然会半途而废。

意志的果断性是指能迅速地选择目标和确定实施方案并坚定地加以执行。优柔寡断、三心二意，就会使行动徘徊不前，以至贻误战机，终而一事无成。

意志的持久性，指在创造活动中遇到困难和挫折矢志不渝、坚韧不拔，有一股“绳锯木断、水滴石穿”的持久精神。

意志的自制性，指在创造活动中；善于控制自我情感，约束言行，克服不良冲动，不骄不馁，不怯不惰等。

第二节　影响创造力的因素

创造力的培养是未来一个时期我国高等教育教学发展的一个核心问题。影响创造力发展的因素是多方面的，除了智力因素以外，还包括动机、环境、知识水平和人格特征等因素。我国的高等教育对于学生创造力的培养还有一定的限制，学校应该采取更新教育教学理念、提高教师的教学水平等措施来促进学生创造力的发展。

创造力是一种能力，是根据一定的目的，运用一切已知信息，产生出某种新颖、独特、有社会或个人价值的产品的能力。在教育教学中培养学生的创造力，就是要营造一种适合创造力发展的环境，激发促进创造力发展的各种因素。影响创造力发展的因素有很多，综合起来主要有以下几个方面。

一、创造力的影响因素

（一）个人因素影响

个人因素影响主要表现为个人人格特质影响创造力的发展。

人格特质包括拥有多项正面的人格特质、高度的自我动机特殊的认知技能、冒险导向、丰富的专业经验、高水准的所属团体成员、广泛的经验、良好的社交技巧、聪颖以及不为偏见及旧方法所束缚的处事态度。

一个人创造力的发挥与发展与其所具有的创造性人格特征有极大的关系。对于学生的创造性人格特征，很多心理学家都进行了研究。高创造力者应当具有五种关键的人格特征：忍受模糊的能力、克服障碍的意愿、成长的意愿、敢冒风险、自信。创造性人格特征概括为：健康的情感，坚强的意志，积极的个性意识倾向，刚毅的性格，良好的习惯。这些研究对于我们在教学中培养学生的创造能力提供了可遵循的标准。

（二）组织因素的影响

有关组织、环境因素对创意产品的影响力方面的研究指出，20 世纪初的组织所强调的规模经济已经在近年来转变为研发多样产品以满足市场的特定族群需求，以求得组织的生存。因此，想要在瞬息万变的全球经济上取得一席之地，创意与创新对于组织的成功与适应是必备的要素。

美国公司过去由科学家独自在实验室研究的情形已经被研究团队所取代，其目的在减少产生新点子与产品的时间，以便快速迎合市场的需求，才能使公司立于不败之地。因此我们可以大胆推断个人单打独斗的时代已经过去，想要成功，就必须仰赖团队的合作无间，而创意与创新人才是公司的中坚分子，学习如何管理与领导这些研究人员，已成为经理人的当务之急。此外，管理的挑战不在于掌控高度创意员工，而在于如何创造环境允许他们有创意的自由来把工作做好，并能维持组织的基本规范。研究结果认为在研究团队里，领导者的行为影响团队的表现因素如下：（1）言行具有团体的代表性。（2）和高层关系和谐且具影响力。（3）让团体保有崇高的地位。（4）充分授权。（5）提供自主性。

领导者的这些行为有助于团体成员得到组织的支持与资源，并免去组织的限制，而更能专心一致在工作上，发挥创意。综合近年来学者对创意员工的调查研究，认为经理人所需的管理技巧如下：认同创意员工需要自主、创意员工需要创新，在复杂且需要解决的情况下进行适当的回馈是必需的。实证研究发现问题的复杂度、时间架构的增加和创意问题解决技巧可当作预测经理人角色的表现好坏的指标。

另外，组织成员的人格特质与工作的配合也十分重要。

适应者与创新者如能被配置到适合角色偏好的工作，则团队的成功率会显著增加。因此，经理人在组织团队时应考虑团队成员与工作的适配性，并居间协调，以达成组织目标。

就组织气氛而言，创意与创新可借由领导者的行为、自我效能的支持和鼓励独立来培养。就组织文化而言，一个有展望的工作环境，可以承认冒险与改变的价值与需求，以及持续的学习和团队合作等，可以激发创意与创新。

以上可以发现组织结构和政策会影响创新。创新的组织拥有开放与支持性的结构，并有清晰的愿景，也能使成员获得充分资讯，并可以适当地冒险。此外，有的研究主张全面品质管理（Total Quality Management）中的改变策略可以提升创意。创意与创新不只可以因组织运作方式而不同，也会因为组织发展阶段不同而有所不同，另外也会随着资本投入与市场股份有所变动而变化。

当员工处于兼具复杂性及挑战性的工作情绪中，而且主管人员抱积极支持的态度时，员工最能产生丰富的创意。这九项促进创造力发展的环境因素为：自由、良好的专案负责人、充足的资源、鼓励、正面的组织特征、认同与回馈、充裕的时间，兼具挑战性以及适当的压力。而九项阻碍创造力发展的环境因素为：负面的组织特征、限制多、缺乏组织热忱、不良的项目负责人、不适当的评价、不足的资源、缺乏时间压力、过分强调现状以及组织内的竞争。

（三）家庭因素的影响

家庭因素也是影响创造力发展的一大因素。最近有关信息科技产业人员的研究发现，科技人员与非科技人员以及不同性别的信息产业人员，在创造性人格特质环境特征知觉以及创造力的表现上均有显著的差异。因此，造成信息科技产业人员创造力发展之个别差异的原因，除了个人及组织环境的因素之外，来自家庭的影响因素也不容忽视。

一些研究指出，父母的教养方式、亲子关系及家庭环境均可能影响一个人的创造力发展。就父母的教养方式而言，以民主及尊重的方式代替权威的控制，给予子女适度的自由及避免过多的评价，有助于创造力的发展。

研究也发现，下列教养方式与学龄前儿童的创造力有正相关：要求展现自我及开放经验、要求手脑并用、鼓励发表与要求常新、运用新知精益求精、科学创新的问题解决，以及视觉生活的设计。

在亲子关系方面，多给予奖励及爱，较少的情绪投入与干涉等亲子关系有助于子女创造力的发展。就家庭环境而言，给予子女一个安全与自由的心理环境，以及一个充裕的物质环境对子女创造力的发展有正面的影响。

总之，良好的家庭及学校环境有助于创造力的发展。

（四）智力

创造力与智力的关系非常复杂，目前国际上主要有三种观点：一是认为智力包含创造力；二是认为创造力包含智力；三是认为二者是局部重叠的。因此，可以说智力与创造力之间的相关是存在多样性的。这是由于研究者的研究侧重点不同、研究使用的工具不同以及研究被试者的背景不同，所以会使研究的结果有很大的差异。但综合而言，二者之间是具有一定程度的相关，创造力贡献对 IQ 有一定的最低要求，可能 IQ 为 120，超过该水平，其他因素在预测创造力时会比智力更重要。

（五）动机

人类的任何行为、活动的产生都离不开动机，创造活动也不例外。创造动机是推动创造者进行创造性活动的动力，直接决定个体从事创造活动的期待、对结果的评价和体验，并进而影响其从事创造活动的积极性和创造力的发展。

（六）知识水平

创造的过程也可以说是创造的知识、技能运作的过程。大量研究表明，某个领域的专家不仅比新手知道得更多，而且以更严谨的方式储存信息。知识面越广，专业知识越扎实，能够收集的信息就越多，发散出来的思维结果也就越多，越有利于创造力的发展。

二、学校教育对创造力培养的限制

但目前的学校教育在培养学生的创造力方面还没有意识到这些方面，仍存在一定的限制因素。

（一）教育思想观念较为陈旧

目前的高等学校教育在教学理念上还存在很多的局限性，如只重视对书本知识的传授而轻获得知识的方法；只重视考试分数的获得而轻对知识的运用理解；只重视理论讲授而轻实践操作等。有些教育工作者认为，创造力仅仅存在于科学发明等方面，因此对于成绩好的学生会认为是有创造潜能的人，而对于那些成绩一般但在社会交往、管理组织等方面有突出表现的学生不加以重视。有趣的是，人们经常会发现原来在学校成绩突出的学生在日后的事业中并无什么突出的表现，倒是有很多在学校成绩平平的学生成了事业成功者。由此可见，人们对于创造力的理解还有一定的差距。

（二）教学手段和方法单一，不能适应学生的个性化需求

创造力是一种智力品质而非某些天才的专利。因此，创造力的培养应该面向全体

学生，我们的教育要适应学生多元化学习的需求，因材施教，尽可能地发挥每一个学生的创造力，培养他们的优势创造力。特别是利用现代信息技术手段，设计多样化的教学形式开展教学。虽然目前很多学校已经普及了多媒体网络教学设备，但实际应用效果并不理想。这和教师对媒体特性的理解、教学设计的理念、教学媒体的应用能力等有很大的关系。如何应用这些硬件为教学营造一种宽松、和谐、适合于学生个性化学习的教学环境等是很多教师需要学习的。如发现式教学法、启发式教学法、研究性学习等多种教学模式的应用，才能创造出有利于学生创造力发展的教学环境。

（三）课程体系不尽完善，课程结构单一，实践环节薄弱

学校已有的课程体系基本上以公共课和专业必修课为主，给予学生选择的机会较少，不利于学生个性化的发展。加之专业划分过细，使学生学习的知识面较窄，知识结构不合理，也抑制了学生创造力的发展。课程结构单一，基本上为学科课程和专业课程，对于学生综合素质培养的课程偏少。另外，由于受经费、设备和实习基地少等方面的影响，实践教学环节在具体实施过程中也存在一定的困难。

第三节　创造力培养

创造性思维作为创造性活动的前提和基础，对于培养当代所需的具有创新能力的高素质人才起到了至关重要的作用。

创造性思维是指在创新欲望和热情的驱动下，突破传统思维习惯和逻辑规则，以新颖的思路来阐明问题、解答问题的一种思维方式。通过这种思维不仅能揭示客观事物的本质及其内在联系，而且能够突破已有的知识、经验的局限，产生新颖的、前所未有的思维成果。

一、创造性思维的主要特征

作为人类的高级思维活动，创造性思维具有以下几个显著特征。

（一）新颖性

创造性思维的新颖性是创造性思维最本质的特征。主要表现在思路的选择上、思考的技巧上和思维的结论上，具有前无古人的独到之处。在前人、常人的基础上有新的见解、新的发现、新的突破，从而在一定范围内开拓出新的天地。

（二）求异性

由于创造性思维的立足点是“创新”，思维的结果倘若没有新意，也就谈不上是创造性思维。因此，创造性思维就其思维的性质来看，它本质上是一种求异思维。这一特征贯穿于创造性思维活动的始终。在具体的思维过程中表现为两个方面。

一是求同中之异，即不满足于某些已被人们奉为经典的结论，而是勇于打破常规惯例，致力于从不同的角度求得新的理解和认识，独辟蹊径，提出一些使人意想不到的有价值的见解。

二是求独到之异，即不满足于众人正在研究的已知领域，更注重去探求未知天地，力图开创人类认识的新领域。求异思维正是创造生命力的体现，它是产生创造性思维成果的摇篮，是新思路、新方法、新理论的生长点。

（三）敏锐性

思维的火花往往稍纵即逝，它要求我们对异常现象、新奇现象要有敏锐的感受性，能迅速地认识其价值，并牢牢地抓住它。它能够迅速地对外界的刺激做出反应，敏捷地捕捉到现存的问题以及解决问题的正确途径和方法。它同样有两方面的内涵：其一，是指对问题的敏感。通常在外界的刺激下，习常性思维主体只感知自身事先已熟知的那些刺激物，其余信息由于缺乏敏锐性便不知不觉地被放过了；而作为创造性思维主体，则是能够敏锐地发现该信息的不寻常之处，产生疑问，继而对其进行深入思考，最终取得崭新的成果。其二，是指对联系的敏感。习常性思维主体常常对貌似无关的现象不予重视，而创造性思维的主体则能独具慧眼，敏锐地把它们联系在一起，窥视其潜在的意义，从而形成新思想、新观念。

（四）非逻辑性

由于创造性思维是一种开放的、灵活多变的思维活动，并且伴随有“想象”“直觉”“灵感”之类的非逻辑、非规范思维活动，所以这类思维活动具有极大的特殊性、随机性和技巧性，它们往往因人而异、因时而异，不存在普遍适用的、固定而规范化的方法和程序，因而也不存在完全可以模仿、模拟就取得成功的途径。创造性思维的非逻辑性，其机制就是不拘泥于原有的理论框架，而是突破常规，最终迸发出超常或反常的新思想、新观念。

（五）综合性

创造性思维中既有聚合思维，又有发散思维；既有抽象思维，又有形象思维，它是聚合思维和发散思维、抽象思维和形象思维的统一，是多种思维类型的相互作用而产生的整体思维功能。创造性思维是融各种思维形式于一体，是各种思维形式综合作用的结果。

（六）价值性

人类所取得的一切科学技术和文化艺术成果归根结底都是创造性思维的结晶，创造性思维必须为人类文明宝库增添新的成分。这说明，创造性思维的产物必须对人类有益、具有社会价值，即创造性思维必须对人类发展做出有价值的贡献，而绝不能成为无效思维。最终检验创造性思维的标准，就是以价值为尺度的实践。

二、当代大学生创造性思维的培育

（一）注重知识积累，增强自身文化素质

首先，作为当代大学生应时刻注意日常知识的积累，为创造性思维的培养打下良好的基础。知识与信息是激发灵感、诱发想象、形成直觉的重要因素。对大学生而言，要学会从书籍中、实验中、日常生活中积累各种知识。就知识类别而言，既有课内知识与课外知识，又有理论知识与实践知识；既有智育知识与德育知识，又有自然知识与人文知识。这些知识的获得与积累是创造的源泉。

（二）打破思维定式，克服从众心理

在传统思维模式的禁锢下，惯性思考会使我们的思路闭塞、思想僵化。长年累月沿着同样的思路行进，考虑的次数越多，重新采用新的思路的可能性就越小。因而，我们必须打破思维定式的束缚，实现思想上的“跨越”。我们可以通过参加学术讲座、科学技术研讨会、进行社会实践等方式，听取不同的意见与想法，从多个角度来思考问题，打破我们自身的思维定式。

由于缺乏自信心而导致的从众心理易使我们人云亦云，随波逐流，从而降低了我们的思维深度与广度。有研究表明，创造性思维与思维独立性、思维灵活性、思维怀疑性、思维广度和思维深度有直接关系。我们要想培养好自身的创造性思维，必须另辟蹊径、标新立异，走出从众的误区。

（三）加强教学工作，为大学生创造性思维的培养奠定良好的基础

在日常教学工作中，应继续重视基础知识的教学工作。知识教育是创新教育的基础，创新教育必须以知识教育为依托，才能显示旺盛的生命力。所以，高校必须继续重视和强化知识教育，用最新、最前沿的知识来武装学生，同时还要积极引导学生不断激活内在的知识储备，及时重组和不断补充新知识，以便为其创造性地发挥奠定坚实的

知识基础。

（四）开展思维训练活动，鼓励学生敢于创新求异

创造性思维具有洞察敏锐、想象丰富、灵活多变等特点，这种思维贵在打破常规，改变思维的形式与方向，多渠道地、全方位地去思考问题。思维的活跃度、开放度、新颖度是整个创造活动智力结构的核心，是创造能力彰显的突破口。因此，引导大学生以全新的思维和视角看待各种问题是创造性思维训练的关键。

大学生的创造性思维训练应侧重于以下四个方面。

1. 培养大学生积极的求异思维

勇于存疑、乐于质疑是求异思维最显著的特点，教师要在教学过程中鼓励并引导学生不受任何框架、任何模式的约束，勇于突破传统观念和思维模式的禁锢，从新的角度认识问题，以新的思路、新的方法去解决问题，去创造前所未有的新成果。

2. 培养大学生敏锐的观察力

积极主动地观察任何有价值的事物，善于在观察中思索，以求得新发现、新思路。观察得是否细腻、是否全面、是否深刻，是训练大学生观察能力的主要内容。

3. 培养大学生创造性的想象

想象力是创造活动中最活跃的因素，没有想象就没有创造的欲望和创造的意象。想象力的培养主要在于积累丰富的素材，丰富的素材积累，为学生的想象力的发展提供足够的条件和可能性。

4. 提高大学生灵感的活跃度

积极主动的思考是灵感产生的内在心理条件，外界信息的刺激与愉悦的精神状态是灵感诱发的外因。因此，教师的课堂教学是诱发学生学习兴趣的关键，教师要善于运用质疑问难、假设求证、发散求异、智力激励等多种教学方法营造良好的课堂教学氛围，以吸引学生关注知识，激发他们的灵感。

（五）重视大学生非智力因素的培养

1. 培养大学生的创造意识与热情

一个人的创造力开发到什么程度，主要取决于有没有创造意识和创造热情。创造意识和热情是发展创造力的动力。创造意识离不开自信心，自信心是一切创造者共有的个性品质。因此，教师必须高度重视对学生自信心的培养，这将有利于发展学生的创造意识。

2. 磨炼大学生的创造意志

创造意志与创造热情有着密切的关系。意志对情感和情绪起着调节的作用，正是意志使人的情绪服从于理智。要培养学生的自我调节能力，使其能自觉地控制自己的情绪，约束自己的言行。

3. 重视大学生的个性发展

许多调查发现，那些不善于交际却沉湎于个性和独立性兴趣活动的学生，比如“偏才”“怪才”，恰恰表现出了更好的创造性。这就是说，创造性教育必须允许和鼓励学生的个性发展。个性以及表现在行为上的独立性是人的创造性的基础，有利于取得创造性成果。因此，必须高度重视大学生个性的培养。

（六）创造一个适合大学生创造性思维发展的环境

1. 积极开展各种创造性活动

开展创造性活动是使大学生的创造意识转化为实践的重要途径。同时，在创造活动过程中，还可以发现新事物，启发新观点，形成新思想。因此，高校应该组织大学生开展各种兴趣小组活动、科技活动等，使大学生的创造潜能得到充分发挥。

2. 开展高水平的学术活动

高水平的学术活动可以开阔眼界、启迪思维，对培养大学生的创造性思维也起着重要的作用。高校要经常邀请各个学科领域的著名专家、学者等来校举办学术讲座和报告会，介绍学科发展的前沿问题、科研和创新、创造性思维的培养等，使大学生从中体会出如何提高自己的创造性思维能力。

3. 开展丰富多彩的竞赛活动

高校要经常开展各种类型、各种层次的竞赛活动，使大学生置身于这些活动所孕育的创造性氛围中，激发他们的创造欲望。另外，还应鼓励他们参加省市和全国组织的各种竞赛活动，使大学生在参加活动的过程中，提高自己的创造性思维能力。

第七章 大学生情绪管理与心理健康

第一节 情绪概述

一、情绪

情绪和情感是指人对客观事物与自身需要之间关系的态度体验，也是人脑对客观现实的主观反映。首先，情绪和情感是以人的需要为中介的一种心理活动。它反映的是客观的外界事物与主体需要之间的关系。外界事物符合主体的需要，就会引起积极的情绪体验，否则便会引起消极的情绪体验。其次，情绪和情感是主体的一种主观感受，或者说是一种内心的体验，它不同于认识过程，因为认识过程是以形象或概念的形式来反映外界事物的。再次，情绪和情感有其外部表现形式，即人的表情。表情包括面部表情、身体表情和言语表情，表情既有先天的、不学而会的性质，又有后天模仿学习获得的性质。最后，情绪和情感会引起一定的生理上的变化，包括心率、血压、呼吸和血管容积上的变化。情绪现象本身是包含多方面的，包括主观体验、行为反应、神经生理系统变化等。

二、情绪的分类

（一）基本情绪

关于基本情绪的种类问题，中国经典医学著作《黄帝内经》就认为，人有喜、怒、忧、思、悲、恐、惊七种情绪。现代心理学认为快乐、愤怒、悲哀、恐惧是人最基本的原始情绪。

1. 快乐

快乐是指一个人追求并达到盼望的目的时产生的情绪体验。快乐的程度，取决于愿望满足的意外程度和目的的重要性。目的无足轻重，只能引起微小的满足；目的极重要，并且意外地达到，则会引起异常的快乐。一般把快乐程度分为：满意、愉快、异常的欢乐和狂喜。

2. 愤怒

愤怒是指由于他人或他事妨碍自我目的达到，从而使紧张积累而产生的情绪体验。愤怒的产生和对妨碍物的意识程度有直接关系。如果一个人完全不知道是什么人或事在妨碍、干扰他达到既定目的，则愤怒并不明显地表现出来；一旦他清楚地意识到是什么东西妨碍他达到目的，并知其不合理或含有恶意时，愤怒便会产生，并对引起愤怒的对象表现出攻击性行为。

3. 悲哀

悲哀是指失去所盼望的、所追求或有价值的东西所引起的情绪体验，如考试失败。由悲哀所带来的紧张释放会产生哭泣，哭泣一般不超过 15 分钟，在这段时间内完全可以减轻过度的紧张。哭泣会使人精神衰竭，甚至神志不清，但最后可使人感到轻松。悲哀的强度取决于所依存于失去的事物的重要性和价值。

4. 恐惧

恐惧是指个人企图摆脱、逃避某种情境而又无能为力时所产生的情绪体验。引起恐惧的关键往往是由于个人缺乏处理或摆脱可怕的情景（事物）的力量和能力。

以上四种最基本的情绪，在体验上是单纯的、不复杂的。在这四种基本情绪的基础上，可以派生出多种复杂的情绪。复合情绪是由基本情绪的不同组合派生出来的。例如，由愤怒、厌恶和轻蔑组合起来的复合情绪叫作敌意；而悔恨、羞耻这些情绪则包含着不愉快、痛苦、怨恨、悲伤等复杂因素，现实生活中很多情绪体验都属于复合情绪。

（二）积极情绪和消极情绪

1. 积极情绪

积极情绪是指与某种需要的满足相联系，通常伴随愉悦的主观体验，并能提高人的积极性和活动能力。情绪的认知理论则认为，“积极情绪就是在目标实现过程中取得进步或得到他人积极评价时所产生的感受”。从分立情绪理论的观点来看，积极情绪包括愉快、满意、兴趣、自豪、感激和爱等。

2. 消极情绪

消极情绪是指当某种需要无法满足时产生的不愉快的主观体验，不利于你继续完成工作或者正常的思考。常见的消极情绪包括忧愁、悲伤、愤怒、紧张、焦虑、痛苦、恐惧和憎恨等。

（三）情绪状态

按情绪发生的速度、强度和持续时间的长短，可以把情绪状态划分为心境、激情和应激。

1. 心境

心境是一种微弱、持久而又具有弥漫性的情绪体验状态，通常叫作心情。心境并不是对某一事件的特定体验，而是以同样的态度对待所有的事件，让所遇到的事件都产生和当时的心境同样的色调。心境所持续的时间短的只有几小时，长的可到几周、几个月甚至更长的时间。

2. 激情

激情是一种强烈的、爆发式的、持续时间较短的情绪状态，这种情绪状态具有明显的生理反应和外部行为表现。激情往往由重大的、突如其来的事件或激烈的意向冲突引起。激情既有积极的，也有消极的。在激情状态下，人能作出平常做不出来的事情，发挥出自己意想不到的潜能。但激情也会使人的认识范围变得狭窄，分析能力和自我控制能力降低，因而在激情状态下人的行为可能失控甚至会发生鲁莽的行为。人应该善于控制自己的激情，学会做自己情绪的主人。

3. 应激

应激是在出现意外事件和遇到危险情境下所出现的高度紧张的情绪状态。个体在应激状态下的反应有积极和消极之分。积极的反应表现为急中生智，及时摆脱危险境地，做出平时几乎不可能做到的事情；消极的反应则表现为惊慌失措、意识狭窄，导致感知和注意混乱、思维迟滞、行动呆板，正常处理事务的能力水平大幅度下降。

（四）道德感、美感和理智感

人的高级情感包括很多种，主要有道德感、美感和理智感。此外，还有母爱等。

1. 道德感

道德感是按照一定的道德标准评价人的思想、观念和行为时所产生的主观体验，包括热爱祖国、热爱人民、热爱社会的情感，集体荣誉感、责任感、同情感等都是同道德评价相联系的情感。

2. 美感

美感是按照一定的审美标准评价自然界、社会生活及文学艺术品时所产生的情感体验。人的审美标准既反映事物的客观属性，又受个人的思想观点和价值观念的影响，所以美既是客观的，又是主观的，是主客观的对立统一。

3. 理智感

理智感是在智力活动过程中所产生的情感体验。例如，对未知事物的好奇心、求知欲和认知的兴趣；在解决问题过程中表现出来的怀疑、自信、惊讶以及问题解决时的喜悦等都是理智感。理智感不仅产生于智力活动，而且对推动人学习科学知识，探索科学奥秘有积极的作用。

三、情绪的功能

（一）情绪的一般功能

1. 适应功能

情绪和情感是有机体生存、发展和适应环境的重要手段。有机体通过情绪和情感所引起的生理反应能够发动其身体的能量，使机体处于适宜的活动状态，便于机体适应环境的变化。同时，情绪和情感还可以通过表情表现出来，以便得到别人的同情和帮助。例如，在危险的情况下，人的情绪反应使机体处于高度紧张的状态，可以调动身体能量进行搏斗或者逃跑，也可以呼救以求得别人的帮助。情绪和情感的适应功能从根本上来说，是服务于改善人的生存和生活的条件的。婴儿通过情绪反应与成人交流，以便得到成人的抚养；成人也要通过情绪表现来反映他的处境是好还是坏。在社会生活中，人们用微笑表示友好，用示威表示反对；人们还可以通过察言观色了解对方的情绪状态，以利于决定自己的对策，维护正常的人际关系。这些都是为了更好地适应社会需要，求得更好的生存和发展的条件。

2. 动机功能

情绪和情感构成一个基本的动机系统，它可以驱动有机体从事活动，提高人的活动效率。一般来说，内驱力是激活有机体行动的动力，而情绪和情感可以对内驱力提供的信号产生放大和增强的作用，从而能更有力地激发有机体的行动。例如，缺水使血液变浓，引起了有机体对水的生理需要。但只是这种生理需要还不足以驱动人的行为活动，如果意识到缺水会给身体带来危害，因而产生了紧迫感和心理上的恐惧，那么这时，情绪和情感就会放大和增强内驱力提供的信号，从而驱动了人的取水行为，成为人的行为活动的动机。情绪和情感的动机作用还表现在对认识活动的驱动上。认识的对象并不具有驱动活动的性质，但是，兴趣却可以作为认识活动的动机，起着驱动人的认识和探究活动的作用。

3. 组织功能

情绪和情感对其他心理活动具有组织的作用，它表现在积极的情绪和情感对活动起着协调和促进的作用；消极的情绪和情感对活动起着瓦解和破坏的作用。这种作用的大小还和情绪情感的强度有关，一般来说，中等强度的愉快情绪有利于人的认识活动和操作的效果；痛苦、恐惧这样的负面情绪则降低操作的效果，而且强度越大，效果越差。情绪和情感对记忆的影响表现在愉快的情绪状态下，容易记住带有愉快色彩的材料；在某种情绪状态下记住的材料，在同样的情绪状态下也容易回忆得起来。情绪和情感对行为的影响表现在，当人处于积极的情绪状态时，他容易注意事物美好的一面，态度变得和善，也乐于助人，勇于承担重任；在消极情绪状态下，人看问题容易悲观，懒于追求，但更容易产生攻击性行为。

4. 信号功能

情绪和情感具有传递信息、沟通思想的功能。情绪和情感都有外部的表现，这就是表情。情绪和情感的信号功能是通过表情来实现的，表情包括面部表情、肢体表情和言语表情。例如，狂喜时手舞足蹈，愤怒时摩拳擦掌，说话时语调及伴随的喜、怒、哀、惧的面部表现等都具有交际的功能。笑常用来表达当事人愉快的情绪，但是礼貌性的微笑，有时候是用来表达当事人对身边人的善意，比如对认识但不熟悉的邻居微微点头一笑，虽不多言多语，但已经将友善之情表达无遗。

（二）不同性质情绪的功能

1. 积极情绪的功能

积极情绪能激活行动，即接近或趋近倾向，积极情绪能够促进活动的连续性。在积极情绪状态下，个体会保持趋近和探索新颖事物，保持与环境主动地联系。但芭芭拉•弗雷德里克森指出，积极情绪并不只具有一般的活动激活倾向，同时也与特定的行动倾向相联系，如快乐产生游戏、冲破限制、创新的愿望；兴趣产生探索、掌握新的信息和经验，并在这个过程中促进自我发展的愿望；满意产生保持现有的生活环境和把这些环境和自我以及社会的新观点融为一体的愿望；自豪产生想与他人分享成功和求得在将来取得更大成就的愿望；爱产生想再次与所爱的人一起游戏、探索的愿望。

（1）积极情绪能够建设个体资源。这些资源包括身体资源（如身体技能、健康）、智力资源（知识、心理理论、执行控制）、人际资源（友谊、社会支持网络）和心理资源（心理恢复力、乐观、创造性）。这些资源包括个体内的资源，如增强心理和生理恢复力；也包括个体间的资源，如增强社会联系，有利于积极主动地参加活动。积极情绪能够建设个体的心理资源，就为个体的社会适应准备了更为有利的条件，以提高个体的社会适应能力。

（2）积极情绪能促进健康。积极情绪能撤销和恢复消极情绪导致的各种心血管活动的激活状态，使其恢复到正常的基线水平。积极情绪促进生理健康主要在于积极情绪可以提高人的免疫系统功能，这主要体现在对主观幸福感以及笑和幽默的研究中。众多研究表明，人的主观幸福体验能够通过影响人的免疫系统来影响人的身体健康，与那些缺乏主观幸福感的人相比，一个主观幸福感体验更强的人，其免疫系统的工作也更为有效，更能确保人的身体健康。持积极情绪的人在面对生活压力时，可以通过笑、幽默来改善免疫系统功能，促进健康。

（3）积极情绪能和谐组织氛围。积极情绪不仅对个体的适应具有重要的作用，同时组织内成员的积极情绪对于一个组织来说也是非常重要的。组织内个体的积极情绪可以相互感染和传递，对于营造积极的组织氛围是极为关键的，能够激励组织中员工的工作绩效，提高组织的效能。

2. 消极情绪的功能

进化论人格心理学家认为，既然负面情绪能在进化中被保持下来，说明这些心理机制可以使人生存和繁衍。许多人存在对陌生人的恐惧，恐惧是为了防止被不属于同一群体或部落的人袭击而进化得来的。常见的焦虑则来自我们的祖先害怕被群体拒绝。每个人都有加入群体的需要，当我们被群体拒绝时，我们就会产生焦虑感。负面情绪其实是平衡精神健康重要的一环，也是生物与生俱来的特征，科学家指出，其实抑郁也有很多好处。例如，悲伤能令受害人变得更坚强，更有能力应付生命中的挑战。有不少历史伟人就曾经饱受精神及情绪问题困扰。“二战”时的英国首相丘吉尔、解放黑奴的美国第十六任总统林肯、发现万有引力定律的英国科学家牛顿，还有著名音乐家贝多芬，他们成就非凡，但全都患有抑郁症。悲伤的情绪在人类中如此普遍一定是因为它有某种好处。使用药物令人不再悲伤或会扭曲人性。研究显示，负面情绪可以带来保护作用。例如，一只猴王如果在被推翻后没有产生负面情绪而逃之夭夭，那就暗示它会继续挑战新猴王，并因此惹来杀身之祸。消极情绪是一种信号作用，消极情绪袭来的时候，我们不应一味地去对抗和逃避，而是应选择安静下来倾听它背后的声音，就会发现它可能给我们很多的启示和帮助。当然这不是一件容易的事情，这需要后天有意识地训练和培养，才能提高我们情绪管理的能力。

四、大学时期个体情绪的特点

大学时期是青年人心理成熟的重要时期，也是情绪丰富多变、相对不稳定的时期。随着知识水平、心理发展特点以及生理状况的影响，大学生的情绪带有鲜明的特征。具体表现在以下五个方面。

（一）丰富性和复杂性

大学生正处于多梦的年龄阶段，几乎人类所具有的各种情绪，都可在大学生身上体现出来，例如悲哀、遗憾、失望、难过和绝望等。在情绪体验的内容上，大学生的情绪呈现出相当丰富多彩的特征，以惧怕为例，大学生所怕的事物，主要与社会的、文化的、想象的、抽象复杂的事物和情绪有关，诸如怕考试、怕陌生人、怕惩罚、怕寂寞等。

（二）稳定性与波动性

从总体上来看，大学生情绪是比较稳定的，具有一定的自我控制情绪的能力，一般能用理智约束冲动，可以对不良情绪进行自我调适。但与成年人相比，大学生相对敏感，情绪带有明显的波动性，一句善意的话语，一则感人的故事，一支动听的歌曲，都可以使他们的情绪发生骤然变化。

（三）强烈性与冲动性

大学生由于自我意识的发展，对外界事物较为敏感，加之年轻气盛和从众心理，因而在许多情况下，情绪易被激发，带有很大的冲动性。近年来，校园内暴力事件往往都是在情绪失控状态下一时冲动所致。很多大学生对符合自己信念、观点和理想的事件或行为容易迅速发生热烈的肯定情绪；对于不符合自己信念、观点和理想的事件或行为，则迅速出现否定情绪。个别的有时甚至会因盲目的狂热、不计后果的冲动，做出一些违反校规、校纪的蠢事或坏事。

（四）压抑性与敏感性

大学时期是情感最丰富、最强烈的时期，同时也是一个充满压力和冲突的时期，而这往往会导致情绪的压抑。相当多的大学生常常感到自己的情感不能尽情地得到倾诉，调查材料统计表明，约 70% 的大学生“时时感到有一种压抑感”。这种感觉有些是自己能找到原因的，而有些则是连自己也不知道这种压抑究竟来自何方，有一种空虚感、孤寂感。

（五）外显性与内隐性

大学生对外界刺激反应迅速而敏感，很多情绪是一眼就能看出的，如考试第一名，马上就喜形于色。但在某些场合和特定问题上，有些大学生会掩饰、隐藏或抑制自己的真实情感，表现出内隐、含蓄的特点，比如在对待异性的态度上，明明乐意接近，却往往留给对方的印象是贬低、冷落人家。这是大学生有意识控制和无意识防御的结果，与表里不一的虚伪是两回事。

第二节　大学生常见情绪困扰

大学生活是个体从学校走向社会的过渡阶段，也是毕生发展中的非常重要的过程。由于大学生心理发展尚不成熟，而且大学阶段需要面对学习、人际、职业生涯规划等诸多人生命题，大学生的情绪难免出现波动，多数大学生通过自身的调节和他人的帮助能顺利度过这一时期，但是也有部分大学生被困在情绪问题中难以自拔。下文将带大家一起了解大学生常见的几类情绪问题。

一、焦虑

（一）焦虑的概念

焦虑是指一种缺乏明显原因的内心不安或无根据的恐惧，预期即将面临不良处境的一种紧张情绪，表现为持续性精神紧张，如担忧、不安全感等，或者是发作惊恐状态，如运动性不安、小动作增多、坐卧不宁或激动哭泣等，常伴有自主神经功能失调表现，如口干、胸闷、心悸、出冷汗、双手震颤、厌食、便秘等。焦虑主要分为两种类型：第一种是状态性焦虑，即由于某一种情境而引起的焦虑，情境改变时，焦虑随之消失。但有时某种情境很特殊，产生的焦虑十分强烈，有可能产生短暂的人格变化。第二种是特质性焦虑，即由于一个人的人格特点与众不同，在相同的情境下，其情绪反应的频度和强度也与众不同。例如，在与陌生人相处的时候，有的人就会出现这种特质性焦虑。

焦虑是人们应对情境中的一些特殊刺激而产生的正常心理反应。适度的焦虑有利于提高工作和学习效率，焦虑超过一定的强度、持续的时间过长才会对个体产生不良的影响。只有当焦虑的持续时间及强度均超过正常的范围，影响正常的生活、学习、工作时，经过有资质的精神科医生诊断，才可以认为患了焦虑症，需要接受正规的治疗。一般情况下，焦虑可以通过自身的调节或者寻求专业帮助而得到改善。

（二）焦虑的常见原因

1. 适应焦虑

由于生活环境和学习方式的改变，大学新生对新环境难以很快适应，因而引起焦虑情绪。一些大学生入学前衣、食、住、行都由父母安排好，进入大学后，这也不会那也不会。一些大学生常常因不知如何安排好日常生活而产生焦虑。学习上的不适应也让他们产生焦虑。由高中的被动式学习转变为大学的主动学习，很多学生显得无所适从，不知该如何学习，因此对学习感到不安，担心学业无法完成，进而陷入焦虑状态。

2. 学习焦虑

大学生都有不同程度的学习焦虑，保持中等程度的学习焦虑会促进和提高学习成绩，但当学习焦虑过度就会影响正常的学习和生活。一些大学生在环境的影响下，形成了不恰当的学习目标和抱负，给自己造成很大的心理压力，就会产生严重的学习焦虑。一般来说，个性敏感的大学生更容易出现这类问题。学习焦虑过度，往往使大学生注意力不能集中，大脑反应迟钝，学习效率降低。考试焦虑属于学习焦虑的一种特殊形式。考试焦虑是大学生中较常见的焦虑情绪表现。考试焦虑是指因担心自己考试失败有损自尊或渴望得到更好的分数而产生的高度忧虑的一种负面情绪反应。考试焦虑在考试前数天就可表现出来，随着考试日期的临近日益严重。

3. 人际焦虑

大学生来自全国各地，不同的生活习惯、性格、兴趣、脾气、家庭背景等使大学生在人际交往中难免发生冲突。有些大学生由于个性上敏感、多疑、冷漠和敌意，往往担心别人不能接纳自己，甚至对自己造成伤害而把自己封闭起来，造成心理苦恼，产生焦虑。恋爱焦虑是大学人际焦虑中的特殊形式，在追求恋爱对象、暗恋、单恋以及相处过程中都会产生焦虑。

4. 就业焦虑

当前社会激烈的就业竞争让大学生陷入了一种就业焦虑中。这种焦虑各个年级都有，只是焦虑的程度不同，其中以毕业生尤甚，绝大多数大学生在就业过程中或多或少地都存在焦虑。如优秀毕业生为是否能找到理想单位而焦虑；成绩不理想的毕业生为能否找到单位而焦虑；来自边远地区的毕业生为有可能回原籍而焦虑；恋人们为未来能不能在一起而焦虑；女同学为用人单位“只要男性”而焦虑；还有一些大学生因不知自己毕业后何去何从而焦虑。

二、抑郁

（一）抑郁的概念

抑郁是指以情感低落、哭泣、悲伤、失望、活动能力减退以及思维、认知功能迟缓等为主要特征的一类情绪。抑郁的常见表现是以情绪低落为主要特征，对日常生活丧失兴趣，无愉快感；精力明显减退，无原因的持续疲乏感；自信心下降或自卑，或有内疚感；失眠、早醒或睡眠过多；食欲不振，体重明显减轻；注意力集中困难或下降；联想困难，自觉思考能力显著下降。抑郁心境在一天中有较大波动，常以早上最重，然后逐渐减轻，到晚上最轻。抑郁时，常伴有这样、那样的身体疼痛、心慌、胸闷等。

“人非草木，孰能无情。”喜怒哀乐是人之常情，正常人对周围客观事物和环境变化都有一定的情感反应，正常人在某些时候也可能发生情绪低落。临床上应鉴别是正常人的抑郁情绪反应还是抑郁症。首先，正常的抑郁情绪与境遇相称，不会平白无故发生抑郁。而抑郁症的症状则与境遇不相称，或者并无起因，或微弱刺激就引起了过大的情绪抑郁反应。其次，正常的抑郁有时间限度，严重刺激引起的抑郁情绪可持续较长时间，但总有一定限度，随着时间的推移，时过境迁，抑郁情绪会慢慢减轻或磨灭。较小的刺激引起正常的抑郁情绪反应更是为时短暂（还与性格、过去经历等有关），不用多久就会烟消云散。而抑郁症的情绪反应则会持续较长时间，抑郁发作的病程标准即为至少持续 2 周。最后，正常的抑郁情绪影响社会功能一般较轻，而抑郁症患者则较重，甚至完全丧失生活自理能力（如抑郁性木僵）。另外，正常人的抑郁不会出现精神病性症状，而抑郁症患者可出现妄想、幻觉等精神病性症状。

作为大学生要正确对待自己的抑郁情绪，积极应对，寻求适当的帮助，不讳疾忌医，也不能胡乱给自己扣疾病的帽子。

（二）抑郁的常见原因

1. 自我认知

有些大学生总是对自己和世界的认识和评价出现偏离或歪曲，他们常常根据某一事件或事情的某一方面进行不严谨的推论，尤其是忽视积极的方面，进而将对某一事件的判断过度推论到对其他事情的判断上，特别是低估自己的能力，忽视自己的优点，夸大或高估问题的难度和严重性。有的大学生因高考失利，未能实现上名牌大学或热门专业的宏愿而产生强烈的失落感，对自己和生活都感到灰心，形成理想自我与现实自我的冲突，并由此产生抑郁情绪；大学强手如林，有些大学生由高中时的尖子生变成普通生，导致心理失衡，如果得不到及时的引导，不能够尽快摆正自己的位置，就会情绪低落。

2 人际交往

大学生通常来自全国各地，不同的社会习惯、性格、兴趣、脾气等使大学生在人际交往中难免发生矛盾。有的大学生个性较强，总是以自我为中心，不为别人着想，遭到孤立。性格内向的大学生不合群，孤独寂寞，他们渴望交往但担心被拒绝，造成心理苦恼，因而产生抑郁情绪。

3. 恋爱失败

现在大学生谈恋爱的越来越多，恋爱动机也比较复杂。由于大多数学生情感比较脆弱、抗挫折的忍耐性差，通常不能很好地处理失恋后的情感，当受到挫折而感到无能为力时，心情就会低落。

4. 经受挫折

就业压力大，越来越成为大学生出现焦虑等负面情绪的重要因素。有调查显示，50% 的同学感到就业前途迷茫，没有目标。沉重的经济压力也有可能造成大学生的心情抑郁。许多来自贫困地区和城市贫困家庭的大学生，天天为生活费发愁，生活压力很大。由此还产生一些自卑心理，认为自己生来就不如别人，害怕遭到别人的耻笑和拒绝，在这种情况下，部分大学生心情抑郁。

三、恐惧

（一）恐惧的概念

恐惧作为一种情绪反应，在某种程度上来讲是正常的，并不一定有害，这是因为它能及时地使人们认识到危险的来临，以应付所面临的问题，是人类进行自我保护的一种本能。这里所指的恐惧是那些非理性的、非现实的情绪状态，即对常人而言一般不可怕的事物感到恐惧，或者恐惧体验的强度和持续的时间远远超出了常人反应的范围。社交恐惧泛指一切害怕与他人交往，对交往特别敏感，不愿与人接触，在不得不与他人交往时，则感到紧张，并伴有一些生理反应的心理。

社交恐惧表现为处事胆小谨慎，喜欢安静、喜独处，对人对事较敏感等，害怕和人交往，有的人还没说话就先脸红；有的人一和别人讲话就结巴；有的人一在公众场合讲话就思路不清，不知道自己到底讲了些什么；还有的人不敢抬头与他人的目光对视等。

（二）恐惧的常见原因

社交恐惧实质上是一种心理未成熟的表现，主要与下列因素有关。

1. 个性因素

社交恐惧的大学生多半是性格内向、不善言辞，有些则具有严重的羞怯心理。社会心理学家的研究认为，有 55% 的人觉得自己在人际交往中是害羞的，其中女性和青少年尤为严重。由于性格上的特征或缺陷，导致了有些大学生不愿表露自己，常给人以比较孤僻、冷漠，不易接近等感觉。由于缺少正常的、必要的交往，久而久之，便使他们对人际交往感到害怕甚至恐惧。

2. 认知歪曲

社交恐惧的大学生往往不能正确地评价和认识自己，常在认知或表现上盲目骄傲自大，自视过高，一意孤行而不考虑他人的感受，其结果既挫伤别人自尊心，又给自己带来不良后果。有的大学生表现为看不到自己的才能和力量，自暴自弃，缺乏与人交往的勇气和信心。

3. 社交技能缺乏

有些大学生在与不太熟悉的人交往时，往往很害怕，不知道如何与他人交往。由于缺乏人际交往的技巧，不能恰当地表达自己的想法而被他人误解，或由于在交往时受到别人的抢白而自己又无力用语言还击，从而感到十分懊恼和心里不痛快。这些大学生由于以往不愉快的经历，害怕在众人面前讲话，常感到自己底气不足、结巴，从而采取了一味地回避，喜欢独处，由此使自己渐渐失去了进行人际交往的勇气，出现社交恐惧。

四、愤怒

（一）愤怒的概念

大学生正处在热情高涨、激情澎湃的青年时期，有时候情绪难以控制。愤怒是由于个体的信念、价值、权利受到侵害或与之矛盾，从而逐渐积累了紧张的情绪而产生的主观体验。它具有持续性、外显性、情境性和个性化等特点。愤怒是一种消极的情绪状态，常常会给人带来意想不到的麻烦，如同学关系疏远、师生关系紧张，而且长期、持续的愤怒对个体的健康损害也是极大的。

愤怒是指当某人在事与愿违时作出的一种惰性反应，表现为勃然大怒、敌意情绪、乱摔东西甚至怒目而视、沉默不语。它不仅仅是厌烦或生气，它的核心是惰性。愤怒既是人作出的选择，又是一种习惯。愤怒是人经历挫折的一种后天性反应。人们以自己所不欣赏的方式消极地对待与自己的愿望不一致的现实。不适当的愤怒情绪会对人的身心产生影响。从病理学角度来看，愤怒可导致高血压、溃疡、皮疹、心悸、失眠、困乏甚至心脏病；从心理学角度来看，愤怒可能会破坏情感关系，阻碍情感交流，导致内疚与沮丧情绪。

（二）愤怒的常见原因

当我们感知到愤怒的情绪后，需要冷静下来，分析是什么让我们生气。需要寻找的原因并不是具体的事件，而是事件下暗含的触犯到自己的底线的细节。是因为他人损害了你的权益、自尊？还是因为事态没有按照你的预期发展而感到挫折？或者你是以愤怒的方式来争取自己的权益？

大学生易怒一方面是性格因素所致，有的人以自我为中心，对他人缺少宽容，稍有一些使自己不满意的地方就表现出愤怒；另一方面是由许多不当认知所致，如认为发怒可以威慑他人、发怒可以抵消责任、发怒可以换回面子、发怒可以满足愿望等。事实上，易怒者总是事与愿违，所得到的不是尊严、威信，而是他人的厌恶，更严重的后果是自己心绪更加不宁。

五、嫉妒

（一）嫉妒的概念

嫉妒是指一种难以公开的阴暗心理，是人们普遍存在的人性弱点。在日常工作和社会交往中，嫉妒心理常发生在一些与自己旗鼓相当、能够形成竞争的人身上。比如，对方的一次成功，人们都过去称赞和表示祝贺，自己却木呆呆地坐在那里一言不发。由于心存芥蒂，甚至对对方其他事情的“破绽”大大攻击一番。对方再如法炮制，以牙还牙。如此恶性循环，必然影响双方的事业发展和身心健康。由此，我们可以看出，嫉妒对一个人的伤害特别大，是妨碍一个人取得成功的最大阻力。

（二）嫉妒的常见原因

嫉妒产生的原因主要是虚荣心在作怪，生活中的嫉妒主要发生在处于同一环境、同一领域的人中，因为认为别人的成功和有所建树会妨碍自己，不想着通过奋斗，不断提高自己的能力和竞争的心理素质，用真才实学赶上和超过别人，而是想通过压低别人来抬高自己。嫉妒这个弱点是阻止人们前进的“拦路虎”。当你全心全意地去为自己的学业奋斗时，就不会有时间去嫉妒别人了，因为“嫉妒是一种四处游荡的东西，能享用它的只能是闲人”。另外，不能正确认识自己、自卑感强的人容易嫉妒，因为他们想逃避现实而故意虚张声势，因为惧怕失败而采取嫉妒的手法。所以，首先要对自己的能力、潜力有一个客观的认识，不自我夸大，也不自我贬低。只有在自我感觉良好、自我意识能力强的前提下，才能变消极嫉妒为积极嫉妒，也才能在积极嫉妒心理中获取能力、接受竞争意识的刺激。当然，当一个人反问几个为什么之后，可能会觉得自己的天赋、客观条件、知识、能力都不如他人。这也无妨，不要自卑，更不要嫉妒，不妨再找找自己的优势，在某一方面发挥自己的优势，在竞争中发挥自己的聪明才智，从而找到自己的心理位置，得到生活的乐趣。

总之，对于他人的成功，既要嫉妒，又要不嫉妒。嫉妒，就是积蓄自己大量的精力、时间、智慧去产生应该属于你范围内的积极嫉妒心理；不嫉妒，就是要洒脱和不甘于落后，对自己充满必胜的信心，这才是强者的风度。

第三节　大学生情绪管理

从前文中我们知道积极情绪和消极情绪都有其意义，那么对待情绪就不能是简单地消除或者减少消极情绪，而是要学会管理自己的情绪，使其适应周围环境变化或者为实现某一目标而服务。情绪管理能力是健康生活、学习的重要保障，大学生需要有意识地学习、提高自己的情绪管理能力。下文带大家一起了解情绪管理和情绪管理的具体方法。

一、情绪管理的概念

（一）情绪管理的内涵

情绪管理是个体对情绪的发生、体验与表现施加影响的过程，是一个改变情绪的发生、持续时间、内部体验、生理行为反应的动态过程。通过情绪管理，个体能对变化的社会情境作出迅速有效的适应性反应，实现个体目标。格罗斯指出，对于情绪管理的理解有三个方面值得注意：首先，情绪管理不仅仅是降低负情绪，实际上它包括负情绪和正情绪的增强、维持、降低等多个方面；其次，唤起一种情绪管理有时是显意识的，有时是无意识的；最后，情绪管理没有必然的好与坏，在一种情境中是好的，在另一种情境中则可能是不合适的。

我们还需要了解和其相关的一个重要概念，即“情商”。情商是由三种能力组成的结构：准确评价和表达情绪的能力；有效调节情绪的能力；将情绪体验运用于驱动、计划和追求成功等动机和意志行动过程的能力，具体表现为：

①认识自己的情绪。就是能认识自己的感觉、情绪、情感、动机、性格、欲望和基本的价值取向等，并以此作为行动的依据。认知他人的情绪，指对他人的各种感受，

能“设身处地”地、快速地进行直觉判断，了解他人的情绪、性情、动机、欲望等，并能作出适度的反应。在人际交往中，常从对方的语言及其语调、语气和表情、手势、姿势等来判断他人真实性的情绪和情感。处理人际关系，是指调控他人情绪的技巧。

②管理自己的情绪。是指对自己的快乐、愤怒、恐惧、爱、惊讶、厌恶、悲伤、焦虑等体验能够自我认识、自我协调。

③激励自我。是指面对自己想实现的目标，随时进行自我鞭策、自我说服，始终保持高度热忱、专注和自制。

（二）情绪管理的过程

情绪管理的过程包括情境选择（情境修正）、注意分配、认知改变和反应调整。

1. 情境选择

情境选择是情绪管理中比较具有前瞻性的做法，为了获得预期的情绪，当事者可以选择符合这种情绪特征的情境。例如，敏感害羞的同学在公共社交场所比较紧张，则会倾向于避免参加嘈杂的派对而选择待在安静的图书馆或者宿舍。但是随之产生的问题是，这种情境选择所带来的情绪调节有短期的效果，但也会带来长远的损失。内向的个体为了避免暂时的不愉快而回避了公共社交，但从长期来看会进一步地与社会产生疏离。因此，有效的情绪调节的情境选择策略，需要得到父母、师长或者优秀同伴的指导或建议。情境修正中的情境是指个体外部的物理情境，而对于内部情境，则是认知改变环节的内容。对于外部物理环境的修正，是指对潜在的情绪激发环境作出人为的调整和修正，如羞涩内向的同学可以在出席比较令人紧张的集体活动时，带上要好的、外向型的朋友一起；比如想找教师请教问题，可以选择和善亲切、比较熟悉的教师。

2. 注意分配

情境的选择和修正是对外部物理环境的改变，当外部的情境不能被改变或者修正时，个体就应该启动对内部情境的调整——注意分配。注意分配的形式可以分为注意集中、注意分散、注意回避和注意转向。注意集中是指将注意集中在情境的情绪特征上，如沉浸在歌曲的优美旋律所带来的愉快中；或沉浸在恋人分手带来的悲伤中。注意分散是指个体将注意力分散在情境的不同侧面。注意回避是个体将情境输入刺激的通道堵塞或者关闭，如闭上眼睛或者捂住耳朵。注意转向是指个体将注意力完全从情境中移开，转而关注其他话题。

3. 认知改变

即使引发某情绪的情境没有被修正，个体产生该情绪也并非定局。改变个体对自己所处情境的评价即改变情境的情绪性意义，也能改变情境激发情绪的可能性。认知改变并非假装情境没有发生或者虚构一个并不现实的故事来掩耳盗铃，而是关注对真实情境的积极评价，如丢了饭卡本来很郁闷，但是可以告诉自己“饭卡上没有多少钱了，还好身份证、银行卡这些没有丢，不然挂失、补办这些好麻烦！”这种“还好没有更糟”的认知重建策略对于抑郁、焦虑等情绪有很好的调节作用。

4. 反应调整

反应调整的阶段是在情绪发展过程的后期，即个体已经有了某种情绪的倾向之后。一方面是指情绪发生后，采用运动、放松或者食疗的方式来降低负性情绪的生理和体验；另一方面更多的是指采用恰当的方式来表达自己的情绪，即采用一种适应性反应。有了情绪后，采用一种恰当的方式进行表达，而这种表达方式能否促进情境朝向更为有利的方向发展则代表了这种行为适应性的高低。例如，同样是哭泣反应，不同的情境下效果不同：儿童提出不合理的要求被母亲拒绝，如果此刻采用哭的方式来表达自己的不满，则对事情的发展不能取得想要的效果；但如果儿童受到欺负或者面临危险时发出哭声，引来大人的注意和帮助，则是一种适应性行为。

二、情绪管理的方法

（一）生理方面

1. 运动宣泄

运动不仅可以达到锻炼身体的效果，也可以改善心理状态。医学研究表明，运动可以使人的情绪得到振奋。剧烈运动后，体内的内啡肽水平会升至安静时的 8 倍。心情不好时，完全可以通过运动来升高自己体内的内啡肽水平，使自己的心情舒展、快乐起来。很多人心情不好了就去跑步、游泳，之后再冲个热水澡，烦恼就少了很多，这就是内啡肽的作用。一旦养成了运动的习惯，如果突然停止就会觉得不舒服，其实是身体对内啡肽带来的欣慰快感产生了依赖。不过，不是所有的运动都能升高内啡肽，运动要保证一定的量，例如慢跑、游泳、爬山之类的有氧运动至少要持续 30 分钟，内啡肽的水平才能升上去，生成可以自救的“快乐激素”，由内至外地快乐起来。一旦进入良性循环，不良情绪对身体的伤害也会逐渐消失。

2. 享受美食

很多证据都支持饮食营养对保持良好的心理健康的重要性，研究表明不饱和脂肪酸、氨基酸、B 族维生素都和减少抑郁情绪密切相关，如地中海式饮食（富含水果、蔬菜、鱼和豆类，低肉类及奶制品）这种健康的饮食模式可以降低抑郁症发展的风险。

3. 芬芳味道

不同的气味能引起人的不同情绪反应，其中，芳香疗法就是应用芳香植物蒸馏萃取出的精油，通过直接吸入、沐浴或者按摩等途径以获得身心调整的一种辅助疗法。已有不少研究表明芳香疗法对焦虑、抑郁和职业倦怠等都有一定的效果。大学生在日常的生活中也可以借鉴使用一些常用的香味来调整自己的情绪。例如，比较焦虑和不安时可以使用薰衣草、檀香来安定自己的情绪；无法集中注意和心烦意乱时，可以使用甜橙、葡萄柚精油、柠檬精油等香味来辅助调整。

4. 美妙音乐

音乐不仅可以陶冶人的情操，更重要的，它还可以调节我们的情绪。现代医学表明：音乐能调整神经系统的机能、陶冶情操、启迪智慧、改善注意力、增强记忆力，可以消除抑郁、焦虑、紧张等不良情绪，解除肌肉紧张，消除疲劳，激发精神和体力，提高工作效率。不同的曲调各有“性格”，可使人产生不同的情绪感受。因此，运用音乐调节法时也应该因人、因时、因地、因心情的不同而选择不同的音乐，适宜的音乐，常可取得很好的效果。例如，心情忧郁的人以倾听“忧郁感”的音乐为好，如《忧郁圆舞曲》《蓝色狂想曲》等都是具有美感的。当忧郁的心灵接受了这些乐曲的“美感”沐浴之后，很自然地会慢慢消除心中的忧郁。这是最科学，也是最易见效的方法。性情急躁的人要常听节奏舒缓、让人思考的乐曲。这可以调整心绪，有助于克服急躁的毛病，如一些古典交响乐曲中的慢板部分，Bach 的《幻想曲和赋格》等就是很好的选择。

5. 放松训练

焦虑和放松是两种不同的身心状态，而人在某个时刻只能有一种身心状态，让放松占据你的身心，焦虑则无立锥之地。所以，驱逐焦虑的最有效方法是全身心地放松，焦虑与放松势不两立。情绪心理学所说的放松是以一定的媒介（如暗示指导、表象等）集中注意，调节呼吸，使肌肉得到充分放松，从而调节中枢神经系统兴奋性的方法。渐进式放松的基本步骤为：第一，首先放松身体局部肌肉群，然后使这种放松依一定顺序向全身扩散；第二，在进入新的肌肉群放松练习时，已经练习完了的肌肉群也可以再次进行放松练习和复习；第三，重复以上过程，直至放松状态和安静感持续出现。

想象放松法指通过人的意念想象来逐渐达到放松的方法。通过想象来进行放松，比身体绷紧再放松要容易一些。

（二）情绪方面

1. 激发积极情绪体验

首先，积极情绪的一个最重要的来源，就是自己的能力得以发挥。积极心理学最大的早期贡献之一是制定了一项有 24 种个性优势的分类调查，将其归纳成好奇、正直、善良、公正、谦逊和乐观六个维度。了解到自己的优势，从中提取出很多关于自己的高峰的关键信息，然后以一种能够更加频繁地应用自己的优势的方法，来重塑自己学习或日常生活，这种应用优势的新方法所产生的积极情绪提升，是既明显又持久的。其次，感恩。当你用语言或行动表达你的感激时，你不仅提高了自己的积极情绪，而且也提高了对方的积极情绪。这一过程中，你加强了他们的善意，也巩固了你们彼此之间的关系。当你感受对方的善意时，你常常会赞赏别人对你是如此的友善，这引起了你的感激之情。善意和积极情绪相辅相成。只要认识到自己的善意举动，就能够启动这种良性循环。用发展的眼光来欣赏自己的善意只是一种心理转变，你会注意到它更多的方面。你能够通过增加自己的善意举动，使积极情绪大幅提升。有意识地增加自己的善意可以提升你的积极情绪。最后，是要发现生活中困境的积极方面和意义。

2. 疏泄消极情绪体验

眼泪宣泄——这是一种自我心理保护的措施。哭可以为你解除情绪的紧张、内心的抑郁与烦恼，还可以促进生理上的新陈代谢。美国生物学博士费雷认为，人在悲伤时不哭是有害人体健康的。人在流泪时可把体内因紧张而产生的化学物质排出体外，可以缓解人的忧愁和悲伤。

找人倾诉——俗话说：“快乐有人分享，是更大的快乐；痛苦有人分担，可以减轻痛苦。”找人倾吐烦恼，把内心的苦恼告诉你的朋友、师长、心理咨询师，心情就会顿感舒畅。也可以写日记、给自己写信，把自己的感受描述出来。

幽默——高尚的幽默是精神的“消毒剂”。当一个人发现一种不调和的或对自己不利的现象时，为了不使自己陷入激动状态和被动局面，最好的办法是以超然洒脱的态度去应付。此时，一个得体的幽默往往可以使一个本来紧张的情况，变得比较轻松；使一个窘迫的场面在笑语中消逝；使愤怒、不安的情绪得以缓解。

升华——升华是将情绪激起的能量引导到对人、对己、对社会都有利的方面。例如，将考试失利而产生的不良情绪升华为激励自己刻苦努力学习的动力；把对大学生活不适应而产生的焦虑情绪升华为提高自己对新环境的适应力，尽快完成从中学到大学的转变的内在积极性；把对自己外貌的不满意升华为全面发展自己、增长才能、增长知识水平方面来，促使自己品学兼优，成为出色的合格人才；把因失恋而产生的不良情绪升华为更加刻苦地努力学习，以自己的博才多识去寻求自己真正的爱情。

3. 情志相胜

中医有情志相胜的疗法，这是用五行相克理论来表述情绪之间相互制约关系的经典提法。其基本原理是将脏腑情志论和五行相克论结合，将人体归纳为 5 个体系并按五行配五脏、五志，然后利用情志之间这种相互制约的关系来进行治疗的心理疗法，即运用一种情志纠正相应生克的另一种失常情志。《黄帝内经》具体论述了情志相胜疗法的基本程序：喜伤心，恐胜喜；怒伤肝，悲胜怒；思伤脾，怒胜思；忧伤肺，喜胜忧；恐伤肾，思胜恐。情志相胜疗法是利用情志之间以及情志与五脏之间的相互影响、相互制约的关系，通过一种正常的情志活动来调节另一种不正常的情志活动，使其恢复正常以有效治疗情志与躯体疾病的心理治疗方法。

（三）认知方面

1. 认知训练法

认知训练是一种行之有效的情绪调节方法，它无论是对短时的消极情绪，还是习惯性的消极情绪，都有较好的调节作用。认知训练法，就是通过对认知调节和控制，纠正不良的认知习惯，形成积极的思维方式，从而消除消极的情绪，使人们对生活、学习和工作充满自信和活力。认知训练主要有两种：一种是“合理情绪疗法”，另一种是“归因训练法”，“合理情绪疗法”就是要找出认知过程中的非理性思维，并努力加以纠正最终达到消除不良情绪的目的。我们常见的非理性思维有以下三个特征：①非此即彼的思维方式。在这种思维中，要么是成功、完美无缺，要么是失败、一无是处。②以偏概全的思维方式。当得到表扬时，会觉得自己十全十美，受到批评时，便觉得自己陷入“四面楚歌”的绝境。③糟糕至极的思维方式。这样的思维方式会夸大某些事情的重要性，比如将自己的小失误看作不可救药，整个人生都将被毁了。这些思维方式通常不为个体觉察，但却会时时左右自己的行动。

“合理情绪疗法”包括以下四个关键步骤。

第一步，找到那些引起不良情绪的诱发事件，例如，高考落榜、受到批评。

第二步，将这些事件所引起的消极的思维或想法从头脑中剥离出来，让它明确地反映到人的头脑中，如高考落榜后，会感到前途渺茫，愧对老师和家长，从而引发不良情绪。

第三步，对照非理性思维的特征，看自己的思维方式是否有偏颇。

第四步，与自己辩论，以客观、正确的理性思维来代替非理性思维。如高考落榜远不如想象的那么可怕，失败了可以从头再来，即使永远无缘大学课堂，仍有无数条通向成功的道路。

2. 归因训练法

归因训练是另一种行之有效的认知训练法，是指人们对行为结果成功或失败的原因进行探究、寻求解释的方法。它试图在情绪产生之前，对导致情绪发生的事件或结果进行理性分析，进而影响后续的情绪和行为。事实证明，不同的归因方法，的确能导致不同的情绪反应。例如，足球场上，运动员如果认为是因为裁判的“黑哨”断送了本队的前程时，会产生愤怒的情绪，极端情况下，会直接攻击裁判员；如果运动员将失败的主要原因归结为本队的水平与临场发挥的确与对手存在差距，便不会有过激行为。

人类从三个维度对事件进行归因，即外部归因和内部归因；稳定归因和非稳定归因；可控归因和不可控归因，并发现人们通常把行为结果的原因归为四个方面：能力、努力、任务难度和运气。六种不同类型的人，在成功或失败后引起的情绪反应有着极大的差别。把成功归于稳定的、内部的、可控制的原因，这就是积极、正确、科学的归因。而经常体验失败的人应选择不稳定的、内部的、可控的归因，它使人认识到失败不是不可避免的，并会知耻而后勇。不难发现，归因方式有正确和错误之分，有积极和消极之别，我们要想提高学习和工作效率，形成积极稳定的情绪，就必须化消极归因为积极归因，变错误归因方式为正确的归因方式。这种变化过程并非一蹴而就的，必须有意地培养并经过长期的训练，才能形成正确的归因方式。归因训练一般有如下几个步骤：首先，要明确区分影响成败因素的性质：哪些是内部因素，哪些是外部因素，哪些是可控的，哪些是不可控的。要相信，你只能改变和控制内部的可控因素，而不能改变和控制外部的不可控因素，对于外部的不可控因素，最多只能影响它。要明白你能控制和改变的你定能做到，而你不能控制和改变的东西，不要勉强自己，也不要强人所难，否则会碰得头破血流并以失败而告终。以考试为例，考试过程是自己能够控制的，你可以认真作答，努力克服每一道难题，然而考试结果却在你的“掌控”之外，阅卷者的主观态度、题目的难易都会影响你的考试成绩，这些是你无法控制的。其次，要分清楚积极归因的特点和作用。积极正确的归因，会激励自己积极主动地学习、不断进步；反之则会影响自己的自信心、进取心。

（四）综合方面

当人处于情绪的低谷，通过前面的生理、情绪和认知的方法都没有办法进行改善时，还可以试试一种古老而又现代的方法：持正念。这一方法起源于中国古代的佛教禅宗，近年来国外学者以之为基础开发出了正念疗法，广泛地用于临床和健康培训领域。正念（Mindfulness），是意识的一种状态，是一种对处于当下时刻刺激的更高的注意。这种意识是对自己的思维、情感的接受以及对于视觉、感觉、行为、他人、外部物体的接受，而不是对这一切的排斥、怀疑，或者仇恨和反感。正念这种意识状态的特点是对当下体验和功能的清晰和鲜明的感受，与人们通常惯有的自动行为与半无意识状态相反。正念疗法帮助个体在出现抑郁时停止行动模式，而代之以思维的存在模式。这种模式将关注思维的内容转移到关注其过程，因而个体不必再努力去改变消极的思维内容，转向注意所有体验的加工过程。在存在模式的状态下，个体跳出思维的局限性，摒除不必要的思考，直接而经验性地感受世界和自己。

（五）人际方面

找人倾吐烦恼，把内心的苦恼告诉你的朋友、师长、心理咨询师，心情就会顿感舒畅。也可以写日记、给自己写信，把自己的感受描述出来。

良好的关系让人们更快乐、更健康。并且对人们是否幸福起决定作用的不是朋友的数量，也不是是否处在一段稳定的亲密关系中，而是所拥有的亲密关系的质量。亲密关系不仅保护人们的心理健康，也保护了人们的大脑。一个人如果在关系中真的感到自己能在需要时可以依赖另一个人时，他们保持清晰记忆力的时间会更长。因此，爱的能力的培养和知识的获得一样重要，大学生在努力发展自我的时候，不能忽略对爱的能力的培养，这样才能建立稳定的人际关系，这也是他们获得幸福的保障。

第八章 大学生人际交往与心理健康

第一节 人际关系概述

一、人际关系的含义、特点和类型

（一）人际关系的含义

一般认为，人际关系是指人们在物质和精神交往过程中发生和建立起来的、人与人之间相互影响的心理关系。这种心理关系通常是交往双方在需要上的满足状态和程度的反映。人际关系主要包含三种成分：一是认知成分，反映个体对人际关系状况的认知和理解，是人际知觉的结果，是理性条件；二是情感成分，是对交往的评价态度，是关系双方在情感上满意的程度和亲疏关系，是人际关系的基础；三是行为成分，是双方实际交往的外在表现和结果，即能表现个性的一切外在行为。

（二）人际关系的特点

1. 个体性

人际交往的双方的社会角色会影响彼此的人际关系。但社会角色与人际关系不同，在人际关系中，社会角色退居到次要地位，而双方是不是自己所喜欢或愿意亲近的人成为主要问题。

2. 直接性

人际关系是人们在面对面的交往过程中形成的，个体可切实感受到它的存在。没有直接的接触和交往就不会产生人际关系。人际关系一旦建立，就会被人们直接体验到。在心理距离上的趋近，个体会感到心情舒畅；若有矛盾和冲突，则会感到孤立和抑郁。

3. 情感性

人际关系的基础是人们彼此间的情感活动。情感是人际关系的主要成分。人际间的情感倾向有两类：一类是使彼此接近和相互吸引的情感；另一类是使人互相排斥和疏离的情感。

（三）人际关系的类型

1. 以感情为基础的人际关系

其特征主要表现在人与人之间是靠感情来维系的一种心理联系，一般包括两种：一种是亲情关系，即有血缘关系的人之间的关系，比如亲子间与兄妹间的人际关系；另一种是友爱关系，即指朋友间的友谊和爱人间的恋爱关系。

2. 以利害为基础的人际关系

其特征主要表现在人与人之间的联系是靠认知来维持的。个体对利害认知不仅仅只限于经济上的利益，而且包括社会的、权力的、政治的等各方面的利害得失。社会上一切“交易”式的活动都是以利害关系为基础的。

3. 缺乏任何基础的陌路关系

这类人际关系存在于陌生人之间，彼此没有心理联系。社会心理学家研究的人际关系主要限于第一类中的第二种人际关系。也就是说，社会心理学家研究人际关系的主要兴趣在于探讨人与人之间友谊与爱情的建立需要经历怎样的心理过程。

二、人际关系的形成

人与人之间从无关系到关系密切，有一个发生、发展的演变过程。可以把这种人际关系的形成发展大致分为如下五个阶段。

第一阶段：互不相识，彼此陌生，甚至可能都没有注意到对方的存在。

第二阶段：单方（或双方）注意到对方，可能单方（或双方）知道对方是谁（如校友或老乡），但双方没有接触过。

第三阶段：单方（或双方）受对方的吸引，与之（或彼此）接近，构成表面接触。在表面接触过程中，作为他们之间媒介物的，可能是商业交易或学校的课业，也可能是职业上的对应。总之，即使单方（或双方）当时心存情意，但在此阶段的接触，也仅仅只是表面上的人际关系。对人际关系的发展非常重要的第一印象，就是在这一阶段形成的。如果单方或双方对对方的第一印象不深，那么他们之间的关系可能到此为止。很多人彼此同学同事许多年，但交往很淡，就是他们之间的关系一直停留在第三阶段的缘故。在日常生活中，这种泛泛之交很常见。

第四阶段：双方交往互动，开始了他们之间的友谊关系。在此阶段，双方心理上有一个重要的转变，即开始彼此视为知己，并互相分享信息、意见和感情。这种对别人开放自我的心理过程，被称为自我表露。人际关系发展到这个阶段的时候，是友谊形成的开始。

第五阶段：朋友之间的亲密程度有深浅之分。在自我表露方面，有些朋友之间只是注重信息与意见的交换，而感情上的表露比较少。这种主要是以事业或学业为基础的友谊关系。而有些朋友之间除了彼此间交换信息与意见之外，还进行感情上的表露，彼此在感情上甚至达到了相互依赖的程度。特别是当自己处在痛苦或快乐的情绪时，就会渴望自己的朋友在身边。人际关系发展到第五阶段的时候，如果双方是同性，则会成为莫逆或至交；如果是异性，双方在感情的基础上加上了性的需求、奉献与满足的心理成分，就会成为爱情。

三、人际关系的原则

（一）真诚原则

在人际交往中真诚的品质尤为重要。“真诚”是最受人欢迎的个性品质，而与其对立的“不真诚”，则是最令人厌恶的个性特征。因此，一个人要想吸引别人，与别人保持良好的交往，真诚是必须有的品质和交往方式。真诚使人们对于与自己交往的人对自己有怎样行为有明确的预见性，因而更容易建立其安全感和信任感，而不真诚或欺骗使人感受到焦虑与不安。

（二）交互原则

人际关系的基础是人与人之间的相互重视和相互支持。人际交往当中喜欢与厌恶、接近与疏远是相互的。在一般情况下，喜欢我们的人，我们也会去喜欢他们；愿意接近我们的人，我们也愿意接近他们。而对于疏远我们、厌恶我们的人，我们的反应也是相对应的，对它们也会疏远或厌恶。日常生活中可以经常看到，对于真心接纳、喜欢我们的人，我们也倾向于接纳对方，愿意同他们交往并建立和维持关系。相反，对于表现出不喜欢、排斥我们的人，我们倾向于排斥、疏远对方，避免与其有进一步的交往。

（三）交换原则

人际交往是一种社会交换过程。交换的基本原则是：个体期待人际交往对自己是有价值的，在交往过程中得大于失或得等于失，至少是得别太少于失，故又称为“功利原则”。人际关系的发展取决于双方根据自己的价值观进行的选择。

（四）自我价值保护原则

自我价值是个体对自身价值的意识与评价。自我价值保护是一种自我支持倾向的心理活动，其目的是防止自我价值受到贬低和否定。由于自我价值是通过他人的评价而确立的，个体对他人评价极其敏感。在每个人的潜意识里或内心深处，都渴望得到别人真诚的赞美和肯定。对肯定自我价值的他人，个体对其认同和接纳，并反过来给予肯定与支持；而对否定自我价值的他人则给予疏离，与这种人交往时可能激活个体的自我价值保护动机。

（五）平等原则

交往双方的社会角色和地位、影响力、对信息的掌握等方面往往是不对等的，这会影响双方形成实质性的情感联系。但如果平等待人，让对方感到安全、放松与尊严，人们也能和那些与自己在社会地位等方面相差较大的人建立良好的人际关系。

（六）情境控制原则

人对于新情境，总有一个适应的过程。适应本身就是一个逐渐对情境实现自我控制的过程。情境包括交往的内容、方式、心理控制等方面。情境不明确，或达不到对情境的把握，会引起机体的强烈焦虑，并处于高度紧张的自我防卫状态，使人们倾向于逃避。比如，大学新生由于对周围环境缺乏了解，会在相当长的时间内处于高度紧张的自我防卫状态。在人际交往中，人们对情境的控制程度将决定交往在什么气氛下进行。所以，在人际交往中，双方对交往情境必须都能控制。在人际交往中无视他人的意愿、需要和心理感受，会使交往产生障碍。

四、人际关系的增进

（一）人际吸引的概念

人际吸引是个体与他人之间情感上相互亲密的状态，是人际关系中的一种肯定形式。按照吸引的程度，人际吸引可分为亲和、喜欢和爱情。亲和是较低层次的人际吸引，喜欢是中等程度的吸引，爱情是最强烈的人际吸引形式。下面主要探讨喜欢，亲和与爱情将在另外的章节予以阐述。

（二）影响人际吸引的因素及条件

1. 熟悉与邻近

熟悉能增进吸引的程度。此外，如果其他条件大体相当，人们会喜欢与自己邻近的人。熟悉性与邻近性二者均与人们之间的交往频率有关。处于物理空间距离较近的人们，见面机会较多，容易熟悉，产生吸引力，彼此的心理空间就容易接近。常常见面也有利于彼此了解，使得相互喜欢。但交往频率与喜欢程度的关系呈倒“U”形曲线，过低与过高的交往频率都不会使彼此喜欢的程度提高，中等交往频率时，彼此喜欢程度较高。

2. 相似性

人们往往喜欢那些和自己相似的人。相似性主要包括：①信念、价值观及人格特征的相似；②兴趣、爱好等方面的相似；③社会背景、地位的相似；④年龄、经验的相似等。实际的相似性很重要，但更重要的是双方感知到的相似性。

3. 互补

当双方在某些方面看起来互补时，彼此的喜欢也会增加。互补可视为相似性的特殊形式。以下三种互补关系会增加吸引和喜欢：①需要的互补；②社会角色的互补；③人格某些特征的互补，如内向与外向。当双方的需要、角色及人格特征都呈互补关系时所产生的吸引力是非常强大的。

4. 外貌

容貌、体态、服饰、举止、风度等个人外在因素在人际情感中的作用也是很大的。尤其是在交往的初期，好的外貌容易给人一种良好的第一印象，人们往往会以貌取人。外貌美能产生光环效应，即人们倾向于认为外貌美的人也具有其他的优秀品质，虽然事实并非如此。

5. 才能

才能一般会增加个体的吸引力。但如果这种才能对别人构成比较大的压力，让对方感受到自己无能和失败，那么此时的才能不会对吸引力有帮助。研究表明，有才能的人如果犯一些“小错误”，会增加他们的吸引力。

6. 人格品质

人格品质是影响吸引力的最稳定的因素，也是个体吸引力最重要的因素之一。影响人际关系的人格品质，排在序列最前面、喜爱程度最高的六个人格品质是真诚、诚实、理解、忠诚、真实、可信，它们或多或少、直接或间接同真诚有关；排在最后受喜爱水平最低的几个品质如说谎、假装、不老实等也都与真诚有关。安德森认为，真诚受人欢迎，不真诚则令人厌恶。

第二节　大学生人际关系特点及人际冲突

一、大学生人际关系的特点

大学生的人际交往与其他群体比，无论在愿望、内容还是在方式上，都有同他们的社会知识经验对应的特点，具体表现在如下几个方面。

（一）交往愿望迫切

大学新生多数都是第一次离开父母和家庭，到大学之后，随着生活空间的扩展和社会化程度的增长，交往的愿望越来越强烈。他们对应该如何交往、交往的原则和策略等人际交往知识感兴趣，并身体力行地投入到与同学、老师的交往中。这种迫切性还表现在与异性的交往上。大学生正处于青春期，生理成熟以及性意识产生，对爱情特别关心和敏感。当代大学生对校园里广泛的异性交往大多持认同态度。

（二）交往系统开放

大学生来自五湖四海，家庭状况、生活经历各异，大学中信息灵通，决定了大学生的人际交往是一个多层次、多方位的开放性系统。开放性主要表现在交往对象、范围、方式的开放。大学生的好奇心与求知欲强，在交往中对新事物接受容易，对不同年级、专业甚至校外的同学都愿意结交。现代交通工具、计算机、网络技术的发达，为当代大学生交往提供了先进的信息传递手段，开辟了超时空的广阔天地，也创造了更多相互接触的机会。目前，网络交往已经成为大学生时髦的、新型的人际交往方式。

（三）交往目的多元化

大学生与同性朋友的交往目的主要是利己的（自我完善、功利）和互利的（互助、友情）；与异性朋友交往的目的比较复杂，有利己的（自我完善），也有利他的（自我奉献、侠义、仗义疏财），还有互利的（互助）；与教师的交往目的主要是利己的（自我完善、自我防卫）和利他的（侠义），互利的成分比较少；与父母的交往目的以相互理解、相互爱护为主，功利的成分少。由此可见，大学生人际交往的目的具有多样性的特征，而对于不同的交往对象，也有明显不同的目的。

跨世纪一代青年的友谊观有了很大的变化，在交友目的方面，50% 的青年选择了“严于律己，宽以待人”，其他依次选择了“与人方便，与己方便”“害人之心不可有，防人之心不可无”，只有 4% 的青年极端地选择了“宁可我负天下人，不可天下人负我”。

（四）交往观念自主

大学生的性格日趋成熟，价值观、世界观基本定型，日益增强的主体意识和独立思考能力使大学生无论在交往方式、交往内容、交往对象选择上都有自主性。他们不想过分地依赖他人，不愿简单地接受信息，喜欢用自己逐步形成的观念和尺度去左右交往的进行。他们自我意识强，自尊要求高，人际交往以人格平等为基础，期待交往双方彼此尊重、相互容纳。即使是师生，也期待对师长的尊重得到师长的平等赏识。平等交往的需求使得那些谦和、真诚、通情达理、乐观向上的人成为大学生乐意交往的对象。

（五）感情色彩浓厚，富于理想化

大学生普遍希望通过交往获得友谊，在人际交往中十分注重感情交流，讲究情投意合和心灵共鸣。大学生的经济压力较小，人际交往动机比较单纯，人际交往有浓厚的理想色彩。无论对朋友还是对师长，都希望不掺入任何杂质。但是，大学生的心理发育还未完全成熟，自我意识增长与认知能力发展不太协调，情绪经常不稳定，容易用感情代替理智。一旦发现对方有某些不好的品质就会深感失望。由于期望值高，大学生人际交往的挫折感也较强，表现出渴望交往和自我封闭的双重性。意愿得到满足时欢呼雀跃，失败时便垂头丧气。这种情绪波动导致大学生人际交往经常处于不稳定状态。

二、大学生人际冲突的基本表现

（一）寝室群体成为人际冲突的主要对象

大学生是人际交往非常活跃的群体，人际交往呈典型的同心圆分布，即以自我为中心，以人际交往频率或感情亲疏为半径，人际交往圈在不断扩大。所以，人际冲突也经常发生在大学生交往最密切的群体中。调查显示，大学生的人际冲突主要发生在寝室群体中。这是因为高校基本上实行住宿制，寝室是学校最基础、人际交往最频繁的正式群体。

（二）非利益冲突成为主要表现形式

一般的冲突理论认为，利益是产生冲突的基本原因。但非利益冲突却是大学生人际冲突的主要形式。调查表明，“自尊心受到损伤”是大学生人际冲突的最主要的原因，表明大学生强烈要求在交往中得到他人尊重。“评奖评优”所占的比重不大，表明利益冲突不是大学生人际冲突的重点。在面对个人利益和他人利益冲突时，大学生往往能都做出正确选择。

（三）价值观差异成为人际冲突的主要原因

关注自我，注重个性表达自身尚不成熟，性格不稳定，争强好胜，这些都是大学生群体的主要特征。这使他们在交往中容易形成以自我为中心的价值观。当他人对自己的价值观表示怀疑或反对时，就很容易产生冲突。调查显示，在冲突产生的原因中，价值观差异产生的冲突占首位，其次分别为性格不合、意见相左、心情不好、生活习惯差异，由于利益原因造成的冲突排在最后。可见，大学生的人际冲突有鲜明的少功利性特点。

（四）和解与协调成为人际冲突的主要应对方式

当冲突产生时，大学生不希望冲突升级影响双方的关系，但容忍退让又怕让人觉得自己胆小懦弱。因此，大学生一般采取以理抗争的冲突解决方式。沟通和自我反思是冲突发生之后大学生采取的主要应对方式，这体现出大学生应对冲突的主动性和希望妥善处理冲突的愿望。有调查显示，大学生在发生冲突后，请求第三方面调解所占的比例不高，表明多数学生都愿意自己解决问题，或积极应对，或消极回避。

第三节 大学生宿舍人际关系与班级人际关系

一、宿舍人际关系

大宿舍人际一直是困扰大学生的一个重要问题，当前很多大学新生不能处理好宿舍人际关系，导致抑郁感、孤寂感，整天闷闷不乐，甚至发展成宿舍焦虑症。

（一）宿舍人际的影响

宿舍人际是大学生在校期间与室友在宿舍互动中形成的心理关系。能否处理好宿舍人际关系是衡量大学生人际交往能力大小、心理素质高低及为人处世是否得体的一杆标尺。除去睡眠时间，大学生每天在宿舍待 5.72 个小时左右，与室友间的接触与交往比与任何其他人的时间都长。从而与室友的关系融洽与否，直接决定了一天的大多数时间里心情是否愉快。

宿舍人际不良会严重影响身心健康，表现在以下几个方面。

1. 易使宿舍成员感到孤独

踏着铃声进出课堂，宿舍里面不声不响，互联网上倾诉衷肠。有的同学说：“到大学后，总觉得每个人脸上都蒙着面纱，谁也猜不透别人在想什么，也不敢轻易在别人面前坦露自己，甚至在寝室也要隐藏自己，感到很孤独。”

大学是一个全新的环境，不像中学时人际关系相对简单，已不再轻易打开心灵大门，从而使一些同学感到同学之间人情冷漠，宿舍内同样如此。

2. 易造成心理障碍、产生心理疾病

因缺乏交往技巧或在交往中受过伤害的人易产生挫折和自卑心理，甚至会产生社交恐惧症。严重的人际纠纷造成的持久精神痛苦还会导致反应性精神病，引发严重后果。

3. 易产生冲突甚至造成悲剧

越是邻近的人交往的机会越多，宿舍成员之间的交往算是最“亲密”的了，就是这种近距离容易带来各种误会、小摩擦及由此酿成种种危害。

虽然不良宿舍人际关系严重影响身心健康，但好的宿舍人际关系更会促进大学生身心健康发展。宿舍是大学生的“第一社会，第二家庭，第三课堂”。它是一个小型的社会，是大学生的“新家”，又是一个无形的课堂，教给我们书本中没有但对身心健康至关重要的知识。

好的宿舍人际关系对大学生身心健康的作用有以下几个方面。

（1）稳定情绪、补偿情感缺失

新同学由于人际关系的变换，感到特别不安和孤独。他们和同住一宿舍的人最先熟悉起来，随着宿舍成员之间友谊的进一步加深，可以逐步代替对亲人、中学伙伴的思念，稳定了情绪。

（2）锻炼意志、培养良好的行为习惯

同住一寝室的舍友的一言一行会潜移默化影响和改变自己的看法和行为；如果在大学住宿期间养成了乐于助人、生活简朴的良好习惯，它将会让你终身受益。

（3）对成长起导向作用

宿舍的文化氛围在无形中引导着寝室成员的追求目标、实践内容，对人才成长起着潜移默化的作用。如果整个寝室有着积极向上的好氛围，它将会促进我们的成长也更促进我们获取成功和幸福体验。

（二）宿舍人际的特点

1. 时空充分接近，矛盾相对集中

个体的一切在时空充分接近的宿舍里显现出来，从而宿舍成员之间不可避免产生矛盾和紧张。例如，迟睡或早起的学生与入睡困难的学生之间；乱放杂物的学生与很爱整洁的学生之间；要午休与不要午休的学生之间；住上下铺的同学之间……宿舍成员由于时空的接近和思想的暴露，自觉或不自觉地显露出自己真实的思想和个性。

2. 小群体约定俗成的规范不易保持

正如有的同学说，自己在宿舍中经常打开水、扫地，而其他同学很少去干，他干了以后别人也没有任何表示，好像是应该的；有的同学不打招呼，就用别人的东西；还有些同学喜欢开着灯睡觉；诸如此类，即便是小事，但日积月累就会产生矛盾和冲突。

3. 宿舍成员有极强的归属感

大多数学生会把宿舍比作“家”，跨入大学，远离了能给予他们情感满足的父母、亲戚。希望“新家”如父母的家一样安宁、温馨，希望能得到尊重、理解和支持，能如兄弟姐妹一样相互照顾、相互帮助。

“远亲不如近邻”，但“近邻”不一定“先得和睦”，因为个性和阅历的差异、生活习惯、行为方式的不同，再加上缺乏社会经验，不太懂为人处世，矛盾在所难免。宿舍人际关系，该怎样相处呢？

（三）建立良好宿舍人际关系的策略

1. 提前规范宿舍礼仪

不注重小集体礼仪和规范，会造成很多不愉快。为避免日后矛盾，可以先明确规范。

（1）协商作息时间

一个宿舍少则四五人，多则七八人在一起生活，应调整出一个统一的作息时间。只有大家协调一致、共同遵守，才能减少争执，消除摩擦，维持正常的生活秩序。对于统一作息时间，我们该怎么做呢？

每个宿舍都有其特殊性，作息时间也是各有差异，但不妨采取以下做法。

①宿舍的全体成员应当尽量统一起居时间，减小作息差距。

②如果同宿舍的人爱彻夜卧谈，影响了大家的休息，直接提意见制止他们难以奏效，那么可以相应地调节自己的计划，如可以推迟上床的时间，或听听英语磁带等。

③给他或她直接提意见，但注意不能当着众人的面，以免使对方难堪、丢面子。

④如果你是“夜猫子”，可以和室友一起提前洗漱，待他们休息后，尽量减少声响和灯光对室友的影响，这样就不会影响室友休息。

如果有人违反了作息制度，可以安排他打扫宿舍卫生 3 天等。

（2）协作搞好宿舍卫生

地上铺满瓜子壳，废纸成了“地毯”，踩上去会发出声响；想要寻找一把扫帚，却发现它已掩埋在垃圾处；无奈深呼吸一口，才发觉空气也弥漫着各种异味……爱干净的同学或寝室长一旦意识到自己已经成为寝室里唯一的“清洁工”，心头的不快就累积起来了。

宿舍每位成员该做的杂务，不仅仅指做好自己一个人的事，也包括搞好集体的事。有些人住集体宿舍恶习毕露：从来不打开水，衣物不注重整理，宿舍的公共卫生不闻不问，扫地、擦门窗等事都指望舍友来完成。只有提前规范宿舍礼仪，才能营造良好的宿舍人际环境。

大学生须尽力搞好属于自己的那份杂务，不要指望别人来“帮助”自己，要养成凡事亲力亲为的好习惯。对于没有履行值日义务的室友，也可以进行以下适当的“惩罚”。

①罚扫一个星期的地。

②交一定数额的罚款，作为寝室费，以备买公共之需。

③在宿舍讨论会上对这一星期的卫生情况进行总结，大家公开说出不满与改进的地方让其进行自我教育和反省。

2. 细节决定关系

在一个小集体里，只有注重生活上的细节，才能与人和谐相处。

（1）不搞小“团体”

与同宿舍中某一个人亲近，无论干什么事都喜欢和某一个人在一起，这不利于建立和谐的宿舍关系。宿舍里，对每个人要尽量保持平衡，掌握与室友相处的最佳距离。

两只刺猬由于寒冷拥在一起，可由于身上的刺不能“亲密接触”，只好离开距离，但由于寒冷禁不住又凑到一起，因为满身的刺又分开，这样反复好多次，最终双方选择了一个合适的距离：既可以不刺到对方，又可以相互取暖。

只有像刺猬一样保持适度距离，才可以相互“取暖”而不刺伤对方。

①吃饭、外出、上课的路上等，不长期固定和某一两位室友独来独往。

②不要长期和某一位室友“咬耳朵”、说悄悄话。

③寝室里，保证和每一个室友都说话，并且每人的话量相当。

④不要把自己的“秘密”只告诉个别人，这样在别的室友看来，你和他们不一样“好”。

（2）不逞口舌之快

在嘴巴上占便宜的人给人感觉太好胜，让人难以相处。爱争论的同学不妨这样做：

①待室友说完再说；

②说话时心平气和；

③不说脏话和侮辱对方的话；

④就事论事；

⑤话音不要太高，以免室友觉得你在与之争吵。

（3）不触犯室友隐私

室友相处，注意以下两点：①未经同意，切不可擅自乱翻其物品，不要随随便便，以为是熟人就忽略了细节；②同住一个宿舍，有时难免知道舍友的某些隐私，要守口如瓶，告诉他人不仅是对舍友的不尊重，也是不道德的。每个人都有自己的秘密，对于室友不愿公开的事情，也不要去探求。

（4）不拒绝小惠，报之以感谢

接受别人的邀请，从某种意义上说，也是尊重别人。倘若不论零食或宴请，你都一概拒绝，时日一久，别人难免会认为你清高傲慢，就对你“敬而远之”了。所以，室友买点水果、瓜子之类的零食到宿舍，分给你时，你就不要推，不要以为吃别人的难为情而拒绝；舍友因过生日或其他事请你吃饭，你也应欣然前往。即使没有钱“回请”，也无关紧要，因为互酬不仅体现在物质上，更体现在心理上。接受别人的礼物，真诚地说声谢谢，报之以关怀，这就是人际关系的“润滑油”。

（5）别人有难要帮，自己有事要求

帮助他人会给人们带来心理上的自豪感、满足感，获得帮助会带来被关怀和关注的感受。帮与被帮都能加深感情。良好的人际关系是以互相帮助为前提的。例如，当室友生病了，义不容辞送他去医院，并照顾他；室友生活费紧张，可以每人借一点给他，帮他渡过难关；当因事不能在规定时间里打开水，可以让室友帮忙；室友出去逛街，可以要求帮着带点生活用品。

（6）积极参加宿舍的集体活动

宿舍活动不单纯是一个活动，更是舍友之间的感情投资，不可或缺，应积极参与配合。

①舍友决定一起去干什么，就要尊重大多数同学的选择。

②确实不能参加，可以把自己的想法和意见提出来，假如勉强参与反倒让舍友觉得你在应付了事，更不要一口回绝而坏了舍友的兴致。可以说，集体活动的有无和多少，从一个侧面反映了这个宿舍的团结程度。倘若这样的活动你一直不参加，多多少少显得你不合群。

（7）自己不要斤斤计较，容忍他人的斤斤计较

在宿舍生活中，能吃点亏也未免不是一件好事。不是说总是吃亏，而是不要太计较；不要太计较小钱，不要把钱算到“元”，不要“执着”于追求寝室经济分配的“绝对公平”，这样的人生才开阔舒展。

3. 化解冲突

室友之间对抗、不理解、怀疑、敌意、拒绝、破坏等冲突隐藏在宿舍内部、相对不公开，但对于我们的身心健康又影响很大。该怎么应对这些冲突呢？

这里介绍几个调节情绪的妙招。

①转移法，在发脾气前，赶快离开那个环境或努力使自己想一些与此事无关但比较愉快的事情。

②深呼吸法，情绪激动时，可通过身体的放松来缓解。你可以深吸气，然后慢慢呼气，这个过程能使肌肉很快放松。

③理智控制法，当自己愤怒时，先从 1 数到 10 然后再说话，假如怒火中烧，那就数到 100 吧。

④自我暗示法，暗示自己“不要对别人有太高的期望”“事情要慢慢地来”。

二、班级人际关系

大学班级人际关系，是指班级中同学之间在相互交往过程中所形成的比较稳定的心理关系。班级人际关系如何，不仅影响班集体的形成和发展，更影响大学生个体社会化和个性的发展。

（一）班级常见人际关系

班级常见人际关系一般是同学之间的人际关系，即同伴关系。同伴关系是在同学之间交往和相互作用的基础上建立起来的同学之间的心理关系。正确理解同伴关系的类型、特点及其作用，是建立和改善班级人际关系的必要条件。

同学之间的人际交往一般可分为人缘型、中间型和嫌弃型。

1. 人缘型

人缘型同学一般具有良好的家庭教养背景，学习生活目标明确，有主见，有较强的自制力和坚强的意志，善于自我解剖。这类同学是班级的“火车头”。

2. 中间型

中间型同学普遍具有较好的“天资”，有较强的追求进步的愿望，但意志薄弱，缺乏克服困难的勇气和决心，做什么事总是“虎头蛇尾”，普遍缺乏竞争意识。中间型同学通常占班级的大多数，构成班级的主体。这类同学若能在班级中找准自己的“位置”，将有利于班级的管理工作。

3. 嫌弃型

嫌弃型同学长期生活在别人的冷眼里，自尊心受到莫大的伤害。在班级中受到同学的排斥，被视为异族，有时做了好事也极有可能被教师和同学曲解，在班级中很难得到温暖和关爱。这类同学应该设法改变自身的形象、处事的方式，方能改善在班级中的人际关系。

（二）班级人际中班干部存在的问题及其表现

班干部是在班级中做好学生工作的主力军，是教师联系学生的桥梁和纽带，是为学生服务的“公仆”，对良好学风的形成以及文明班集体的建设都能起到积极的推动作用。班干部同学应当珍惜锻炼自身沟通组织能力的机会，发挥表率作用，承担起班级的责任。作为班干部应该具备以下意识。

1. 责任意识

工作包括以下内容。

①上传下达，工作做到位。对上，喜、忧皆报，积极主动地到学生中了解情况；对下，传达清晰，遇事灵活应变。

②为搞好班级工作出谋划策、唱主角，尽心尽力。

③树立服务学生的观念。真正以学生为主体开展活动，积极主动地为学生办实事、办好事。

2. 表率意识

工作包括以下内容。

（1）“群众性”充分、“先进性”到位

班干部在同学眼中不是高高在上的“领导”，而是团结带领大家共同进步、起到模范带头作用的领头人，同时也是对自己要求严格、有觉悟、有能力的普通同学之一。

（2）工作上严于律己，生活中宽以待人

在同学面前不摆架子，指手画脚，在工作面前，少说多做，脚踏实地；在荣誉面前，摒弃“非我莫属”的思想；在日常生活和学习中，不搞特殊化，让同学们认同。

3. 机遇意识

工作包括以下内容。

（1）务实

通过公平竞争当上班干部，把它看作锻炼自己的舞台，积极主动地去干一些事，而不是出入于各种应酬场合，陶醉于学生干部的头衔。

（2）正确对待配角

不要只想当主要班干部，不甘心唱配角。抓住机遇，靠自己去开创更广阔的天地。

（三）建立良好班级人际关系的策略

1. 做好表率、以身作则

“要求同学做到的，自己首先做到；要求同学不做的，自己坚决不做”“不能当面一套，背后一套”。

表率是最权威的号召，为人正直，表里如一，其身正，不令而行。学生干部忠厚诚实，才会在同学心目中有威信。既然做了班干部就要有为大家服务的态度，也要有自我牺牲的精神，这样才有说服力。

2. 频繁接触、了解同学

“和同学打成一片。”“了解班里每一个同学的习性、家庭状况和生活背景。”

最大限度地和同学保持接触，特别是在比较生疏，没有较深心理接触的情况下，要想取得同学们的信任，就必须了解他们，设身处地为他们着想。

3. 自我反省、调整心态

“任何人都不可能不出现失误，失误了就要首先检查自己，不要推卸责任，更不能固执己见，坚持错误。”“实在不能两全的，要尽量照顾到多的一面，毕竟每个人都不一样。”

面对“难题”要敢于自我反省，但也不要对自己要求太严格。主持人也不可能让所有的观众都喜欢，最好的饭菜也不可能合所有人的胃口。调整好心态，只要自己尽最大努力就可以。

4. 不为私利、平等相待

和同学们说话，不要耍官腔，真正把自己当成同学中的一员，干部只是为大家服务而已。

班里的活动都要和同学们一起商量来决定，征求他们的意见。

班费就是公费，班干部不能让它成为私费，每一笔花销都要放在公示牌上。

同学们最忌讳班干部官气十足，大家年纪、身份相同，没有高低贵贱之分，事实证明，无论什么干部，违反了这一条，都只能引起大家的不满。

5. 学会激励、帮助同学

学会说话，让同学们感到你是大家的一员，获得同学们的信任；在能力允许的情况下，尽量帮助有困难的同学。困难不仅指经济上的，还有心理上的，例如，有的同学缺乏自信，但在某些方面有才华，却很内向，缺少自信和勇气，这时就需要班干部想办法帮助他，让他有勇气站出来展示自己。

第四节 心理素质拓展训练之人际交往

一、拓展训练及心理素质拓展训练

拓展训练又称体验式培训（Outward-bound），原意为一艘小船驶离平静的港湾，驶向波涛汹涌的大海，去迎接一次次挑战。这种训练起源于第二次世界大战时期的英国，主要是训练年轻海员在海上的生存能力和船触礁后的生存技巧。拓展训练作为一种训练模式兴起于20世纪90年代，是一种现代人和现代组织全新的学习方法和训练方法。它利用户外自然环境，通过精心设计的活动，使学员通过积极参与、勇于尝试、自立互助、分享体验的经历，达到磨炼意志、挖掘潜能、完善心理、熔炼团队的目的。拓展训练按训练项目可分为心理素质拓展、体能素质拓展、团队信任拓展、创新精神拓展等。心理素质是人才素质的基础，心理素质的提高将有利于人才素质的全面提高。因此，在大学开展心理素质拓展训练是首要之举。

二、开展大学新生心理素质拓展训练的必要性

世界卫生组织在其宪章中对健康作出的定义是："健康不仅仅是没有疾病或不虚弱，而是身体的、精神的和社会适应各方面都应处于完美的状态。"也就是说，一个人只有在心理和身体上保持健康的状态，并具有良好的社会适应能力，才算得上是真正的健康。但是，当前大学生的健康状况不容乐观，尤其是处于"心理断乳期"的大学新生，很难适应与高中截然不同的大学生活，因此容易产生一系列的心理问题。

（一）奋斗目标缺失

高中时代，考大学是学生唯一的目标，如愿考上大学后，很多学生都充分享受着大学带给他们的喜悦和自由。但太多的选择往往会让人无从选择，迷失方向，因此这一时期很快变成大学新生的理想真空期。

（二）情绪郁闷低沉

进入大学后，理想与现实的差距可能会给学生带来心理落差：一是很多同学认为理想中的大学与现实差距很大；二是新生都是曾经的佼佼者，但进入大学后自己却突然变得毫不起眼甚至黯然失色。因此，很多新生往往会沉浸在这种落差带来的郁闷低沉中，对前途失去信心。

（三）人际交往困难

与高中时代那种一心只读“圣贤书”的相对简单的人际环境不同，大学里的人际交往是广泛的。当代大学生，绝大部分都是独生子女，相对来说比较任性孤立，以自我为中心，合作意识差，因此同学之间可能会有很多摩擦和矛盾不能解决，进而影响他们的心情、学习和生活。

（四）自我认识不足

新生自我意识还不够稳定，不能够全面正确地认识自己。有的同学由于家庭经济条件或没有特长而自卑，有的同学太在乎周围对自己的评价而失去自我等。部分新生如果不能及时调整心态，重新认识自我，给自己一个合理的定位，就容易导致自我认同程度偏低，犹豫不决，严重影响自己的发展。

三、大学新生心理素质拓展训练的实验过程

（一）第一阶段：新生适应

新生刚踏入校门，周围的一切都是陌生的，新的生活环境、学习环境、人际环境都可能使他们无所适从，因此这一阶段的主要任务是对新生进行入学教育，帮助其对大学生活有一个总体的了解，更快地调整自己的状态，投入到大学生活中。活动内容有以下几个方面。

（1）开展“走到你身边”活动。拓展训练小组成员定期走进新生宿舍、教室，及时了解新生需求，尽力解决他们的各种问题。

（2）举办“新生适应讲座”。对比高中生活与大学生活的不同，从环境、生活、学习几个方面的适应入手，提出建议，帮助其进行心理调适。

（3）举行“回首大一生活”主题班会。邀请大二学生进行经验交流。通过交流，缓解新生的压力和焦虑。

（二）第二阶段：团队建设

每一个人都隶属于一定的集体，本科生的大部分时间是在班集体中度过的，建设一个班风良好、成员之间团结、友爱的班集体对学生各方面的发展非常重要。因此，本阶段的任务是培养一支工作效率高并有亲和力的班干部队伍，加强班级成员之间的信任、合作、沟通，增强班级的凝聚力，培养每位同学的班级归属感。

活动内容有以下几个方面。

（1）对班干部进行培训。除了对其进行工作常识的培训外，更重要的是培养班干

部必备的心理素质，如决策力、执行力、组织力、沟通、合作、创新能力等。这一目标的达成主要通过团体辅导的形式，每种或几种心理素质对应不同的活动，比如，“七色板”主要训练班干部的决策力、执行力和合作能力。

（2）开展“我们是相亲相爱的一家人”“二十年后的聚会”等主题班会。通过活动，让新生体会到同学间的情谊，学会珍惜现在的生活和同学。

（3）开展“心理趣味运动会”。针对信任、沟通、合作等要素组织“信任之旅”“盲人方阵”“无家可归”等活动。

（三）第三阶段：人际关系

大学犹如一个小社会，人际环境相对高中比较复杂，良好的人际关系能帮助新生更好地学习、生活。因此，这一阶段的主要任务是帮助新生认识自我、学会交往技巧，处理好与老师、同学的关系。主要活动内容有以下几个方面。

（1）自我认识。以主题班会的形式开展，目的是促进成员自我了解并了解他人，学习接纳每个人的独特性。主要活动为“小小动物园”，请同学选择一种动物代表自己，并交流感受。

（2）举办系列讲座。分别解决新生在与老师、朋友及异性交往中的困扰。

（3）进行团体辅导。对于有相同社交问题的学生进行团体辅导，有针对性地进行社交训练。

（四）第四阶段：大学生涯规划

对大学新生进行生涯规划教育，可以帮助他们有意识、有计划地安排在学校接受教育的内容、方式、途径和目标，以获得愉快、健康、积极的生活、学习和工作经历，顺利完成学业，并为下一人生阶段积累资本。

（1）举行“我的大学生活”主题班会。邀请大四毕业生参加，交流自己对大学生活的感悟，激励新生制定奋斗的目标。

（2）举办“学习与考试”讲座。通过讲座帮助新生改变高中时代的学习方法，学会利用各种资源，轻松对待考试压力。

（3）开展“大学生生涯规划”讲座。通过讲座帮助学生制定自己的目标，并通过对资源和途径的分析，付诸行动，实现自己的目标。

四、大学新生心理素质拓展训练的实验效果

（一）大学新生的人际关系融洽，团队协作意识增强

心理素质拓展训练是以班级为单位实施的，在拓展训练中，每一个成员在共同的目标下一起体验成功与失败，体会到了团队协作的意义，团队合作意识和责任心得到增强。同时，在真诚的氛围中，每个学生都愿意敞开自己的心扉进行真心的沟通，相互信任、理解、关爱和包容，人际关系变得非常融洽。

（二）大学新生的潜能得到发挥，自信心增强

在心理素质拓展训练中，有目的地为学生设置一些困难，学生通过努力克服了以往以为无法克服的心理和生理上的困难和障碍，就会体验到达到目标而转化来的强烈的成功感，增强了自信心，从而提高自我的主动性、积极性、创造性和协作性，重新认识自己，重新定位自我，实现自我超越。

（三）大学新生的创新精神得到培养，解决问题的能力得到提高

在心理素质拓展训练中，设计了很多培养大学生创新精神的项目，例如“罐头鞋”“电网”“雷阵”等。要完成这些任务必须突破自己的思维定式，大胆想象，勇敢地去尝试，发挥自己的创造力和实践动手能力。通过这类活动，转换了大学新生在高中时代的思维方法，使其能更灵活地解决问题。

（四）大学新生开始全面认识自己，制订人生规划

在心理素质拓展训练中有些项目是提高大学新生的自我认识的，如“小小动物园”。通过活动，新生可以发现自己的优点和缺点，发现个性中自己不知晓的方面，了解别人眼中的自己是什么样子的，在全面了解自己的基础上，找到了自己的兴趣、爱好和理想，开始制订自己的人生规划。

心理素质拓展训练有利于提高大学新生的心理素质，使其更快地适应大学生活。

五、大学生人际交往与心理素质提升

（一）不断增强大学生心理健康素质，提高人际交往能力

1. 认识自我，不断完善自我，善于理解他人，培养良好的性格

首先要充分了解自身的优缺点，在自己的身上查找不足，许多大学生在交往的过程中出现矛盾，通常是先从对方身上找问题，否定他人，出现的错误都是别人的，处处是别人的不对，别人是矛盾的焦点。没有深刻地反思自身的问题，因此，导致他们在人

际交往过程中产生不可调和的矛盾。如何培养人际交往能力，改善不正确的认知模式，在交往过程中首先要理解他人，从他人的角度出发，学会换位思考、体谅他人。只有这样，才能建立交往的前提，使人际关系更加和谐，逐步完善自己的不足，使自己的思想不断成熟。

2. 掌握必要的人际交往技巧和手段

交往技能是必须学习的，如怎样与人分享、怎样赞美别人等，通过学习交往技能，可以使人际关系得到改善。首先，高校教师应该加强礼仪修养，为人师表，塑造良好的教师形象，在日常生活中注重礼仪修养，在学生心目中树立良好的形象。其次，学校应开设礼仪课程，将礼仪教育纳入教学大纲，培养大学生的人际交往能力。

（二）完善大学生人际交往的校园环境

1. 加强思想教育，发挥道德调节作用

思想道德修养和良好的心理素质，比任何高学历、高文凭都更有价值，在我们日常的人际交往过程中发挥无限的潜能，有良好的心理素质，就可以长久维系和谐的人际关系，使个人更好地发展。

2. 学校应加强制度建设，协调大学生的利益关系

人性化的管理有利于大学生的全面发展和健康成长，遵循以人为本的原则把教育人、尊重人、关心人有机地结合起来，把有组织的意识变为学生的自觉行动。宽严相济，管理中要带着浓厚的感情，促进人与人之间的和谐相处，为大学生营造和谐的学习生活环境，逐步构建以服务学生成才为核心的教育格局。

3. 创造丰富多彩的校园文化气氛

可以通过以下几种方式，举办大学生校园文化节活动，开设“名家讲堂”系列教育讲座，举办知识竞赛、朗诵比赛、歌唱比赛等，办好校园的宣传栏和各类报刊；结合学生专业，开展业余科技活动；积极开展各种文娱体育活动，强化广播、影视和宣传教育功能；调动学生的积极性，办好各类社团，使学生成为主动参与者，提高大学生的人际交往能力。

4. 构建和谐的网络人际交往环境

互联网时代，网络为人们的生活提供了极大的便利，涉及生活的方方面面，然而网络对大学生人际交往方面又有哪些影响呢？答案当然是有利有弊，网络给人们带来便利，成为人们新型的交往方式，现代的微信、QQ 等便捷的通信方式拉近了人们的距离，从而使人们的交往更加密切，有利于构建和谐的人际交往的环境，它改变了曾经传统的

交往模式，对于一些比较内向的大学生来说，网络对于人际交往的确是一个很好的媒介，这些性格内向的学生将传统的人与人、面对面的交往模式改为线上的交流，是对自己现实交往能力的一种必要补充，扩大了学生的人际交往范围，使他们在网络的交往过程中得到认可，获得他人的尊重与信任。在网络这个虚拟的空间，他们与人交往的状态变得相对轻松，网络空间也可以作为“润滑剂”，让比较内向、容易紧张的学生缓解紧张情绪，释放他们因学习和生活带来的压力，当他们在生活中产生不良情绪时，就可以向他人倾诉，宣泄自身的不良情绪。因此，网络的隐匿性、开放性、便捷性给这些内向的学生提供了另一个交友平台，促进大学生建立良好人际关系。科技这把“双刃剑”，给大学生人际交往带来便利的同时，也带来了一些负面影响。部分自律性差的大一新生离开了熟悉的家庭环境，容易沉迷网络，脱离现实生活。在现实生活中，不敢与周围的人交往，在网络世界中躲避现实生活，这有可能进一步加重他们与人交往的恐惧心理，导致交往障碍。

（三）学校方面应逐步完善心理咨询工作

首先，应建立网络咨询室。网络的隐蔽性使学生能直接面对心理咨询，在网络咨询室敞开心扉、消除顾虑，寻求专业人员的帮助。其次，应当适当开展内容丰富、适合大学生特点、针对性较强的团体心理辅导，这有助于改善大学生人际交往中的实际问题，学校应营造良好的团体氛围，让学生深入交换自己的情感和思想，进而认识到自己在人际交往中的缺陷。

第九章 大学生恋爱心理

第一节 解读爱情

一、爱情的定义

20 世纪 60 年代前后，心理学家和社会学家都非常关注爱情的本质，纷纷注解什么是爱情，可说是众说纷纭。

（1）人类的爱情包括四个要素：关心、责任、尊重和认识。爱情是一种奉献，而不是一种索取，它是主动的情感而不是被动的接受。

（2）爱情是一种可以观察到的、关于两个异性之间的关系，这种关系受制于重复了的模式化了的规范结构，包含了特殊的态度和情感状态。

（3）对爱情进行科学的测量，主要测量伴侣式爱情的三个主题：依恋、关怀、信任及自我展露。依恋指需要及渴望对方的感受。关怀即尽自己最大努力使对方幸福及满足对方的需求。信任及自我展露，即愿意把自己的一切告诉对方。在爱情量表的三种成分中，判断某人是否在恋爱时信任是最不重要的因素。而在评定“友情”时，爱情是最重要的因素。

（4）爱是一个人对另外一个人的某种特殊的想法与态度，它是亲密关系的最深层次，它不仅包括审美、激情等生理因素，还包括生理及其与其共同生活的愿望等复杂的因素和以特定的方式表达自己对爱慕对象的思想、感情和行为。

爱情包括四个要素：第一，是在男女之间产生的，狭义的爱情不包括同性恋；第二，是在个体心理达到相对成熟时产生的，幼儿没有这种狭义的爱情；第三，爱情是一种感情，其中包括认知的成分，不等于低级的情绪；第四，爱情包括性欲和情感的成分在内，不等于纯粹的精神之爱。根据这些要素，爱情是指心理成熟达到一定程度的人，对异性产生的具有浪漫色彩的高级情感。

爱情的一个基本的、核心的倾向是奉献。因此，一个人对异性有无爱情，爱情的强度如何，可以通过“是否发自内心地愿意帮助所爱的人，做他（她）所期望的任何事情”这一指标来衡量。

（5）爱情包括激情、亲密和承诺三个要素的观点，被称为爱情的三角理论。激情，是指情绪上的着迷；亲密，是指心理上的喜欢的感觉；承诺，是指心理或口头的预期。激情是指情感的激发、外表的吸引和两性的亲密行为；亲密，是恋人双方紧密结合的感觉，他们会相互关心和照顾；责任感，包括相爱的决定和长期厮守的承诺。在完美的爱情里，这三者就如鼎之三足不可或缺并互为平衡。但这在现实中是很罕见的，现实中爱情的多姿多彩也正是这三者之间不平衡的分布和不同组合所造成的。

（6）爱情比友情更活跃、更激烈、更灼热。但爱情是一种朝三暮四、变化无常的感情，它狂热冲动、时高时低、忽冷忽热，把我们系于一发之上，等等。

除了以上各位学者对爱情的解析，以下的几种对爱情的表述或许可以说是对解析的简单归纳，以此对爱情有一个基本确定的认识。

（1）爱情就是两性之间的相悦，是在与异性交往中感受到的身心的愉快，是因为异性世界的存在而感觉世界之美好的心情。

（2）爱情是一种两人情投意合、心心相印的感觉，是一种两个人合二为一的冲动。它是一种突然迸发的激情。

（3）爱情的“爱”的力量只能在人类的非性欲的爱情素养中存在。一个青年人如果不爱他的父母、同志和朋友，他就永远不会爱他所选来做他妻子的那个女人。他的非性欲的爱情范围越广，他的性爱也就越高尚。换句话说，个人的爱情和依恋的性质（选择性、强度、深度和持久性）决定于上面已经说过的他的一般交际品质，并且是与青年的友谊相联系着的。一方面可以把爱情理解为对占有的需要和渴望，另一方面，爱情是对无私的自我贡献的需要，是将爱者的情感融化在对所爱的人的关怀中。

以上之所以将各位学者的观点一一展现，也是希望同学在接触爱情之初，多一点科学的了解，多一点涉足之前的知识准备。可见，对爱情要想作一个简单、直观而又确切的定义确实很难。不过这也说明爱情是一种较为丰富的情感。

二、爱情的类型

社会心理学家从不同的角度对爱情进行过大量的类型学研究，也是非常有趣的，当然，你可以自我对照一下，或者读到别人的爱情故事时拿这些知识分析一下，你或他的爱情属于哪种类型呢？

（一）爱情的两类型说

从类型学的角度可以将爱情分为伴侣型爱情和狂热型爱情两种。所谓“伴侣型爱情”

被定义为“那是这样一种爱，他已经完全成为生活的一个部分”；“狂热型爱情”是指一种“强烈的情绪伴随着矛盾的情感，温柔而又性感，快乐而又痛苦，焦虑而又放松，利他而又嫉妒”。

这两者之间至少有三个重大的差别：首先，是情绪的强烈程度，这是最明显的不同之处，伴侣型爱情就像其名称那样，处于平稳的、坚实的和放松的状态；而狂热型爱情则情绪忽高忽低，既是兴奋无比，又是沮丧至极。处于狂热型爱情中的人们，爱情就像是生活的全部，而伴侣型爱情则能为其他的兴趣爱好或其他事务留有空间。其次，是对性的看法：虽然两者都含有性的成分，但狂热型爱情更带有性的特征，异性吸引力更大，性感受更强烈。最后，是稳定程度不同：狂热型爱情很难维持较长时间；伴侣型爱情则是以恋人之间的相互尊重、信任和关爱为基础的，因此它们之间的关系会更稳固。

（二）爱情的六类型说

（1）浪漫型：浪漫、深情的爱，较大程度上以外表吸引为基础，以一见钟情为典型；

（2）游戏型：把恋爱看成一场游戏，不太会专一，只是希望赢得“爱情游戏”；

（3）朋友型：如同亲密的朋友关系，没有神秘感，缺乏冲动，多由异性朋友发展而来；

（4）占有型：是一种强烈的、独占的、依赖的爱，这种爱易生嫉妒，极其强调双方之间的承诺和忠诚；

（5）现实型：这种爱是非常理性的，非常现实、实用地看待爱，仅仅考虑是否来自相似的家庭背景、是否对事业发展有利、是否能成为一个好的父母等。

（6）利他型：无私的、利他的爱，温柔、关爱、忠诚而且付出是无条件的，不求回报。

（三）爱情的七类型说

在构成爱情的激情、亲密和承诺三种要素的基础上形成爱情类型，各有不同特征，它们一共可以构成七种爱情类型，这种分类简单明了，但也很有意思。

（1）喜欢型：主要是亲密，没有激情和承诺，如友谊关系；

（2）迷恋型：主要是激情，没有亲密和承诺，如初恋；

（3）空洞型：以承诺为主，缺乏亲密和激情，如纯粹为了结婚的爱情；

（4）浪漫型：有激情和亲密，没有承诺；

（5）伴侣型：有亲密和承诺，没有激情；

（6）愚蠢型：有激情和承诺，没有亲密，如一见钟情；

（7）完美型：激情、承诺和亲密俱有。

第二节　大学生恋爱心理及常见问题

一、大学生恋爱的动机和心理特点

在不同的历史时期，社会崇尚的风气和价值观会首先反映到青年男女的恋爱观上，其民族性、国民文化也反映在恋爱中青年男女的追求中，这种价值观的文化差异在爱情心理及恋爱动机中必定有相当的反映。健康心理学的研究无法涵盖较多的文化心理学的内容，只能从校园生活中的健康心理学角度予以分类、比较、叙述。

（一）大学生恋爱的动机

1. 排遣寂寞

大学生活没有了教师或家长整日的督促提醒，学习主要依靠自觉和自主的安排生活。因此，有了许多自主安排的时间。有的同学社交活动较少，上课以外的时光无处打发，看到别人谈恋爱，“小日子”过得甜蜜，因此决定也谈恋爱，先把这几年的时光占上再说，面对未来则考虑较少或没有考虑，至于怎样恋爱，也毫无心理准备，觉得反正有消磨的时间就行。

2. 从众攀比

有的大学生看到别人谈恋爱，整日里出双入对，觉得很有面子，认为自己如果不谈恋爱是“没本事”“不正常”的表现，尤其是发现周围的许多同学都谈恋爱了以后，就更急于摆脱单身，因此想在短时间内迅速地找一个人谈恋爱，但这样寻找恋爱对象过于匆忙和草率，对自己和对方都是不负责任的表现，恋爱也更有可能失败，对未来可能带来更加不利的影响。

3. 满足好奇心

大学生正处于接收信息，收获知识的重要阶段。对于异性当然也充满好奇，尤其对于没有谈过恋爱，与异性交往不多的大学生来说，恋爱更具有神秘色彩。文学作品又有许多对于爱情的美妙的描写，影视和音乐作品中也会有很多渲染出爱情生活的美好。这些都增强了恋爱对大学生的吸引力。有的大学生遇到让自己动心的异性，即使接触时间不长，彼此了解不多，甚或是对对方的某些方面不甚满意，也要进行尝试，希望在探索中满足自己的好奇心。但这种心理勇敢是勇敢了，但也除了勇敢别的什么都谈不上，难免会遇到各种问题，手足无措。

4. 机遇观点，认为机会难得，怕错失良机

持这种观点的大学生认为大学校园环境比较单纯，大家彼此间利益冲突较少，精神上比较放松，无须伪装，在这样的环境下能展现出真实的自我，容易找到比较理想的恋爱对象。且大学生活相对空闲时间较多，能够多进行沟通与了解。何不抓住机会，事业成不成功是一方面，恋爱成功也是一项成功。这种想法既现实又难免太天真，考虑问题又太理想化。有这种想法的同学将校园爱情理想化，考虑问题相对单纯。还有一些人则有抢占先机，唯恐落后的心理，认为大学校园里人才辈出，每个人都有众多的可选择的机会，如果不及时出手一旦被别人占得先机则会后悔莫及，因此要把握机遇抓紧时间在大学校园里找一个恋爱对象。还有一些人则主要是出于现实主义观点，希望能抓住某种希望或机会、机遇，属于“着眼未来，助力自己”。这是受到社会上某些世俗风气的影响，属于利益性选择，认为在恋爱时可以找到家境条件好，对自己发展有帮助的另一半，对方拥有较好的经济条件或社会地位，对自己未来的发展能起到帮助作用。如果能够“攀高枝”还可以走点儿人生路上的捷径，让自己少奋斗若干年，在恋爱与婚姻问题上增加了一些附加条件。这种恋爱的私利性目的较强。

5. 满足欲望

有的大学生恋爱是为了满足欲望。无论男女同学都存在这种现象，他们追求感官刺激，恋爱的目的是达到个人欲望的满足。尤其是遇见漂亮的异性，立即像蜂、蝶一样一拥而上，争先恐后，笑逐颜开，展开追求攻势。这在现代大学生里，男女学生都有。当然我们不能说恋爱中性爱不重要，准确地说性爱在爱情中不但重要而且相当重要。但恋爱仅仅是为了满足性欲、物欲及虚荣心，就是忽略了人与动物的主要区别了。

6. 为了共同的理想

一些大学生在共同的学习生活中发现两人志趣相投，有着共同的理想信念，由两人最初的互相欣赏、互相关心发展为互相爱慕。这样的爱情主要关注两人的内心感受，注重思想上能否互相认同，产生共鸣。这是注重精神的高尚情操的恋爱，这样的爱情有着比较稳固的感情基础。如果两个人同时也兼顾生活实际，如生活习惯、生活情趣、家庭观念、性格等，恋爱目的及相互选择是在两人思考之后认真做出的决定，则是比较稳固的恋爱模式。

（二）大学生恋爱的心理特点

1.“自主性”强

大学生恋爱有很多人是“自己拿主意”，表现为不愿听别人的意见，也不愿听别人的劝告、参考意见或建议；对于和“谁”谈恋爱，对对方到底了解多少；现阶段恋爱在生活中所占位置，恋爱对今后生活会产生什么样的影响；都考虑较少或从未考虑过。“现在只要自己感觉好就行，其他的事以后再考虑”是很多大学生的单纯想法。一些大学生甚至在确立恋爱关系很长时间后，一点没有向家长透露。这种“自主性”看似独立，实则很可能缺乏参照和思考，也可能是因为缺乏经验或考虑不周，留有隐患的。但因认识的局限性而不自知。一旦发生某些变故，其处理也有可能会意气用事，最终留有缺陷或遗憾。

2. 冲动性

一些大学生选择恋爱对象的标准主要是对方外形能否吸引自己，“颜值”高不高起了决定作用。而对对方的脾气秉性、思想内涵、学识谈吐则了解较少，具有明显的冲动性和盲目性。待恋爱一段时间后，才发现内在因素以及对于恋爱双方的内心感受才是更重要的，年轻人谈恋爱，当然会是热情和冲动的，但正因如此，越是及早注重一个人的理想、修养、思想内涵等，就越会把握核心幸福。

3. 物质性

在恋爱中一定会借物表达感情，必定也会有经济开支和消费，但受社会风气的影响，一些大学生认为恋爱中物质占据绝对重要的地位，这就有问题了。有男生认为，表达诚意靠物质，且物品的经济价值能代表诚意的程度。也有女生认为，收到礼物的价值代表了自己在对方心中的分量。其实恋爱中真正打动人心的礼物不一定很昂贵，而收受的礼品的奢华程度也不一定能代表将来自己生活的幸福程度。

4. 公开性

如今大学生的恋爱环境与20年前的大学有很大不同。当年的大学规定大学生不允许谈恋爱，一旦发生恋爱还被当作负面事件予以批评处分，所以，很多大学生恋情是在地下进行，害怕被别人知道。现在的大学氛围不但已经宽松了许多，而且很多同学也能够接受大学期间的恋爱，老师也大多是给予善意的指导和引导。但是不少大学生将恋情高调示人，将其看成是一种“有本事”的标志。还有些人希望自己的恋情被别人发现，或者主动诉说，或者设计各种情节来主动炫耀，就是为使自己的虚荣心获得满足。但过于注重这种虚荣心的满足，则有可能会忽视对爱情本真意义的思考和理解，只是将恋爱变成一场肤浅的“爱情秀”。要知道，如果就此做了错误的选择，最终喝下这杯苦酒的还是自己。

5. 不稳定性

大学生由于还处于人生成长阶段，人生理想、信念以及自身的人生观价值观还未定型，学习和发展的空间还很大。因此对社会、对他人的看法也处在变化中，故恋爱也具有不稳定性。此外，还有一些其他因素，如家庭、经济、文化等的变化和差异等，也会影响恋爱关系。对此应当有所考虑。另外，还有一些是大学生本人的恋爱观导致的恋爱关系不稳定，例如，有一些人将追求异性作为检验自己魅力的方法，这个一旦追求成功了，他就又开始寻找新的追求目标去了，所以，就频繁变换恋爱对象。这不仅是对对方不负责任，对自己也是不负责任，还可能会因此引发不少问题。

6. 理想化

有的大学生恋爱是凭着自己美好的想象，或者是受读到过的爱情故事的影响，认为爱情应该是浪漫、唯美的，而真正与恋人相处时，才发现并不那么美好，才发现那么美的他（她）还有缺点和不足，还需要理解、包容对方。又感到委屈，失落了。由于这些同学成熟的客观的恋爱观点还没有确立，所以对于恋爱美好感觉的消失就变成了很容易的事情，恋爱关系很脆弱。而一旦发觉爱情不浪漫，也会对爱情失望。所以，应该认识到，爱情是美好的，但爱情也是实际的。

二、大学生常见的恋爱问题及解决方法

大学期间应全面发展并以学习为主，特别要注意不要因为谈恋爱而影响学业。但大学生又都是发育健全的适龄青年，当爱神光顾的时候，不应该拒绝，最好的办法是得到科学的指导和帮助，以利于心理健康和成长。而对于遇到恋爱问题或因此产生不良情绪的同学进行指责、批评，阻止其恋爱，将恋爱和学业对立起来的观点，不但是落后的，也是脱离实际的。当然，爱情心理学是非常丰富和多姿多彩的，每个人所遇到的问题也不尽相同，并不能在此详尽说明，只能就常见的问题和解决方法提出一些建议。

（一）大学生常见的恋爱问题

1. 单相思

单相思又称暗恋，指一方在心理默默地爱慕另一方，但又没敢表白，或不知道如何表白，也无法得到对方回应的单方面情感。另外，还有一些也应该归纳为单相思的几种情况：一是错误理解了对方的意思。生活中，每个人都会遇到许多异性朋友，大家因

为某些原因而相识相知，有可能会有友好的表示，如可能夸赞别人，可能是在对方遇到困难时给予帮助，可能赠送小礼物，但这些行为并不等于人家希望双方之间的关系发展为恋人。有的大学生误把对方的友好当成爱的表示，甚至明确询问或表白之后，对方已否认但仍不死心，从此陷入一厢情愿的单恋中。二是曾经亲密的恋人没能走到一起，两人因为某些原因而分手了，其中一方已经从这份感情中走了出来，整理好心情开始新的生活。而另一方却不愿接受这个现实，还在强烈的恋着对方，盼望着有一天对方还能回心转意，重新回到以前的美好时光，只是还没有采取什么行动。第三种情况是女神（或男神）式的暗恋，就是明知对方有恋爱对象，也知道此外还有同学恋她（他），自己仍控制不住地加入暗恋的行列，也是从心里默默地爱着对方，但由于自认为身份地位等与对方存在差距，而不知道还能否向对方表达爱慕之意，只是自己的内心苦闷着。轻度的单恋如果不影响生活，不用干预或帮助，可以慢慢自己化解。但如果情绪受到较大困扰，就要引起重视，除个人心理调整，以积极的心态来面对以外，必要时须予以帮助。如果是没向对方表达过自己的爱，最好的办法是勇于表达，选择恰当的方式和时机表白，或询问对方的想法，如果对方无意发展恋情就结束自己的单相思，也不能强制对方爱自己，不要怕被拒绝，也完全不用失落或尴尬。将心情平复下来，重新调整好心态。如果是误把别人的友好当作爱意或是对已经结束的感情还心有不甘，则应正视客观现实，要认识到自己单方面的感情付出很可能是没有结果的，而且，对自己心理健康还可能带来危害，应该调整身心，学会放弃，以新的关系态度与对方相处，做到不卑不亢，有礼有节，真诚待人，举止有度。另外，也可通过参加体育运动，培养个人兴趣爱好等方式来放松心情，陶冶情操，维护好自己的心理平衡。

2. 三角恋或多角恋

三角恋或多角恋是指一个男子（或女子）同时与两个或两个以上的女子（或男子）建立恋人关系。还有的人虽然不是与人建立恋爱关系，但长时间与不同异性关系暧昧，也属于此列。多角恋会给各方带来不同程度的心理创伤，对此应有清醒的认识。多角恋有两种：第一种是迷藏式多角恋。当事人以“一仆二主”的方式巧妙地同时爱着两个以上的异性，但被爱的人都以为他是只爱着自己，这种爱的秘密一旦暴露，会给他人带来巨大心理打击，甚至犹如晴天霹雳，还很可能引起恋人之间的矛盾和争斗。第二种是公开的多角恋，也称为争斗式多角恋，被爱者都知道当事人同时爱着自己和别人，于是角逐、争宠就成为常态。这种多角恋虽不带欺骗性，但违背恋爱道德，还有可能导致恶性事件，在造成恶劣社会影响的同时还可能最终让当事人鸡飞蛋打，名誉扫地，争斗者两败俱伤。多角恋产生的原因可能有如下几点。

（1）恋爱态度不端正

一些同学在恋爱初期就动机不纯，妄图通过欺骗手段同时与多名异性保持恋爱关系，朝三暮四，玩弄感情，品行不端。

（2）择偶标准不清晰，犹豫不决

有的大学生自身价值观还未完全建立，人生阅历有限，对于异性更是了解不多。谈恋爱前对于自己想找一位什么样的伴侣或恋爱对象没有具体标准，因此在交往过程中始终搞不清楚哪位异性适合自己，感觉哪位都有不同的优点，和谁结束恋爱关系都有一些舍不得，只好都保持着。

（3）满足虚荣心

有些人认为，能找到恋爱对象是一件有面子的事情，经常更换身边的恋人更是能说明自己有魅力。因此为了满足自己自私的目的，全然不顾给对方带来伤害，同时与多名异性保持恋爱关系。

还有为了利用不同的恋人，因为他（她）们各自有着不同的优点或可以用的资源，如有的学习好，有的善于交际，有的有钱。要知道这样做是非常不道德的，不但对于对方很不公平，自己也不会真正得到美好的爱情，甚至还可能给自己带来祸患。

3. 带有功利目的的恋爱

现代社会竞争激烈，在大多数人通过努力提高自身实力来迎接挑战时，一部分人却希望将婚姻作为一条通向成功的捷径，不费力气就能获得金钱、房产、地位、职位等社会资源，使爱情这一最单纯最美好的情感沾染了不该有的铜臭，历来为人所不齿。他（她）们的爱情增加了许多额外目的和条件。爱情的纯粹性被物质化了，这样有附加条件的爱情当然不是爱情，属经济利益的选择。于当事者个人来说，在短时间内看起来收益很大，但有很多不稳定因素。一旦附加条件出现变化，如原计划得到的职位或金钱得不到了，两人之间的“爱情”或婚姻可能很快破裂。另外，两人并没有建立起真正的爱情，这种缺乏感情基础的婚姻在生活中产生矛盾的可能性更大，会对以后的生活带来隐忧。

4. “练爱”

大学校园是一个自由又宽松的空间。一些大学生因为上大学前一直专心学习，人际交往较少，与异性打交道不多。上大学之后随即尝试寻找人际交往的各种机会来锻炼自己，想抓紧时间弥补自己这方面的“短板”。他们觉得恋爱也是了解异性和增加人际交往的一个机会。所以，有相当一部分的大学校园里的“恋人”，责任感相比其他人降低了许多，谈恋爱时双方都没有对于两人的未来作长远打算，只是享受眼下这一时刻，甚至出现约定“毕业就分手”的合约式恋爱。这样谈恋爱，是把谈恋爱变成“谈练爱”，这种“时尚”其实早就不是什么新鲜事了，这种所谓“开放”或“前卫”其实是一种文明遮掩下的玩世不恭和不负责任，对他人对自己都是不负责任和不严肃的，虽然通过人与人之间的交往来提高社交能力是积极的，但这样“练爱”，如果双方感情处理不好，就有可能会产生双方都没有料到的感情伤痛，甚至会有痛及一生的心理创伤。所以恋爱一定要在真诚的前提下，认真对待自己和对方的感情，这样才会在不违反道德的同时，也避免给自己心理上带来伤痛和痛苦，利于自己的心理健康发展。

（二）大学生恋爱中常见问题的处理

1. 注意区分友谊与爱情

大学时期得到的爱情，很多是由友情发展而来，友情与爱情常常交织在一起，让人一时难以分辨。其实，它们之间既有相似之处，又有不同之处，异性青年之间的爱情很多是友情发展的一种结果，但又不是所有的友情都能发展为爱情，爱情可以是友情的延伸，但不是必然。获得爱情的人能够体会到友情的美好，而拥有友情的人不一定能收获到爱情。爱情是一种专一的感情，具有排他性；友情是一种开放的情感，具有广泛性；爱情具有私密性，恋爱者一般不愿在公开场合尤其是人多的地方，毫无顾忌地开展恋爱活动；友情具有公开性，友情的对象、朋友间的交往活动大多是公开的。二者的区别还有：

（1）交往时的心理状态不同。友人之间比较理性，能够在冷静分析彼此优缺点和异同点的基础上平等进行交往；恋人之间则感性成分较多，恋爱期间大多会对对方进行不自觉的美化，即所谓“情人眼里出西施”，事实上恋人眼中的对方往往与实际情况存在一定差异，常有强烈主观色彩，难以真正进行客观分析认识。

（2）需要的时空条件不同。友情是建立在相互认可的基础上，一般不会因时间久远、空间阻隔、一方身份地位的变化而疏远淡漠；爱情需要双方共同经营和维护，所以分离的时间和距离最好不要太长。

（3）所负责任不同。友人之间大多只是承担道德上的义务，爱情关系双方虽然未婚，但实际上也涉及或需要承担更多的法律上的义务，也受到更多的约束和限制。大学生活中同学之间的友谊和友情是重要的内容，它为大学生个性心理的发展，提供了良好的环境，使同学之间能够亲密相处，彼此平等相待，使互相学习成为可能。友谊还可以使人远离寂寞，获得来自同学的帮助，体会到集体大家庭的温暖，会在每个人的一生记忆中留下难以忘怀的美好记忆。大学生应珍惜友情，同时正确区分友情与爱情，慎重对待爱情。有些人认为，异性之间只有爱情没有友情，这是不对的，爱情中是含有友情的，友情也可以发展为爱情，这需要同学们去认真体会和认识，谨慎把握，认真对待。

学会区分友情与爱情是非常重要的。大学时代是人际交往的重要时期，生活比较自由，思想上还比较单纯。做什么事情也总是希望能引起异性的关注。与异性同学一起上课、上自习时总是非常积极。因此，不少人交有异性朋友，这些人中有些能够长期保持好朋友的关系，有些日久生情从友人变成了恋人，有的由于种种原因后来朋友间逐渐疏远。还有人认为异性之间的感情是友情还是爱情难以区分，其实，二者之间有如下不同：①朋友之间的交往并无人数限制，恋人则不行，具有排他性。如果你感觉和异性朋友之间总是希望两人单独相处，一有其他人出现你就非常反感，那么你很可能是有爱情萌发了。②如果你对异性朋友有了依恋的感觉，一两天不见面就非常想念，甚至寝食难安、坐卧不宁、吃不好睡不好，分别的时候特别舍不得，那么你很可能是对这一位异性动了情。

2. 注重建立良好的爱情基础

恋爱动机是多样的，有的人因为互相欣赏，有的人为了事业发展，有的人因为爱慕虚荣，有的人为了排遣寂寞。恋爱双方应根据具体条件慎重选择。当然，爱美之心人皆有之，产生爱情大多是被对方的外表吸引的，所谓“窈窕淑女，君子好逑”，男性喜欢女性苗条美丽，女性喜欢男性高大威猛。但外表只代表人的一部分，更重要的是要注重内在品质，也就是我们常说的人品，如女性贤惠、勤劳、温柔，男性有责任感、能干、聪明。因为人不可能长久拥有美貌，随着时间的推移，每个人都会渐渐老去，年轻时美丽的外表到了老年时就不存在了。如果将爱情和婚姻单单建立在欣赏外表美的基础上，是非常不稳定的或不长久的。只有将爱情建立在欣赏内在美的基础上，注重人的内在品质，相爱的基础才是健康而稳固的。在遇到一些外界的怀疑、干扰、引诱等阻力时才能经得起风雨，才不会被破坏。所以，恋爱过程中应理性地看待对方，树立正确的恋爱观，注意考察对方的内在品质，为爱情打下稳定的良好基础，这样才能使爱情和婚姻更稳固更持久。

3. 尊重对方的人格，珍视纯洁的爱情

爱情之所以是人世间最美好的情感，就是因为它是纯洁的，没有功利目的，只有这样的爱情才是美满的。在恋爱中，应努力做到以下几点。

（1）真诚相待

让对方了解到真实的自我，愿意让对方认识自己，既包括自己的成功，也包括自

己的失败，自己的错误、失误、弱点、不足，不愿意进行隐瞒，同时平和、平等地了解对方的相关方面，了解个人的成长经历和基本家庭情况，个人爱好、兴趣、志向，努力寻找两人的契合点。真诚、诚恳、不虚夸的态度是促使恋爱成功的“催化剂”，而建立在虚浮和虚荣基础上的爱情，常常会害了自己，也害了对方。

（2）互帮互助

真心相爱的两个人应在对方遇到困难时，努力帮助对方解决困难、走出困境。这是感情上亲密的重要基础。

（3）互谅互让

年轻人做事容易冲动，时常考虑不周全。另外许多方面的能力也还在逐渐提高中，所以做事说话难免有失误。恋爱双方应当互谅互让，不计较对方的小失误。既然选择爱一个人，就应当接受他的优点和缺点。每个人无论多么优秀，也会有缺点与不足，如果只能接受优点不能忍受缺点，那就不适合在一起。恋爱双方是平等的，一定要尊重对方的人格，同时也不因自己的不高兴或是利益受损而贬损对方，应当互相谦让。这是是否能体谅别人，尊重对方的情感与付出，能否让爱情健康发展、成长、结出爱情之果的重要方面。

（4）互相支持

青年人处于学业事业的上升期，在激烈的竞争中要想使自己能够较好地立足社会，就要努力奋斗，努力学习，接受教育和培养，增长才干。但这也会占用时间，减少了花前月下，卿卿我我。作为恋人，应支持另一方的事业，做他（她）的坚强后盾，而不应总是以自我为中心沉醉于温柔乡中，拖对方后腿，影响对方进步。而对方的成功，则可能改变其社会地位，同时提高生活品质。

（5）把握好与对方的距离

恋爱期间把握好双方交往的距离是非常有必要的。俗话说“距离产生美”，距离太远或很长时间才沟通固然会影响双方关系的发展，但也不是如胶似漆就是理所当然的好，恋爱初期，双方都有了解对方的强烈愿望，或者希望天天见面或是待在一起，但应当认识到生活中还有许多其他内容。大学生的主要任务是学习，恋爱了更应该特别注意处理好恋爱与学业之间的关系。如果朝夕相处而又无所事事，就可能既浪费了时间又使学业荒废。另外，因为感情发展太快，没有思考和体会的时间，感情发展会缺乏理性成分，对这份感情的认识和理解会缺少理性和深度。还有，对于有些多血质心理特质的人来说，长时间待在一起，也容易失去新鲜感和神秘感，会反而失去吸引力。总之，相爱的两个人要想实现长期的互相欣赏，同时也让对方尊重自己，不但要有共同的人生理想，也要尊重对方，认真学习知识，丰富自己的人生阅历，建议同学们在恋爱时保持一定的距离，保持自己的相对独立，掌握合适的度。俗话说“欲速则不达”“心急吃不了热豆腐”，说的都是这样的道理。

（6）不要在感情世界里迷失自我

恋爱之所以让许多年轻人心驰神往，就是因为它带给恋人强烈的情绪体验，新鲜、热烈、美好、奔放，让人精神焕发，让人感到生活是充满色彩的。在爱情的作用下，你原本平静的心被那一个人占据，一有空闲你就会想起他（她），一拿起笔就想写他（她）的名字，每天总是寻找各种借口想和他（她）联系，每次见面之前都要精心打扮，生怕一点疏忽给他（她）留下坏印象。在这样强烈的情绪体验下，恋人的心理状态也悄然发生改变，对方在自己眼中几乎成了一个完美无缺的人，自己觉得对方哪儿都好，没有缺点，看到的都是对方的优点。即使别人指出对方的缺点，自己也不认同，或不以为然。即“情人眼里出西施”。有时，热恋中的人还有这样的表现：原本个性突出爱发脾气的自己，在恋人面前反而表现温顺，完全听从恋人的意见；盲目地崇拜恋人，失去了自己思考的能力；为了迎合讨好对方，不惜牺牲个人利益；为了证明自己的专一和单纯，以对方的爱好作为自己的爱好，以对方的朋友作为自己全部的朋友，自己原来的朋友圈则日渐疏远。

大学生从中学时代走来，生理上成长较快，但心理上还未成熟，生活阅历不多，对于人生与爱情的问题还不能充分理解，需要学习与提高，如不能把握好则极易偏离正确的方向，因此也需要帮助与指点。

再者，两个人相互吸引，最初固然是因为对对方外貌的认可，但要想爱得长久，保持自己的个性反而是非常重要的。因为人与人相互吸引，是依靠内在美，独特的美。一个独立自立、自尊、自爱形成的自我，会让人更加着迷的羡慕和爱。另外，每个人在社会中生活，也不可能不遇到困惑，其实每个人都可能希望得到别人的指点、批评、帮助，而不是一味地吹捧。他希望听到新的能够使其有所感悟的意见，对生活也希望时常能有耳目一新的不同认识，这能让他受到启发，而如果你总是夸奖他、迁就他，总是想办法迎合他，不能提出好的意见和见解，对对方的人生成长没有帮助，时间长了也会让对方感觉你的魅力下降，吸引力降低反而可能和你分手。所以，恋爱时应尽量保持头脑清醒，能够独立思考，自己也能够听从别人的劝说，客观地去评价恋人，这样有助于双方关系良性发展。

（7）遵守爱情道德

自古以来忠贞不渝的爱情都受到人们的称赞。真正的爱情能经得起生活中各种磨难和考验，不会被贫穷、疾病所打倒，让相爱的人相互扶持，彼此鼓励，即使是在生命中最艰难的岁月，也能携手走出低谷。这样的爱情一定是经过仔细思考的，能够承担起责任的，纯洁而真挚的。因为只有纯粹的，没有任何功利目的的感情才能在各种艰苦的条件下一如既往。在一个青年准备开始恋爱的时候，他应当经过充分的选择，一个人在几位异性中选择自己的恋爱对象，认真考虑与哪一位发展恋情比较合适，这是完全正当的。一旦做出决定，做出了选择，应当向其他人说明，自己现在已经选定了恋爱对象，不应当再与其他异性发展恋情。朝秦暮楚、朝三暮四是不可取的，应当受到批评和唾弃。至于每周都想换女友（或男友）的想法，则可笑又可鄙。如果现在的这一段感情结束了，应该在心情平静以后，再考虑开始和别人的另一段感情。这既是对他人的尊重，也表明了自己恋爱态度端正。而不应该与恋人之外的其他异性还保持着暧昧关系，若即若离，利用别人的单纯、善良发展多角恋情，这是玩弄他人感情的不道德行为。因为爱情具有专一性和排他性，爱情除了心灵上的相互吸引，还有性爱等因素，因此只能一对一地发展恋爱关系。发展多角恋爱，短时间可能会有刺激和心跳的感觉，最终收获的只能是苦涩。恋爱和婚姻是两个人经过慎重考虑之后的决定，不但对于两个人来说意味着责任，对家庭和社会来说也是十分重要的。结婚意味着两个人要相互忠诚，遵守道德约束，不仅要对自己、对对方负责，还要对家庭和社会负责。

（8）大学生要不断提高爱的能力

①学会识别爱。处于青年时期的大学生情感丰富，有些人在自己没有搞清楚是不是爱情的时候就急于大胆表白，分不清是友情、好感，还是爱情。作为被求爱的你，最好不要急于点头接受，要逐一进行区分，争取做一个头脑清醒的人，切勿被他的一车玫瑰花、摆放精美的心形蜡烛、味道香甜的巧克力和热情洋溢的情书等所打动，他内心的、深切的真实感受才是你们感情发展的基本保证，否则你可能会比别人走上更加曲折的恋爱之路，或者到头来空欢喜一场，浪费了时间和感情。

②能够接受爱。有人曾经说过：“恋爱是一门选修课，适合于学有余力的同学。”面对激烈的竞争和未来严峻的就业形势，暂时以学业为重，以后再考虑恋爱问题应该是明智的选择。如果你决定开始一段恋情，要有接受爱的能力。要能够保证在完成学业的前提下，再来谈恋爱。那些爱得轰轰烈烈神魂颠倒不惜以留级或是被大学淘汰为代价的，无疑是没有摆正爱情与学业的关系，到头来难免会吃苦头。那些两人互相鼓励、互相促进，学习成绩双双进步，取得优异成绩的情侣才是我们应当学习的。要知道发展两人之间的感情也是一件颇费心思的事情，况且，大学生大多经济尚未独立，社会经验不多，准备开始恋爱前要考虑自己的实际状况，慎重做出选择。

③学会表达爱。不同的人有不同的表达方式，有的热烈、有的含蓄、有的直接、有的委婉。一般来讲，受文化环境影响，西方人比东方人更直接而热烈，男生比女生更主动。但随着时代发展已有变化，现在已经有许多女生也愿意主动表达自己的热烈的情感，不懈地追求心上人。当然，表达的时候有技巧，要能够打动对方。要在关键的时候说关键的话，要分析你所面对的人的心理特点，组织好你的语言。大方、诚恳，要能够显现出口才、文笔、思维以及对对方的了解程度。

④学会拒绝爱。每个人心中都有自己理想的恋爱对象。如果一个向你表白的人不是你喜欢的那个人，要勇于拒绝爱。不要因为怕拒绝会让对方痛苦、难堪而心软，答应了他。这样对他也不公平，对你同样是痛苦。当然拒绝的前提首先是尊重他，尊重他对你的这一份感情，拒绝时要注意态度和说话的方式，不要过于生硬、冷漠，要真诚，这样才容易打动对方，也让对方理解你。

4. 失恋

每个人都有爱的权利，也有不爱的权利。所以有恋爱的美好，就有失恋的痛苦。古往今来，越是爱得刻骨铭心，失恋也就越是痛彻心扉。

（1）面对失恋

谈恋爱，就有可能失恋。双方都有选择对方和不选择对方的权利和自由。从心理上，失恋是一方失去另一方的爱情，属感情挫折或打击。其经历者心理落差较大，从恋爱初期的色彩斑斓，充满期待，到失恋时的悲观失望、万念俱灰，可以说失恋是许多大学生重大的人生挫折。失恋的人会体验到难堪、失望、孤独、空虚、痛苦，有的甚至还有愤怒和绝望等。这是生活挫折造成的常见心理情绪反应。而面对这样一个重大的负面生活事件，一时的不愿接受，心情低落都是正常的。但如果这样的消极情绪自己无法排解，又未得到外界及时的疏导，持续下去就可能转化为抑郁、自卑等消极情绪，个别人还可能出现自杀或报复等极端事件。所以，如何理解和面对失恋，是很重要的。

失恋可以说是人生中的一次重大挫折，如心理上不能接受，则表现在以下几个方面。

①情绪低落，失恋对人造成重大打击，会使失恋者出现一系列的消极情绪反应，会出现心境灰暗，情绪低落，表现为哭泣、悲伤、痛苦等。继而也可能出现自卑，怀疑自己的外在形态和内在缺点，包括相貌、身材、性格、能力等。

②否认。有的人失恋后面对事实而不愿承认，对失恋予以否认。其实这是自己心理上不愿面对和难以接受这一事实，表现为拒绝承认对方的表示，不相信会发生这样的事情，认为这不是对方的真实意思，诉说过去爱的美好，比以前更加思念对方，试图和

对方联系，言归于好。被再次拒绝后仍不愿承认失恋。此后一段时间变得性格怪异，看什么都不顺眼，经常因为一些小事与人发生争执。

③愤怒及报复。有些失恋者无法接受这一事实，确定无法挽回之后产生“自己得不到也不能让别人得到”的偏执和冲动，原本温和的人也可能变得冲动、暴躁、易怒，还可能在失望时企图通过伤害、胁迫等极端手段达到目的，由于不冷静、冲动，也不考虑可能会造成严重后果。

④绝望轻生。有的人心理脆弱，对失恋感到无法承受的重压，自己无法解脱，又未能得到社会支持系统的帮助，悲观绝望之下想通过结束生命来彻底摆脱烦恼。如果能被发现，可及时得到解救；如救助不及时则可能酿成惨剧，给家人留下无尽的心理伤痛。

（2）事件发生后，怎样走出失恋的阴影

①认真反思，建立正确的认知。现代社会人生面对各种机遇和选择增加，失恋现象也变得多见。面对失恋，应以积极心态面对。恋爱是有意结为人生伴侣的双方互相了解的重要阶段，谈恋爱可能成功也可能不成功。相比热恋时的花前月下，卿卿我我，失恋难免让人伤感。曾经共同畅想的人生之路再也没有实现的可能，一段时间以来的美好经历都成往事，使一些痴情男女无法接受。然而，失恋虽然痛苦，但不可否认的是失恋使人成长，它像一面镜子，会引起当事者的反思，在客观上失恋的人又有了重新审视自己，检点自己的时间、空间和理由，而且也应该借此时机重新认识自己和认识现实，修正自己的错误，弥补不足，得到提高和成长。应该说，能被失恋所打倒的人绝不是生活的强者。纵观历史，也有许多人曾因失恋而痛苦，但后来他们能够从中吸取教训，反思自我，改正自己的缺点，从而使自己获得进步和提高，又重新找回自信，也重新找到了优秀的人生伴侣，收获了幸福。

②改变自己，调整自己的心理和人生坐标。克服失恋带来的负面影响，一些具体方法也是很有帮助的，例如，改变某种习惯。失恋后由于生活惯性，总会时不时地想起对方。拿起手机就想给对方发微信、打电话，吃饭时想起对方爱吃什么菜，走在路上想起和他（她）并肩而行的场景，有的人还总想试着和对方联系，等等。而此时应当考虑尝试做些改变，将生活的重心转向其他事情，体会到任何生活的变故也有可能使生活状态变好的一面。在短暂的失落之后你会感到将注意力放到其他事情上也很有意义。因为毕竟生活的内容有很多，一般人其实也做不到一天到晚只和相爱的人在一起，而不去做任何别的事情。而且，如果真是这样，彼此间的吸引力还可能会下降，出现审美疲劳了呢！一段感情的空白期虽是原来不曾想到的，但正好可以利用它来放松身心，多做其他

有意义的事情，也为使自己尽快走出痛苦的阴影，走好今后的人生之路做好铺垫，积累经验，增添自信。

③自我激励。美好的恋情突然结束，突然的人生变故可能会让人意志消沉，而此时如果将这一段人生变故视为小困难，当作激励自己进步的动力，当会使自己获得意想不到的提升。

（3）恋爱大学生分手应当注意的一点建议和提示

首先，如果你是主动提出分手的一方，那你要注意分手后起码短时间内不要和前任恋人联系。因为对方需要一些时间来适应新生活，接受恋情结束这一事实，他可能会以各种借口和你联系，如果你觉得他可怜，心一软回应了，甚至主动联系他，会让他觉得你俩的关系还有希望恢复，从而让结束这段感情更加艰难，难以开始新的生活。所以，如果两个人已经分手，并确定不希望和好，请不要总是联系对方，这时应该坚决一些，因为此时坚决才是真正的关心和爱护对方。其次，无论如何也不要去干预或干扰前恋人的人际交往和感情生活。无论你是主动，或是被动分手，理性、恰当地把握好情感和生活是极其重要的。

第三节 培养健康的恋爱观

一、培养健康的恋爱心理行为

爱情就像玫瑰花，它给我们带来馨香的同时，有时也会刺伤我们脆弱的心灵。恋爱的过程常会伴随各种矛盾冲突。这些矛盾冲突的解决有赖于人格的产生、心理的健全，同样，矛盾冲突的解决又会促进或阻碍人格的发展和心理的健全。

（一）发展健全理智感情

树立正确的恋爱观，不理智的恋爱不可能把人引向幸福。坠入情网时，有理智的人首先不会忘记审视一下自己的感情，判断什么是真正的爱情，什么是一时的狂热迷恋。一时的狂热迷恋是一种要求与异性接近的渴望，一种生理上的彼此需要，而真正的爱情则是理性思考的结果。爱不仅是一种权利，更是一种责任和义务，必须以高度负责的态度对待恋爱。爱的权利和义务是分割不了的，只强调爱的义务，无视人有爱的权利，那是对人性的奴役，必须予以否定。但是，如果从一个极端走向另一个极端，只强调爱的权利，而不承担爱的责任，就陷入了非理性主义的泥潭。这种爱的权利和责任的统一，是恋爱生活的基础。大学生要摆正爱情在人生中的位置。爱情在人生中占有重要地位，没有爱情的人生是不完美的，但爱情不是人生的根本宗旨，更不是人生的全部，只为爱情而活的人生是苍白的。人生的主题应当是事业，只有伟大的事业对人生才具有决定意义。大学生要摆正爱情在大学生活中的位置。大学生要理解，今天的学习与未来的事业息息相关，也是安全美满的基础。那种抛开学业谈恋爱的做法，不仅有碍成就事业，也难以获得幸福的爱情。大学生要用理想的感召力焕发学习的激情，把兴奋中心转移到学习上来，把时间和精力投放到学习上，从而真正把学习放在第一位，以爱情促进学业。

（二）培养爱的能力

大学生应培养积极的人生观、价值观，确立恰当的择偶标准。培养独立的人格，能体贴、关怀、尊重他人。恋爱不是一种纯粹的精神活动，它是个人生理、心理发展的需要，更是一种社会行为，体现了一个人的追求。具有独立人格的人能够正确认识自己，悦纳自己，发展自己，对自己充满信心。而人格未完全独立的人感情容易飘忽不定，一旦恋爱则陷入激情中难以自拔，倘若失败，便对自己做出负性评价，丧失自信。

大学生还应培养与异性交往的能力。与异性交往时应注意：不要过分强调目的性；注意交往的范围、间距、场合、分寸；如果没有对某一对象萌发爱意，不要轻易涉入一对一的单独活动，切不可过于频繁地与某一对象长期交往，否则容易引起恋爱幻想。

（三）正确选择恋人

爱情和谐至少需要以下三项保证：相互了解、地位背景相配、气质类型相投。要使恋爱生活和谐，减轻恋爱对心理健康的不良影响，有必要选择与自己心理特点相匹配的恋人。

1. 胆汁质的人

他们心理活动一般较强，心理变化比较频繁，对爱情的追求具有主动狂热的特点。他们对自己的内心秘密毫不掩饰，对异性也非常热情，一旦确定目标就会毫不羞涩地向对方表白自己的爱。这种气质特征的缺点是热情有余而冷静不足，造成爱情不能专一持久，两性关系较随便。

2. 多血质的人

他们敏感而感情丰富，能灵活地适应环境。他们善于交际，易博得异性好感，其表露爱情的方式也较大胆直率，而且多血质的人有较高的创造性，这使他们的爱情生活充满情趣，但这种气质的人在爱情的稳定性方面稍显不足。

3. 抑郁质的人

他们怯懦腼腆，不擅长与异性交往。他们的感情深沉内向，经常缺乏表露的勇气，这使他们的感情生活并不顺利。但这种气质的人对爱情的体验非常深刻持久，不易改变。

4. 黏液质的人

他们做事较有计划，他们对异性的追求也是如此。通常是先对异性进行周密的考察，再制订一套计划，按步骤行动。他们在爱情追求上有锲而不舍的韧劲。

各种气质都有其优缺点。气质相投主要是指一种互补效应。从择偶心理上说，人们容易对相同气质的人排斥，而想通过恋爱弥补自己的缺点。一般说来，胆汁质男性宜选黏液质女性；抑郁质男性宜选择胆汁质女性；多血质和黏液质男女可以相互选择。这并不是说其他的选择就不可取，选择气质互补的恋人可以使恋爱生活处于平衡的状态。

（四）学会中止恋爱

随着交往频度的增加与了解的加深，当你发现对方并非自己理想的爱人时，便要提出中断恋爱的要求。但即使有足够的理由中断爱情，也应当讲究方式，谈恋爱时要真诚，提出中断恋爱时也要真诚。如果中断恋爱，提出分手的一方，要注意以下几点：一是选择恰当的时机；二是使用策略；三是艺术地说明原因；四是不逃避责任；五是不拖泥带水。被动的一方，要注意控制自己的情绪，不可自暴自弃，也不可死缠烂打，更不可意气用事，寻求报复。值得注意的是，中止恋爱关系不要给对方留有余地，比如“以兄妹相称”“再相处一段时间看看”等，特别是两性恋爱关系中止后，都需要一段时间认真冷静地面对这段感情。恋人分手时可采取以下三种方法：一是面谈方式，选择适当的地方，见面说明。首先肯定对方在恋爱期间对自己的爱护与关怀，再表明分手的原因。二是书信方式，此方法有更大的缓冲余地，措辞也能更冷静、得体。三是寻求中介人，采用此方式须注意，中介人应是对方也认识并了解的，最好是对方信得过又非常尊重的人，可以顺势对其进行开导、安慰。

（五）正确对待失恋

失恋是个令人觉得有些沉重的字眼，无论是双方协议分手，还是单方做出决定都会让人难过好一阵子。长大必然得经历伤痛，没有伤痛就不会成熟，没有苦难就没有完整的人生，这就是成长的代价。从心理学视角看，恋爱，尤其是初恋，往往是向对方的心理能量的最大集聚，而这种集聚起来的心理能量突然失去了宣泄的对象，就可能使人产生在茫茫宇宙间迷失了方向的感觉，难以排遣的这种心理能量，在内心寻找着“喷射口”。当它以疯狂的方式再度喷向昔日的对象时，就会导致可悲的后果。

如何走出失恋阴影？

①转移注意力：找一件自己一直想做，但却还没有机会完成的事，或者找最信任

的朋友吐吐苦水，还可以打个电话回家同家人聊聊。因为对缓解失恋痛苦最有效的就是时间，时间可以带走一切，无论当时是如何悲恸欲绝，都会随时光的流逝而逐渐变淡。

②不钻牛角尖：不是我不够好，也不是我不够美丽（帅气）。

③改变沟通的技巧：不想再失恋，就得学着调整自己表达想法的方式，将性格中某些特质做适度调整，让自己在两性关系处理上，试着多了解异性的想法、增进沟通的技巧。试着让自己从这段逝去的恋情中有所成长，找到自己可以变得更好的方向。

一次不成功的恋爱，收获往往比失去的多，有时候转个念头想会更好，全世界那么多人，你为何死守一人，只要肯睁大眼认真观察这世界，心情便会振奋起来。

二、让性爱美丽

大学生作为接受高等教育的高素质群体，应以理智对待性爱，使两性之爱健康发展。

（一）加强大学生性教育

性教育是道德教育、文明教育、健康教育，也是人格教育。大学生只有在与异性同学正常交往和性心理进一步发展成熟的前提下，才有可能有健康的恋爱心理和文明的恋爱行为，也才有可能获得纯洁和美满的爱情。大学生怎样才有可能在宝贵且短暂的大学生活中把握自己的需求，适时调节各方面的性心理问题，真正达到身心健康和学业、能力及素质全面发展呢？

1. 性生理与卫生教育

人类有许多生理的需求，包括饥、渴、冷、暖及性，但不论是饥、渴、冷或暖的满足都只牵涉物质的供应，唯有性的满足牵涉另一个个体，涉及生理、心理、人际、社会文化等因素。因此，我们在面对它时，常感到迷惑。有时将它过分复杂化，有时又看得过分单纯，因此当我们要了解所谓的“性”时，不妨就从单纯的生理层面开始。了解、认识两性生理至少有下列几点好处。

（1）避免产生不必要的负向情绪和对性生理状况做不正确的判断或处理。月经来潮、梦遗、勃起或性冲动的感觉并不是个人特有的经验，但因为对生理机能的不了解，常使我们无法采取适当的应对措施，反而产生惶恐、厌恶、尴尬等负向情绪。若能拥有这方面的常识，就可以平心静气对待。

（2）避免因不当的性行为而导致生理的伤害。若我们对性行为所可能带来的后果有所了解，就可采取正确措施，避免因不当的性行为而导致性病、未婚怀孕或性器官受损等生理上的伤害，而这些生理上的伤害，通常也都会造成心理上的阴影。

（3）促进两性情感正常发展。了解、认识两性生理，可使我们在与异性交往时互相体谅、包容。男性不会因女性在生理期间情绪的变化而觉得女性“不可理喻”，女性也不至于因男性的生理反应而认为男性不尊重自己或控制力太差。男女朋友可以彼此体谅、互相协助，不使生理反应影响情感的发展。

2. 性心理与道德教育

进入青春期，许多青年人怀着好奇心或秘密或公开地探求性的知识。了解性知识，不仅是正当的，而且是必要的。适时调节传播性心理和道德教育主要从以下几方面进行。

（1）关注性特征。几乎所有的大学生都关注与自己性别相关的体形特征。男同学希望自己魁梧高大、英俊潇洒；女同学希望自己苗条美丽。如果男生觉得自己矮小、瘦弱、相貌丑陋，就会感到自卑；女生如果认为自己长相平凡、太胖等，就会感到苦恼。大学生应学会接受自己，扬长避短，追求学业上的发展。

（2）正确看待对异性的爱慕与追求。青年男女彼此向往与追求是青年性心理的正常表现。大学生虽处在学习阶段，但大家也经常在一起谈论理想的异性，谈论自己的恋爱实践，憧憬未来的家庭生活。

（3）正确看待性欲望、性冲动、性幻想、性梦、性自慰。要认识到性欲望和性冲动本身并不是一件不正常或可怕的、下流的事情。由于青春期性激素的生物动因，以及与性有关的外界刺激和情感、想象、记忆等心理动因，产生对性的臆想，感受到自身生理性反应等。绝大部分大学生都可以自觉控制自己的性欲望。不穿紧身裤，避免摩擦刺激，有助于克服不该产生的性冲动，可以避免很多不必要的尴尬。而性幻想、性梦和性自慰都属于正常的生理、心理现象，通常是无害甚或有益的。但如果不加节制地沉迷其中，那就要及时寻求咨询和帮助。

（二）拒绝婚前性行为

我们认为，大学生婚前性行为不利于其自身发展，主要是基于以下原因。

1. 从主流文化的角度看

我们的主流文化并未对婚前性行为持认同态度，对大学生在大学期间发生性行为基本持否定性评价。翻阅各高校的学生手册，各学校都有相应的规定，从校规校纪上规范大学生的性行为，这也是基于大学生生理心理的健康成长而考虑的。

2. 从大学生性行为的特点看

大学生婚前性行为具有突发性、自愿性、非理性等特点，由于年龄与观念的影响，一旦发生性行为，便会多次发生，可能造成未婚先孕等不良后果。一些研究表明，有婚前性行为的人婚姻满意度普遍低于没有婚前性行为者，而且婚前性行为还直接影响婚姻质量。

3. 从医学角度看

和谐性行为需要安全、私密、舒适的环境，而大学生的婚前性行为多数在隐蔽状态下进行，常常伴随内心的恐惧、紧张、害怕，担心怀孕及不洁感、不道德感、羞愧感，容易引起性反应抑制和性焦虑，导致男性阳痿早泄和心因性性功能障碍。特别地，流产对女大学生的心理与身体伤害极为巨大。一是身体不能得到很好的恢复，手术后，由于在集体宿舍住宿，担心被老师同学发现，还要应付繁重的课业负担，身体与心理恢复困难；二是容易损伤外生殖器，发生意外事故，特别是容易引发多种并发症。

4. 从心理学角度看

婚前性行为给双方带来巨大的心理压力，如恐惧、焦虑、自卑、心理冲突加剧等，当有性行为后，双方更容易争吵，但当事人并不知道性行为是其中的重要原因。由于两性心理的差异，女性在有亲密行为后，容易以身相许，希望与对方走向婚姻。性行为使女性由心理上的优势转化为劣势；对于男性而言，婚前性行为会提高他们的心理优势，使其对容易到手的东西产生厌倦而不承担由此带来的后果，对女性造成更大的心理伤害。

性爱是人性中至真至美的伊甸园，在这块园地里，应该绽放着绚烂美丽的花朵，而不应该被亵渎，不应泯灭园地上空文明的星辉。人类的性爱应遵循：精神—肉体—精神。这由精神到精神的过程，是一个回归，也是一种升华。

爱情的意义在于帮助对方提高，同时自己也得到提高。大学生朋友们，请把握生命，追求更精彩的人生，让性爱在人性和理性中交相辉映，健康发展！

第十章 大学生生命教育与心理健康

第一节 生命的价值和意义

一、生命和生命的意义

（一）生命

生命构成了世界存在的基础，世界正是因为有了生命才精彩。生命主要包括新陈代谢、生长、发育、遗传、变异、感应、运动等。

（二）生命的存在形态

人的生命存在形式有生物性、精神性和社会性三种形态。

1. 生物性的存在

人是生物性的存在，生物性是人生命的最基本特性，是人生命的社会性和精神性存在的基础和前提。人的生命作为一个自然生理性的肉体生命而存在，人的生长和发展就必然要服从生物界的法则和规律。所以，衣食住行、吃喝拉撒、生老病死是每一个人都必须具有的，也是每个人无法逃避的。

2. 精神性的存在

人之所以为人，就在于人不仅是为了满足自己的自然生命而活着，还要追求超越生物性存在的精神性存在。人要规划自己的人生，创造自己的价值，指导和提升生物性的存在。正是有了生命精神性的存在，才使人的生命有了人文意义和价值，有了理性的意蕴和道德的升华。

3. 社会性的存在

每个人要想生存下去，就必须参与和融入社会活动中，在与人的沟通、交往和互动中保存自己的生命，追求自己生命的意义，实现自己生命的价值。正是这种社会性的存在使人面对千差万别、千变万化的社会生活，能够有一种生命的智慧和坚定的信念；使人面对有生有死、有爱有恨、有聚有散、有得有失的有限人生和无奈命运时，有一种豁达的胸怀和安然的态度。

（三）生命的特征

1. 生命的不可逆性

从胚胎起，生命便一直生长、发育，以至衰亡。它绝不会“倒行逆施”，返老还童。

2. 生命的不可再生性

生命，对任何人来说都只有一次。世间常说“人死不得复生”，道出的便是这个真理。

3. 生命的不可交换性

生命为个体所私有，相互不能交换，彼此不可替代。

4. 生命的有限性

人的生命有限性表现在以下三个方面：第一，生命存在时间的有限，人的自然寿命一般七八十岁，最多百十来岁；第二，生命的无常性，表现在生老病死、旦夕祸福等不可预测上，任何人都逃脱不了死亡，任何人必然走向死亡；第三，个体生命不能离群索居，不食人间烟火，每个人都需要别人的帮助、支持和关怀。正是生命的有限性才促使人去努力思考、发明创造、积极生活去实现自己生命的意义。

（四）生命的意义

生命的意义是关于生命的积极思考，是个人正在努力实现的自己给予高度评价的生命目标。具体地说，包括个人存在的意义，寻求和确定获得有价值的目标，并去接近这些目标。因此，生命的意义在于以下两个方面。

（1）人生最珍贵的宝藏是自己，人生的最大事业是经营自己。

（2）人生的最大价值与生命的意义就是追求自我的不断发展与成长。

二、生命教育及其意义

（一）三生教育及其意义

1. 三生教育的含义

所谓“三生教育”，就是要通过教育的力量，使受教育者接受生命教育、生存教育和生活教育，树立正确的生命观、生存观、生活观的主体认知和行为过程。也就是要通过整合学校教育、家庭教育、社会教育的力量，激发大学生的主体认知和行为实践，最终达到帮助大学生确立正确的世界观、人生观、价值观的目的。

2. 三生教育的意义

（1）生命教育是帮助大学生认识生命、尊重生命、珍爱生命，促进大学生主动、积极、健康地发展生命，提升生命质量，实现生命的意义和价值的教育。通过生命教育，使大学生认识人类自然生命、精神生命和社会生命的存在和发展规律，认识个体的自我生命和他人的生命，认识生命的生老病死过程，认识自然界其他物种的生命存在和发展规律，最终树立正确的生命观，领悟生命的价值和意义；要以个体的生命为着眼点，在与自我、他人、自然建立和谐关系的过程中，促进生命的和谐发展。

（2）生存教育是帮助大学生学习生存知识，掌握生存技能，保护生存环境，强化生存意志，把握生存规律，提高生存的适应能力、发展能力和创造能力，树立正确生存观念的教育。通过生存教育，使大学生认识生存及提高生存能力的意义，树立人与自然、社会和谐发展的正确生存观；帮助大学生建立适合个体的生存追求，学会判断和选择正确的生存方式；教会学会应对生存危机和摆脱生存困境，善待生存挫折，形成一定的劳动能力，能够合法、高效和较好地解决安身立命的问题。

（3）生活教育是帮助大学生了解生活常识，掌握生活技能，实践生活过程，获得生活体验，确立正确的生活观，追求个人、家庭、团体、民族、国家和人类幸福生活的教育。通过生活教育，使大学生认识生活的意义，热爱生活，为生活而奋斗并幸福生活；让大学生理解生活是由物质生活和精神生活、个人生活和社会生活、职业生活和公共生活等组成的复合体；帮助大学生提高生活能力，培养大学生的良好品德和行为习惯，培养大学生的爱心和感恩之心，培养大学生的社会责任感，形成立足现实、着眼未来的生活追求；教育大学生学会正确的生活比较和生活选择，理解生活的真谛，能够处理好收入与消费、学习与休闲、工作与生活的关系。

（二）生命教育及其目标

1. 生命教育的含义

生命教育的目的和宗旨在于防止药物滥用、暴力与艾滋病。关于生命教育的内涵有多种表述。有的专家认为，所谓生命教育，就是指引导大学生正确认识人的价值、人的生命，理解生活的真正意义，培养大学生的人文精神，培养大学生对终极信仰的追求，养成大学生的关爱情怀，使他们学会过现代文明生活。还有的专家认为，生命价值观是个体对生命及其意义的总体观点和个体体验，是生活态度和生活理想的具体体现。我们认为，高校大学生生命教育应依据人的生命特征，遵循生命教育的规律，按照大学生心理特点，唤醒大学生生命意识，开发生命潜能，提升生命质量，关注人的全面发展。

生命教育是指对个体从出生到死亡的整个过程中，通过有目的、有计划、有组织地进行生存意识熏陶、生存能力培养、生命价值提升，最终使其生命质量充分展现的活动过程。生命教育是一种全人类的教育（认识生命现象、感悟生命境界），是一种自我认识及自尊的教育（了解自己的优缺点和性格，并对各种生命现象持尊重态度和人道关怀），是一种生活教育（在生活中发生，也需要在生活中实践），是一种体验教育（身临其境地感受和体会）。

2. 生命教育的目标

生命教育的宗旨是珍惜生命，注重生命质量，体验生命价值，帮助学生探索与认识生命的意义，尊重与珍惜生命的价值，热爱与发展个人独特的生命，实践并活出天、地、人、我共在的和谐关系。

所以生命教育的任务和目标是关注大学生的生理、心理、灵性三个层面。具体表现在以下三个方面。

（1）培养大学生珍爱生命

让大学生在整个教育历程中能够体会身为人类的意义与价值，重视生死大事，珍爱自己，保护生命，了解生命来之不易，也体验生命成长的艰辛与苦难，认真生活，发挥生命的光与热，获得尊严。

（2）增进大学生发展生涯

大学生在整个教育过程中，能够体会人性，获得尊严之后，能够更进一步构建生命前景，从个人的“自我、休闲、人际”等层面，设定明确努力的方向，并使之发扬光大，彩绘亮丽人生。

（3）促进大学生自我实现

大学生在整体的教育过程中，学习到适时构建自己的理想，并努力使现实与理想吻合，完成自我实现。在生命成长与发展的过程中，能够累增无数的“理想与现实吻合”的自我实现。

三、把握生命教育的属性

每个对象都有其一定数量的属性。生命教育作为一种现实的存在，也具有自身必然的属性。事实上，部分研究者已经关注到生命教育的属性，并对其展开了初步探讨，如有学者认为生命教育具有自然生命、精神生命和社会生命三重属性。还有学者认为生命教育具有自然性、可知性、可塑性、实践性、创造性五大特性。认识世界是为了更好地改造世界，而改造世界是为了更好地满足需要，即创造更有意义的价值。对生命教育属性的了解越全面、越深刻，越能有效推进生命教育的实践，也越能彰显生命教育的内在价值和核心旨归。

（一）生命教育的整全性

在什么是教育、教育的目的何为的问题上，康德明确地将教育目标分为三个层面，即基于自然的自养，基于实践的完成社会成员，以及基于自由行动的存在者。相应地，教育的要素分为三个层面的实践形式，即技能层面、聪明层面以及德行层面。教育要素的实践形式如表 10-1 所示。

表 10-1　教育要素的实践形式

技能层面	聪明层面	德行层面
个人层面	社会公共层面	人类层面
解决个人生存问题	解决个体适应社会问题	需要个人通过拓展自我价值、发扬自我特性，在个人身上体现人类的价值，以成就自我人格

三个层面在价值上对应的是个人层面、社会公共层面和人类层面，称为“阶梯状的形态分布”。技能层面的教育达成的是个人层价值，解决的是个人生存的问题；聪明层面达成的是社会公共层价值，解决的是个体适应社会的问题；人类层面需要个人通过拓展自我价值、发扬自我特性，在个人身上体现人类的价值，以成就自我人格。后来，从事生命教育的学者广泛吸收了先哲康德的思想，尽管他们对生命教育的定义有所出入，但大部分学者都认为生命教育应当具有整全性，因之将生命教育划分为自然生命、社会生命、精神生命等几大方面的教育。从本质上来说，培养整全的人无疑代表着人类的教育理想。首先，教育关注的是人，需要保证个体的生命独立健全；其次，人才能作为一个家庭和社会的成员，作为一个公民和生产者、技术发明者和有创造性的理想家，来承担各种不同的责任。联合国教科文组织的生命教育整全性论述包含了三层意思：其一，人的整全性首先在于保持个体生命的整全，使人成为他自己；其二，人成为自己这种状态始终是置于社会之中方能得以完成，人在社会性过程中才能达到理想的自我与他人的统一；其三，个体生命是一种实践样态，个体在生命实践中获得生命的整全发展。

这一观点在马克思那里也得到了验证。马克思继承了传统实践概念的合理成分，在现实历史的意义上赋予实践以生物学和社会学的含义，强调更为根本性的“生物化的生命”行为，尤其是“社会化的生命”行为，对“现实自我的确证行为”。马克思认为，实践是指与人的生命直接关联的物质生产和与这种生产方式联系在一起的由它产生的交往形式。实践必然是“生命的理解实践”、“生命的物质实践”和“生命的革命实践”在辩证法规约下的统一。因此，生命教育在学校教育中应该被理解为一种广义的影响人的教育活动，而且应当被融入学校教育中的各个环节、各个时段、各个方位、各个场域中，进行校内外各力量的整全式教育，以此促进学生的全面发展。

（二）生命教育的常态性

生命教育是一个有着悠久的“已在”历史，并拥有当下的现在以及未来无限的将在，是一种常态性的事物或实践活动。生命的常态性要求生命教育的常态性，可以认为当人的生命产生之际，生命教育就随之产生了。人的生命历程于漫长时空而言可看作时空的一个节点，随着时空的不断延展与位移，人生命的活动状态也随之变换。在某种意义上说，人是一种未完成的状态，这种未完成状态是一种必然。生命最为确定的是走向死亡，至于生命历程则充满着不确定性，呈现幽邃、神秘的样态。生命的常态性存在常变常新的不确定性，因此没有一劳永逸的生命教育。不同个体因其境遇、生命方位不同，其所体会的生命感、价值感、意义感也不尽相同。生命教育的内容和形式也应随不同阶段、不同时段、不同场域有所变化。换言之，生命教育的常态化也意味着它具有变革性和更新性，生命教育必须保持源头活水，维持惯常的状态。大化流行，生生不息。时空的连续性使生命涌动和跳跃，生命教育必定要符合历史逻辑和实践逻辑。即便处于同一时间与空间中，适用于此人的生命教育也可能与适用于他人的生命教育有所不同。

（三）生命教育的文化性

学生不仅具有种生命，而且具有类生命。类生命即由人创生的自为生命，仅仅属于人所特有。这意味着类生命是后天通过发挥人的具有意志性、情感性、符号性的社会生命存在而彰显的。生命实践无不受制于文化性实践，如以后现代主义哲学和教育人类学视角来审视生命教育的实践路径，必然会带有对生命教育实践的文化规定性的关注。从教育质量与公平的角度来看，不顾社会文化背景而盲目进行生命教育实践，可能会人为地造成教育的不公平。因此，倘若不顾当地社会文化背景而实施无差别的生命教育，反而会扩大教育的不公平。从生命教育实践发展的多样化来看，文化缺失的生命教育可能会遮蔽融入本土性文化的生命教育的独有特色，使其失去生命教育完善与丰盈的合法性空间。即当一套生命教育实践模式被作为一种普适性的生命教育实践标准而被引入其他地区时，可能会牺牲带有本土特色的文化元素。最终，灭绝那些本来可以在不同社会文化地区生长出来的各不相同的生命教育实践活动。从文化传承角度来说，文化缺失的生命教育实践可能会为文化殖民主义提供滋生的空间。“生命教育”引入我国的时间并不长，在某种程度上说具有一定的舶来品性质。如果不加选择地全盘吸收外国的生命教育实践模式，可能会在我国造成水土不服的现象。如何将生命教育融入中国的文化传统和价值观中，以及在贯彻这些理念和模式中考虑中国社会本土的实际情况，需要以认真的态度，从学校当地实践出发，以尊重本土文化的方式来展开生命教育。

（四）生命教育的共生性

共生即共同存在，其原初意蕴内涵互利、协作、对话、交流和统一，至少包括以下几种含义。一是自我共生。人的自我调适、认同、接纳、自生，在自身原初状态上实现一种认可，一种生发和跃升。无疑，人是一种面向未来的存在，但这种面向未来的存在必须面对现实的自我，站在现实的起点，向未来去展开。二是人我共生。让自己生，也让他人生。所谓生是给予，是生成，是奉献，其中内含了爱之道。我们常说的人也有好生之德，正是此意。三是天人共生。它是指人与天地之间形成共在的关系。我们主张的人与自然最好的关系是天人共生，也即人与自然和谐统一，共同生成。从本质上说，共生是一种关系。一种创造性、开放性、共同性、生成性的关系。生命教育应当具有这种共生性关系。于个人而言，生命个体的所有感官都应积极参与到生命教育活动中来，从而达到生理和心理的结合。即身与心、性与灵、形与神的和谐圆融，进入诗意栖居的生命最高境界，实现生命良性有序的内循环共生。于群体而言，人类作为耗散结构中十分发达的一种物种，在具有最复杂的有序结构的同时，能够实现严格的有序功能，并通过不断与外界进行信息、能量、资源等的互换促进彼此间和谐，因此共生也逐渐成为族群本身由自在走向自觉的选择特征。共生作为族群生存的原始状态，从人类演化之始赓续至今。于自然而言，在经历了人与自然的混沌合一、人对自然的敬畏崇拜、人对自然的支配控制三个阶段后，人类与自然的关系最终走向和谐共生，这种历史演变规律是经过长时期探索、深化、总结的结果，也是人类发展的必然选择。生命个体与群体、自然的共生关系达成，谓之实现生命良性有序的外循环共生。总之，生命教育是成就生命的教育，是一种提升生命意义和生命存在的教育，生命教育要围绕生命共生展开，体现生命教育的共生性特质。

四、重视路径探索：构建生命教育价值实现的通道

对生命教育内在价值、属性、特征等进行系统的、关联性的思考，仅仅从思想上构建了生命教育的整全性、常态性、文化性及共生性等属性的理论框架，在实践中如何将生命教育落到实处，实现生命教育应有的价值，仍需要系统地构建学校生命教育的实

践路径。学校生命教育实践路径的系统构建必须建立于遵循教育实践的内在规律之上，围绕教育活动构成的基本要素，整合生成生命教育的最佳实践路径。

（一）以自然生命作为生命教育的逻辑起点

逻辑起点的科学确定彰显了学科科学化程度，是一门学科是否成熟以及完善的重要标志，是指引着学科正确发展的方向标。在教育学领域，人们已经达成共识，教育应当立足生命的发展和成长，教育的价值在于推动人类自然生命的高质量发展，并在此基础上探索教育的本源和人类的未来。因此，人类的自然生命不仅是生命教育的活动对象，也是生命教育科学的逻辑起点。生命教育在人生历程特殊的表现形态规定其必须以人的自然生命作为自己发展的逻辑起点。虽然教育具有多种功能，如个体功能和社会功能、正向功能和负向功能、隐性功能和显性功能等，但教育的本体性功能必须作用于人的自然生命才能发挥教育效果，生命教育也不例外。正如叶澜先生一直推崇的，应该从生命的高度，用动态生成的观点去看教学，教学的目标应该促进大学生的全面发展，而不是只局限于认识方面的发展。因此，开展生命教育的教师首先要认识大学生的生命，在了解大学生自然生命系统的结构与机能的基础上，对大学生的生命教育遵循整体性原则、生理适宜性原则、循序渐进性原则以及适量性原则，为大学生创造良好的环境，促进大学生的具身体验学习。其次要感悟生命，引导大学生积极参加体育活动，体验生命活力的快感。再次是珍惜生命，开设融入生命价值观的心理健康活动课程，在丰富多彩的活动中让大学生的体验进行多触角延伸，达到身与心、肉与灵的和谐统一。最后是热爱生命，让大学生在教育中养成终身锻炼的习惯，使大学生始终保持旺盛的生命力。

（二）以精神生命作为生命教育的价值追求

人的生命不同于动物的生命，人的生命是一种能动的有意识的生命，人的生命具有精神特质。因此，生命教育不仅要体察观照个体的自然生命，还需要锤炼人的精神生命。人的精神生命是人自然生命的升华，它赋予人灵性。人的精神生命必定在关系中生发，由人与自我的关系、人与社会的关系以及人与自然的关系生发出来的三类精神分别是审美精神、道德精神以及科学精神。完整的精神生命相应地需要培养这三种精神，实现美育、德育及智育三者之间的统一。这三者之间的统一恰恰验证了生命教育的整全性诉求，生命教育过程应当尊重这种整全性。第一，融生命教育观于基础教育课程体系之中，实现课程的多方面生命教育观整合。第二，生成校内外有机结合的生命教育资源体系，充分发挥教育合力，共同促成生命教育资源体系的共建共享。第三，构造全方位、多角度育人的生命教育实践体系，让生命浸润在生命教育实践中。实践是认识的基础，也是事物从潜在状态转向可能状态的必要中介。个人通过实践，才有可能具有阿伦特所言的“具有开端启新的能力”，生命才能焕发出应有的活力。因此，只有将课程与实践统一起来，才能构建符合大学生精神生命发展的生命教育生态。

（三）以社会生命作为生命教育的意义追寻

对人的生命的认识仅停留在自然生命的层次上，就会使人的生命丧失了文化意义；对人的生命认识仅停留在精神生命的层次上，就会使人的生命丧失了社会价值；在学校生命教育中更为重要的是通过人格培养、精神净化来塑造大学生的社会生命。因此，生命教育在实施过程中必须把社会生命当作自身的意义追求。社会生命必然在社会系统中成长，人是社会性的动物，人处于社会系统中，而社会系统正如其表现的那样，是社会生活和真正的实际行为中的文化系统。社会系统与文化系统总是互相联系、相生相伴，这要求生命教育必须突出文化性和共生性。生命教育的文化性要求开展生命教育的内容体现当地的文化，构建多元动态与开放的文化场，实施合乎文化规定性的生命教育实践。因此，教育者自身应提升文化自觉，以民主、平等、自由的文化观看待本民族的文化和他者文化，增强在跨文化语境下对适合融入生命教育的文化资源作出合理选择及运用的能力。生命教育的共生性要求我们以生态文化哲学为引导，把握生命的多层次性，在生命教育展开的方式、内容、方法上凸显多样性，这种多样性给生命留有更多充盈的空间去生发生命的意义。

五、教联网时代生命教育的构建策略

生命教育有效开展的主要路径包括：依托教联网平台，开展自然生命教育、精神生命教育、社会生命教育，助力大学生生命的全面发展；借助大数据分析技术，实施生命教育多元评价；顺应教联网时代，构建大学生、学校、家庭、社会相结合的生命教育共同体。

（一）依托教联网平台，促进大学生生命的全面发展

第一，依托教联网平台，开展引导为主的自然生命教育。首先，自然生命教育应增强大学生身体健康教育。教联网时代虚拟生活将会成为青少年日常生活的重要组成部分，虚拟生活将会压缩大学生现实生活中的体育锻炼时间，一些大学生可能会在现实生活中出现亚健康状态。自然生命教育鼓励大学生热爱自然、亲近自然，在大自然中积极参加各种体育活动，强健体质，保持健康。其次，自然生命教育应增强大学生生命安全教育。除了开展日常的生命教育安全讲座、安全演习等传统的教育方式，还

要结合教联网，以微电影、宣传片、短视频等方式开展生命安全教育，让大学生意识到校园欺凌、校园霸凌以及自杀是不正确的、不尊重生命的行为，从而增强青少年的生命自我保护能力。

第二，依托教联网平台，开展疏引结合的精神生命教育。首先，精神生命教育主张设立大量的青少年网络心理教师，疏导大学生的心理压力。当前，学校心理教师力量依旧薄弱，部分学校心理教师由任课教师兼任，即便学校设立专任心理教师，一些性格自卑的大学生担心其他同学嘲笑也不轻易寻找心理教师诉诸心理问题。大学生在虚拟空间更愿意和他人交流，更情愿开口向青少年网络心理教师咨询。青少年网络心理教师通过网络心理咨询平台单独和大学生进行心理沟通，在线帮助学生解决心理问题，可以最大限度地保护大学生的个人隐私。其次，精神生命教育应关注学生过度依赖网络导致的生命关系冷漠化问题，引导大学生明晰虚拟工具、虚拟世界的优点与不足，鼓励大学生有度地将虚拟生活和现实生活相结合，促进大学生生命关系的和谐化。

第三，依托教联网平台，开展大学生生命素质全面发展的社会生命教育。大学生生命素质的均衡发展要求社会生命教育解决好两个问题：一是大学生生命素质稳步提升的问题；二是大学生生命素质均衡提升的问题。大学生生命素质的稳步提升离不开科学有效的网络课程学习。社会生命教育主张在一定程度上规范线上教学平台，鼓励线上教学平台推出系统化的在线课程，同时也要进一步加强国家精品在线课程建设，降低大学生在网络学习过程中因碎片化学习而导致的精力分散，提升大学生网络学习的学习效率与学习效果。大学生生命素质的均衡提升与全国信息教育质量的均衡发展息息相关。当前，经济发达地区与欠发达地区存在两个层面的“数字鸿沟”，前者是由于信息基础设施建设差异化产生的“数字鸿沟”，后者是因为信息技术使用差异化产生的“数字鸿沟”。社会生命教育主张把握一个基本保障和一个努力方向，即优化信息教育资源供给，保障经济欠发达地区的信息基础设施建设，确保第一层面“数字鸿沟”的逐渐消融；努力提升经济欠发达地区教师、大学生与家长的信息素养，促进第二层面“数字鸿沟”的不断缩小。

（二）借助大数据分析技术，开展生命教育多元评价

第一，借助大数据分析技术，全方位观测大学生学习的信息数据。大数据分析技术支持下的学习评价是将现代信息技术嵌入学习全过程，对教学和学习活动的信息流与运行轨迹做出观测、解释和反馈，并利用描述性反馈信息实现教学相长和大学生发展的过程。大数据评价主张用数据说话，强调常态监测，接受数据的混杂性和关注数据隐含

的相关关系。开展大数据支持下的生命教育智慧评价就是要将评价贯穿于全部的教育数据流之中，全程观测教师教学和大学生学习的信息数据，通过观测数据，解读数据和反馈数据，实时精准地进行学习评价。生命教育智慧评价对生命教育工作者的大数据分析技术提出了较高的要求，生命教育工作者应具备良好的信息数据处理能力。

第二，借助大数据分析技术，全过程地开展生命教育多元评价。教联网时代的大学生从入学开始每一学年的学习科目、学习内容、学习表现和学习成绩都被记录在个人的学习数据库之中。生命教育工作者借助大数据分析技术，可以轻易地把握大学生以往的学习轨迹，真正将诊断性评价、形成性评价和终结性评价纳入生命教育的多元评价全过程中。大学生也可以借助大数据分析技术，全视阈地了解自我的学习状态，找到自身学习的薄弱之处，确定未来学习的重点和方向。

（三）顺应教联网时代，构建生命教育四维共同体

第一，大学生应养成创新思维，以创新思维构建新的学习方式来适应人工智能时代对人才培养的要求。英国广播公司（BBC）曾经探讨了 365 种职业在人工智能时代的被淘汰概率，大概有 300 种职业在人工智能时代可能会被淘汰。其中，电话推销员、打字员、会计、保险业务员、银行职员等职业被人工智能取代的概率在 95% 以上，这些机械式的劳务工作很容易由一个软件或一套程序所轻松完成，因此极易被人工智能代替。最不容易被人工智能取代的职业分别是酒店管理者、教师、心理医生、公关人员和建筑师，这些工作往往具有复杂性、创新性和批判性，人工智能很难胜任。因此，教联网时代的生命教育应注重大学生创新能力的培养，鼓励大学生结合自身的学习情况和特点自主地安排学习进程和学习内容，充分发挥自身的创造力。

第二，学校是教联网时代实施生命教育的主阵地，应充分在学校日常教育活动中开展生命教育。学校在教联网时代必不可少，未来的学校即使在学校组织、学校管理等方面发生深刻的变革，但其育人的本质是不会动摇的。学校应在德育、智育、体育、美育、劳育之中加入生命教育，把生命教育融入学校教育的各个环节中。教联网时代学校实施生命教育应帮助大学生明晰人与人工智能之间的差异，了解人类存在的生命意义，明白人之为人的生命价值。

第三，良好的家庭生命教育对青少年的身心成长至关重要，家长应利用教联网平台，主动与大学生、教师之间形成生命教育共同体。首先，家长应主动耐心地与学校教师进行交流，搭建便捷互动的沟通渠道，掌握孩子在校学习的基本情况。其次，家长应抽出时间、俯下身去观察孩子的生活世界，与孩子做朋友，真正陪伴孩子健康成长。最后，

家长应学会利用线上与线下多种方式同孩子进行深度交流，运用教育机制，走进孩子的心灵世界，了解孩子生命成长的真实状态。

第四，政府部门应加强网络监管秩序力度，扩大网络社会正能量宣传，陶冶大学生形成正确的价值观。网络空间参差不齐，强化网络空间监管是避免大学生陷入网络骗局的关键。有关部门应注重对大学生经常登录的网站和平台进行检查，一经发现不良网站和平台立即查封，矫正网络空间的无序化，为大学生的健康成长营造绿色和谐的网络环境。加强社会生命教育还可以通过物联网大力宣传战斗英雄、劳动模范以及先进人物的感人事迹，利用榜样的生命力量感染每一位大学生，激发大学生向榜样学习的动力。

教育的本质是生命教育，是指向育人的生命教育。智能技术的发展不断推动教育模式的革新、教育理念的升级、教学方式的改变与教学内容的更新，但是无论时代如何发展，科技怎么进步，教育的育人本质是不会动摇的。教联网时代的生命教育既要体现智能时代的典型特征，更应在时代浪潮中坚守促进大学生生命全面发展的育人本质。教联网时代的生命教育要超越狭隘的科技理性，尊重科技教育与人文教育的均衡发展，充分调动大学生生命发展的可能性和创造性，助力迈向未来的中国教育现代化建设。

第二节　生命教育心理辅导

人生是个有始有终的过程。我们每个人无法决定生命的长度，但我们可以掌握自己生命的宽度，即实现生命的意义，活出精彩，体现价值。因此，进行生命教育心理辅导是非常重要的。

一、生命教育心理辅导概述

（一）生命教育心理辅导

生命教育主要辅导学生体验与构建生命的意义，进而尊重生命，热爱生命。而在这样的过程中，辅导学生认识自我，建立自尊与自信，辅导学生反省与确立人生观及价值观，提升对人的关怀，增进学生人际互动能力也都是生命教育的目标。从生命教育的目标、实施内容与实施方式来看，生命教育需要通过许多催化技术，才能达到效果，且重视成员自己的思考、判断能力，促进成员的自我发展。

（二）生命教育心理辅导的意义

人生的意义、目的何在？人的价值与功能为何？人为什么要活着？生与死有何差别……一连串对人生的疑问和困惑自有人类以来就长期存在。存在主义论者认为人生并非空无；相反地，人生存在就是最大的意义所在。存在主义认为人生有以下六大命题。

1. 自我有觉察的能力

人可以自省和做决定，因为每个人都具有觉察的能力，能觉察自己。

2. 自由与责任并存

人生是自由的，但并不是逃避或为所欲为，自由与责任相随。

3. 独特性与群集性并存

人生的存在就是独一无二的独特性，但人在保有自己的独特性时，还需与他人及自然界来往。

4. 追求人生的意义

人生有寻求人生意义与目的的自然倾向，同时也在寻求个人的完整性。不过人生的意义不在于人本身，而存在于追求过程中，是个人发展与创造出来的。

5. 焦虑是人生的一部分

只要是人就不可避免会产生焦虑，但它可以刺激成长，也是体验和重建人生的信号，所以我们要面对、忍受和接纳焦虑。

6. 死亡与不存在的觉察

人有生即有死，死亡是不能避免的。也因为人会死亡、不存在，人生才有价值。所以积极面对死亡，会使人生变得丰富，体验人生的有限，就是人生意义的所在。

由此看来，人生并无固定模式与答案，人生是一种历程，所以要去觉察、去尝试、去体验，毕竟人生是有限的。生、老、病、死是人生不可避免的现象，积极面对死亡，才不至于使人深陷面对死亡的恐惧与迷失中。

二、生命教育心理辅导的内容

生命教育心理辅导的目标内容涉及以下四个方面。

（1）指导学生认识生命的意义，进而尊重生命、热爱生命。

（2）增进学生对人的关怀，丰富生命的内涵，提高生命价值。

（3）协助学生检视自己的生命历程。

（4）教育学生尊重自己和他人，关怀社会。

三、生命教育心理辅导的目标

（一）培养学生珍爱生命意识

（1）敬畏生命；

（2）学会感恩；

（3）体验成长的艰辛与苦难。

（二）促进学生规划发展生涯

（1）增进自我了解；

（2）分析问题，处理冲突；

（3）解决问题的策略。

（三）促进学生自我实现

（1）促进人际互动；

（2）学习社会技巧；

（3）实现理想与现实的吻合。

四、生命教育视野下的大学生心理健康教育

（一）高校大学生心理健康教育融入生命教育的现状

1. 大学生心理健康教育课程中生命教学理念有待提升

狭义的生命教育内容包括关爱生命、健康道德、长成自我、防御疾病、抵御诱惑、远离毒品、铲除暴力、拒绝自毁、防范危险等。广义的生命教育内容即“人生三问”：我为什么活着？我该怎样活着？我如何能活出最美好的生命？心理健康教育主要以“人生三问”为主要内容，通过心理健康教育课程教学、心理健康教育课外活动、个体和团体心理咨询等方式开展生命教育。当前大学生心理健康教育课程中关于“人生三问”的内容比较缺乏，通过对 21 世纪以来大学生心理健康教育教材内容的调查发现，关于生命教育存在以下问题：一是大多数教材关于生命教育的内容主要为危机干预及与自杀相关的知识；二是部分教材完全没有关于生命教育的相关内容；三是极少数教材涉及生命教育内容，包括生命的特点，生命的意义与心理健康的关系。心理健康教育课程教学是开展大学生心理健康教育的主要渠道，心理健康教育教材是开设大学生心理健康教育课程的主要依据。教材内容对生命教育内容涉及较少，在实际教学过程中对生命教育的教学也就相对较少。此外，在普及心理健康教育课程的过程中，由于心理健康教育课程师

资队伍中专业人员相对较少，教学方法以理论教授为主，无法科学运用心理训练和团体辅导方法。

2. 大学生个体心理咨询偏重于缓解来访者现存的症状

当前高校大学生心理健康教育工作面临诸多困境，如专职心理教师不足，工作场地有限，专项经费缺乏等，大学生心理健康教育只能尽量用仅有的投入解决学生凸显的心理问题，帮助他们解决心理健康问题，使其顺利完成大学四年的学业。因此，大学生的心理健康咨询偏重于障碍性心理咨询，轻发展性心理潜能的培养，偏重于缓解当前症状，短程心理咨询较多，长期心理健康教育较为欠缺。与此同时，受行为主义心理学及实用主义心理学的影响，心理咨询人员在心理咨询过程中，将学生成长中呈现的发展问题和生命困惑单纯地理解为心理困扰和心理障碍，忽视了生命的完整性。部分心理咨询师过分强调技术手段，追求“短期行为”的快速转变和大学生心理症状的暂时消除，并不能从根源上解决他们的心理困惑，如尊重生命、探索生命的意义等，大学生的心理问题或症状容易反复，心理咨询效果的长效性不足。部分心理咨询师在咨询过程中仅关注学生存在的心理症状，忽视了来访者这一生命个体所具有的能量和动力，忽略了来访者有足够的生命动力去改变自己，实现自己的人生价值，心理咨询师在实现部分咨询目标后便会止步不前。

3. 大学生心理健康教育课外实践活动对个体关怀不足

对个体生命的关怀存在不足。当前部分大学生的心理问题发生率一直居高不下，这些大学生人生方向模糊，生命价值观异化，精神生活匮乏。高校大学生心理健康教育工作者为满足这些大学生的心理需要，通过分层次的方式分类别开展了一系列心理健康教育活动，如最低层次是对出现心理问题或障碍的学生及时进行干预；中间层次是预防学生在学校期间不出现异常心理问题；最高层次是促进学生心理健康发展，能够发挥自身潜能，幸福地学习和生活，内容主要包括心理健康观、人际关系、积极情绪、人格与自我认知、爱情和性心理、学习心理、生命教育、生涯发展规划以及心理危机干预等方面的教育。然而，当前高校心理健康教育课外实践活动在关怀个体生命方面还存在以下不足：一是面向全体学生开展心理健康教育课外实践活动，个体针对性不突出，个体生命无法彰显；二是心理健康教育活动的内容和目标过于理想化、形式化和单一化，与大学生的实际心理状况不完全适应，心理健康教育课外实践活动的效果不太理想；三是心理健康教育课外实践活动对个体生命的关注主要集中在已发现的存在“心理问题或心理疾病”的学生，覆盖面不广。

（二）正确的生命教育是指导高校大学生心理健康教育的必要路径

1. 用生命教育理念指导大学生心理健康教育工作

课程教学、心理咨询和课外实践活动都是高校开展大学生心理健康教育的载体和渠道。在通过这些载体和渠道开展心理健康教育的工作中，必须先转变心理健康教育工作者的教育理念。人是教育的直接目的，教育是生命的表现，教育强调生命历程和生命在“场”。在大学生心理健康教育工作中，生命是其核心，关怀生命是其价值取向，工作者要在此理念指导下，开设和讲授大学生心理健康教育课程、开展心理健康教育课外活动。学生参与课堂教学、课外实践活动和心理咨询，对学生和教师来说，都是他们人生中一段重要的生命经历，通过这段生命经历，不仅可以使学生的生命得到更好的发展，也使教师在享受教育过程中感受其生命的价值。

2. 用生命教育内容丰富充实大学生心理健康教育工作

心理问题不单纯是“心理问题”，也和生命哲学思考息息相关，是自己所持有的人生观、价值观所导致的意义冲突。因此，心理健康教育工作人员需要从生命教育的视角反思心理健康教育课程教学、心理咨询和课外活动，立足于人生观、价值观或生命思考，增加生命教育内容，引导学生关注生命体验。心理健康教育工作人员在开展课程教学、心理咨询和课外活动过程中要以生命为前提，挖掘大学生的生命能量，启发和指导大学生解决自己的问题。此外，在心理健康教育资源丰富的前提下，要加大心理健康教育的宣传力度，拓展大学生发展和成长辅导，适当增加深度心理咨询的数量，开设心理健康教育系列选修课，在课程教学和心理咨询过程中增加对生命意义的探索，促进大学生的生命思考和成长。

3. 用生命教育方法提升大学生心理健康教育工作

生命教育的本质在于尊重生命以及生命的价值。要在心理健康教育课外实践活动、课程实践教学中增加体验式教育，运用科学的心理训练和团体辅导方法进行专题教育，大学生通过讨论和心理训练活动去体验自己的内心感受，并身体力行地进行一些有益的尝试。大学生在积极投入活动的过程中能得到生命的满足。此外，还要不断丰富实践活动形式，减少知识性说教；建设心灵网络空间互动平台，搭建沟通桥梁，实现教师与学生个体之间的“零距离”对话；运用绘画、音乐等艺术特色疗法组织开展主题明确的团体辅导活动，陶冶心灵，探求幸福，提高心理健康教育活动的针对性；组织形式多样的生命体验活动、开展大型心理话剧展演活动等，覆盖更多的生命个体。

第十一章 大学生压力挫折与心理健康

第一节 压力概述

一、压力

当今社会正在经历着急剧变化，大学生即使作为青年人中最具活力的代表，在心理和生理上仍然承受着巨大压力。一般而言，大学生所遇到的任何变动或习惯改变都可称为压力，愉快与不愉快的事情都会造成压力，只是不愉快的事件产生的压力程度通常比愉快事件产生的压力程度要高一些。

国内比较普遍的关于压力的定义，是指由刺激引起的、伴有躯体机能以及心理活动改变的一种身心紧张状态，即压力是人在环境中受到种种刺激因素的影响而产生的紧张情绪。

二、压力的分类

人们在生活中面临的压力并不都是由重大事件引起的，更多的是由轻微而烦琐的小事引起的，如交通阻塞、夫妻矛盾、噪声污染等都是生活中最常见的压力源。

通常根据压力的性质和主观反应不同，可以把压力分为正压力和负压力。正压力是一种积极愉快的、满意的体验，如参加大型的体育活动竞赛、参加节目演出、参加演讲比赛；负压力是有破坏性或不愉快的体验，是一种愤怒、恐惧、担忧和激愤状态，是消极的、痛苦的、想要避免的。其实压力是"正"还是"负"，不是绝对不变的，即使是正压力，其强度超过一定限度，也会变成负压力。人体就像弹簧，是有一定承重限制的。限制之内是正压，即"动力限制之外是负压"，即"阻力"。

从压力的规模划分，可以分成大压力和小压力。大压力主要指灾难性的应激。相对而言，小压力是指令人激恼的、使人有挫折感的、令人烦恼的应激，它具有持久性，不如灾难性应激强烈，是由日常生活小事件引起的应激，如不断被打扰、没有足够的闲暇时间、最匆忙的时候手机忘带了，急着出门鞋带断了等。研究表明，小压力与疾病的关系大于生活变迁与疾病的关系。也就是说，生活中小压力的堆积，对人的心理危害比大事件更大。这就好比“最后一根稻草压断了骆驼的脊梁”。

按压力涉及的范围，可分为家庭压力、工作压力和环境压力。家庭压力指破坏或改变家庭体系的压力，主要涉及家庭变迁、单亲家庭、家庭暴力等；工作压力包括超负荷工作、倒班工作、工作中的决策和责任、工作变动、工作单调等，对于大学生而言就是学业的压力；环境压力包括各种自然灾害、噪声和空气污染、过度拥挤等。

三、压力的反应

（一）压力反应的阶段

当一个压力源出现时，人们通常会体验到一种情绪和生理反应模式。当人体在面对重大持续性的压力时，则会出现连续性的三个阶段：警觉阶段、抵抗阶段和衰竭阶段，即塞里所称的一般适应症候群。

1. 警觉阶段

“警觉阶段”由各种生理变化所组成，这些生理变化可使受威胁的有机体迅速地恢复正常功能。不论压力来源是身体方面（诸如不当的饮食、睡眠不足、疾病或是身体受伤），还是心理方面的（诸如失去所爱的人，或是失去安全感），警觉反应都由几个相同的一般形态的生理变化所组成的，诸如头痛、发烧、疲倦、肌肉和关节酸痛。警觉反应是动员身体的防御系统来保护生命的安全和抵抗力。

2. 抵抗阶段

继警觉反应之后，人体会出现“抵抗阶段”，在这个阶段中，人体已发展出对压力来源的抗拒，在警觉反应时期被搅乱的生理历程这时基本恢复到正常状态。但是，如果这种压力一直持续下去，我们的能量就会耗尽，适应能力也跟着下降，最终出现第三个阶段。

3. 衰竭阶段

假使个体被继续置于压力下，很可能再也无法维持其抵抗反应，这就会进入一般性适应症状的第三个阶段——衰竭阶段。许多警觉阶段的症状又重新出现，时间久了就会导致身体构造和功能的损害。假使压力来源继续持续下去，则可能导致极端衰竭，甚至死亡。

（二）压力反应的表现

大多数人认为压力是一种消极因素。殊不知，压力在某种意义上也有其积极的一面。

生活在没有压力的环境中是不可想象的，就好比在没有摩擦力的情况下行走，或如同在没有路面支撑力的情况下骑自行车一样是绝对不可能的。压力的积极因素之一是促人上进，从失败中振作起来。常见的压力反应主要体现在以下三个方面：

1. 生理反应

在压力状态下，机体必然伴随不同程度的生理反应，主要表现在中枢神经、内分泌系统和免疫系统等方面。比如心率加快、心肌收缩力增强、血压升高、呼吸急促、各种激素分泌增加、消化道蠕动和分泌减少、出汗等。这些生理反应，调动了机体的潜在能量，提高了机体对外界刺激的感受和适应能力，从而使机体能更有效地应付外界环境条件的变化。但过度的压力会使人口干、腹泻、呕吐、头痛、口吃等。

2. 心理反应

压力引起的心理反应有警觉、注意力集中、思维敏捷、精神振奋，这是适应的心理反应，有助于个体应付环境。例如学生考试、运动员参赛，在适度压力下竞争容易出成绩。但是，过度的压力会带来负面反应。短期的压力所引起的负面情绪反应，会伴随压力的消失而消失，不一定会对人产生不良影响。只有长期的压力所引起的负面情绪反应，才会对人的身心健康造成不利影响，导致出现消极的情绪，如忧虑、焦躁、愤怒、沮丧、悲观失望、抑郁等，会使人思维狭窄、自我评价降低、自信心减弱、注意力分散、记忆力下降，表现出消极被动，并由此引起一系列心理疾病，如认知异常、情绪障碍、行为异常等。

3. 行为反应

压力状态下的行为反应可分为直接反应与间接反应。直接的行为反应是指直接面临紧张刺激时，为了消除刺激源而作出的反应。间接的行为反应是指为了减少或暂时消除与压力体验有关的苦恼，如借酒、烟、麻醉品等，使自己暂时缓解紧张状态。

第二节 大学生常见挫折的原因

一、挫折

“人生不如意事，十有八九。”人的一生不可能一帆风顺，从心理学上分析，人的行为总是从一定的动机出发，经过努力达到一定的目标。如果在实现目标的过程中，碰到了困难，遇到了障碍，就会产生挫折。因此，在心理学上，挫折指个体有目的的行为受到阻碍而产生的必然的情绪反应。

大学生在遭受挫折后，常会产生一系列的反应。在情绪上，常表现为强烈的紧张、愤怒、焦虑等。在生理上，会表现为血压升高、心跳加快，易诱发心血管疾病；胃酸分泌减少，会导致溃疡、胃穿孔等。在行为上，甚至表现为对人讥讽、谩骂或拳脚相加和损物伤人等攻击性行为。当然在消极反应的同时，也有一些大学生在遭受挫折后，能采取积极的态度面对现实，审时度势，通过各种努力使问题得到解决，使自己的心态在新的水平上达到平衡。

二、大学生挫折产生的原因

随着我国教育事业的不断快速发展，大学已经成为学生进入社会前的主要实践场所。在大学里，学生会遇到类似于社会中发生的诸多事情，例如在大学里的成绩不理想与在社会中的工作不顺利相类似，学生之间的关系相处与工作中同事之间的关系相处相类似等。学生在校期间遇到挫折是在所难免的事，造成大学生受挫的主要原因有经济困难、自我期望值过高、人际关系紧张、生理缺陷、就业形势严峻等。可见，大学生挫折感的产生不是单纯某一方面的原因，而是受多维因素的影响。基于当前大学生的挫折原因分析可知，其挫折感的产生主要受客观和主观两个方面因素的影响。

（一）客观因素

挫折的客观因素是指由于外界的事物或情况给人带来的阻碍和限制，使人的需要不能满足（动机受阻）而引起挫折。客观因素包括社会环境和自然环境两方面。

1. 社会环境因素

大学生生活在社会中，一切政治的、经济的、宗教的、伦理道德的、种族的、家庭的因素以及一切风俗、习惯等，都可能是引起大学生挫折的原因。例如，当今社会飞速发展，高学历人才也与日俱增，致使社会大学生就业的缺口相对减少，毕业就等于失业的压力让大学生时刻怀揣着焦虑心理。又如，在高校学习的一部分大学生，可能来自贫困家庭，他们正常的学习、生活受到冲击，学习积极性受到动摇，这是经济因素导致的挫折。

2. 自然环境因素

各种非人为力量所造成的时空限制、天灾人祸等，使人的行为无法达到目标而造成挫折的因素属于自然环境因素。例如，自然灾害（台风、地震、洪水等）以及由于自然因素影响而引起的疾病、事故等。又如，任何人都不能实现长生不老、返老还童的愿望，大都难免遭遇生离死别的境况。这些都是人们无法克服的、客观的因素。

（二）主观因素

生活中不同的人在同一情境中经受同一强度的挫折会有不同的反应，原因就在于个体在主观因素方面具有差异性。

1. 个体条件

因个体生理条件（身材、容貌、个性、智力等）的制约，常导致学习、就业、交往和恋爱的受挫。例如，一个高度近视者不能担任飞行员或适应需要良好视力的其他工作。假如一个身材矮小的人想成为职业篮球运动员，那这个愿望显然很难实现，会使他体验到挫折感。一个色盲者无法从事医疗或美术等工作，也会使他体验到挫折感。在这种情形下，需要大学生正确认识环境和认识自己，扬长避短，以积极的心态悦纳自己、悦纳环境。

2. 自我期望

自我期望值过高是指个体在从事某种行动之前自我估计所能达到的目标水平。在现实生活中，如果一个人过于自信，过高地估计了自己的能力，就会对自己提出不切实际的要求，制订很高的甚至无法达到的目标或计划，进而产生强烈的挫折感。例如，一位大学生一入学就给自己定了很高的目标：拿特等奖学金、当三好学生。对于这位大学生积极向上的精神应当鼓励，然而这位大学生并不充分了解进入该大学的学生的整体水平，也不十分了解奖学金、三好学生评比的有关规定和要求，主观盲目地给自己制定了过高的目标，一旦其目标无法顺利实现，失败的经历就会给这位大一学生带来挫折感。

3. 动机冲突

动机冲突（又称心理冲突）是指一个人在某种活动中，同时存在一个或数个所欲求的目标，或存在两个或两个以上互相排斥的动机。当处于相互矛盾的状态时，个体难以决定取舍，表现为行动上的犹豫不决，这种相互冲击的心理状态，称为动机冲突，动机冲突是造成挫折的一个重要原因。对于大学生而言，丰富多彩的大学生活在为大学生的全面发展提供有利条件的同时，也给大学生带来了选择的冲突。这些动机冲突导致大学生挫折感的出现。一般可归纳为以下四种典型的冲突情境。

（1）双趋冲突

双趋冲突，指两种对个体都具有吸引力的目标同时出现时，形成强度相同的两个动机。由于条件限制，只能选其中的一个目标，此时个体往往会表现出难以取舍的矛盾心理，这就是双趋冲突。“鱼与熊掌不可兼得”就是双趋冲突的真实写照。例如，两门都很感兴趣的选修课，都想去听，但时间冲突，一时难以取舍。

（2）双避冲突

双避冲突，指两种对个体都具有威胁性的目标同时出现时，个体对这两个目标均产生逃避动机，但由于条件和环境的限制，也只能选择其中的一个目标，这种选择时的心理冲突称之为双避冲突。“前遇大河，后有追兵”正是这种处境的真实写照。例如，有些大学生既害怕考试挂科，平时又不愿努力学习。

（3）趋避冲突

趋避冲突，指某一事物对个体具有利与弊的双重意义时，会使人产生两种动机态度：一方面好而趋之，另一方面则恶而远之。所谓“想吃鱼又怕鱼刺”就是这种冲突的表现。例如，有些大学生想多参加社会活动，锻炼和发展自己的才能，同时又担心占用太多学习时间，影响学习。

（4）双重趋避冲突

在实际生活中，人们的趋避冲突常常表现出一种更复杂的形式，即人们面对着两个或两个以上的目标，而每个目标又分别具有吸引和排斥两方面的作用。人们无法简单地选择一个目标，而回避或拒绝另一个目标，必须进行多重选择。由此引起的冲突叫作双重趋避冲突。例如，身处学习气氛不浓的宿舍，有的学生想认真学习，但又怕被周围人讥笑；想不理会他们，又担心影响人际关系；想随大流，又觉得虚度光阴，于心不安。

大学生要学会分析和了解引起挫折的原因，从而给自己的大学生活以及将来走上社会做好充分的思想准备。每个人都应当给自己定一个合理的目标，认识到人生的旅程不可能一帆风顺，总不可避免要遇到各种困难和障碍。

第三节　大学生常见压力与挫折

大学阶段是人生发展所经历的特殊阶段，大学生面临的压力和挫折必然带有这一阶段的特色。对于大学生这一群体，压力和挫折主要集中于学业问题、人际关系问题、经济问题、恋爱问题和就业问题等方面。

一、学业压力

与中学相比，大学的学习环境、学习任务、学习方法都发生了很大变化。大学的课程多、难度大、要求高，最大的差别是大学学习更强调自学和独立思考的能力，学习时间由自己掌握，教师很少像中学那样对学生进行指导。面对这样的环境，很多大学生不知道该如何安排自己的学习时间，不知道该学习些什么，也不知道该如何学习。如果学生在入学初期没有做好心理准备，对高校的学习适应不好的话，就可能出现考试成绩低于期望值或者忙忙碌碌一学期却感觉没有收获的情况，从而产生压力。

进入大学后，很多大学生的任务重心发生了转移，他们愿意多参加一些社团组织来锻炼自己的能力，而不再把主要精力集中在学习上，因而学业挫折是大学阶段常见的挫折之一。例如，对所学专业不感兴趣、学习吃力、自己感兴趣的课教师讲得乏味、考试失败等，都会让大学生感到没有前途，从而产生挫折感。

现代社会的飞速发展对大学生提出了更高的要求，进入大学后扑面而来的英语四六级考试、计算机等级考试以及各类职业资格考试、各种考研热、考博热、出国热，这些大小不一的种种考试都给广大学生带来了巨大的压力。

二、人际关系压力

首先，大学生进入大学后，人际交往的需求特别强烈，他们渴望融入新的社会关系网络，渴望通过人际交往去认识世界，获得友谊和支持，但是由于周围同学来自全国各地，不同的生活习惯、成长经历、性格、爱好等使大学生的人际关系客观上比以前的生活环境复杂，而大学生的交往知识和技巧相对匮乏，彼此在交往中难免会有冲突。如有人爱干净、讲卫生，有人则没有养成注意保持个人及环境卫生的好习惯；有人作息有规律，早睡早起，有人作息则毫无规律，随兴熬夜；有人喜欢安静，在宿舍里自习，有人则性格活泼，不拘小节，经常在寝室里煲电话粥或者大声呼叫等。人与人之间的差异，是大家每天都要面对，无法躲开的。时间一长，小矛盾、小摩擦积累到一定程度就会以外部冲突与激化的形式爆发出来，直接导致寝室里的人际关系高度紧张，造成大学生巨大的心理压力。

其次，当今大学生以自我为中心的思想意识较强烈，只关心自己的利益和兴趣，不关心他人，忽视他人的利益和处境，不会换位思考等，都让大学生难以找到知己，形成人际关系危机。

最后，有些大学生由于自我评价不恰当，或自命不凡或畏缩不前，无法与他人和谐相处，人际关系紧张，自然会产生心理挫折。

三、经济压力

在大学校园中，有这样一部分学生，其父母为工薪阶层或出生农村贫困家庭，供子女读书的经济负担很重。这一部分学生可能要承担更多的心理压力，他们不得不节衣缩食，利用闲暇时间勤工俭学，但又常常担心自己被人瞧不起，从而产生压力和挫折。

四、恋爱压力

随着生理的成熟，性意识的觉醒，大学生渴望与异性亲密接触，向往美好的爱情。埃里克森的理论也提出，在成年初期，个体的主要任务是发展亲密关系。恋爱是这个时期的个体正在经历或已经经历的过程。但是在爱情中，会有一系列复杂、独特而微妙的情感体验，成为焦虑、紧张、挫折的来源。有的学生想恋爱，但又担心父母不同意，担心对方不接受自己等，各种心理冲突都会对大学生产生压力。有的学生因失恋变得情绪低落、自卑感强烈，影响学习，甚至产生自杀、杀人等不良行为。另外，有一部分大学生，渴望恋爱，但又苦于找不到对象，进而产生自卑心理。

五、就业压力

随着连续多年的高校扩招，大学生就业形势日趋严峻，使部分在校大学生产生“毕业之际就是失业之时”的压力和挫折。在择业过程中，当主观愿望与客观实际、理想与现实发生脱节时，不少大学生便惊慌失措，产生种种心理障碍，陷入长时间不良情绪的困扰而不能自拔，有的甚至走上极端，造成严重后果。

第四节 大学生压力管理与挫折应对

因为每个人经受压力和挫折时的心理状态不同，对压力和挫折的认知、态度、评价、理解不同，导致不同的人在同一情境中受到相等强度的压力和挫折时，会有不同的反应，压力管理和挫折应对的表现也有明显的不同。大学生压力管理和挫折应对的策略主要有以下几点。

一、认知重构，正确归因

在生活中，人们经常会对自己行为的成功与失败进行归因。归因中，有些人倾向于外部归因，认为外部复杂且难以预料的力量是主宰行为的原因。这种外部力量可以是运气、机会、命运、他人的权力、自然界的力量等无法预料和支配的因素。如一个学生认为自己成绩不好，主要是由于教师教学能力有限或是考卷难度太大等方面的原因。有些人则倾向于内部归因，即认为自身的努力、能力是影响事情的发展与行为结果的主要原因。例如，一个学生认为自己成绩不好是由于学习不够努力造成的。

一般来说，进行内部归因的学生对自己的行为与学习有更多的自我责任定向与积极态度。但是从对失败的归因方面来看，由于他们倾向于把原因归于主观因素，就容易自我埋怨、自我责备。如果这种自责、悔恨过度，就会给他们带来挫折感和心理损伤。

因此，大学生要学会进行正确归因，对造成压力和挫折的原因进行实事求是的分析，弄清压力和挫折的原因到底是外部的，还是内部的，或是内、外部两种因素相互交织，共同起作用的。正确的分析和归因，是应付和解决压力和挫折的必要基础。

二、正确认识和评价自我

在进入大学后，没有能形成正确的自我认识，对自己的学习发展定位明显偏高，诸如一学期参加了五个社团，没有根据实际情况进行自我调整，人为地制造了很多的压力情境和挫折体验，导致自我情绪起伏较大，学习成绩下降。其实，上大学后，环境变了，应结合实际，实事求是地确立自己的目标，一步一个脚印，把自己放到新的参照体系中去认识自我，评价自己，调整自己的行为，才能尽快地适应大学全新的学习生活，才能使自己获得真正的发展。

三、建立友谊，获得支持

大学生在面对挫折时，除了积极改变自我之外，还应学会交往，与他人建立良好的人际关系，获得社会支持，这对压力的缓解也是很有帮助的。交往是人们为了交流思想和感情而彼此间相互作用的过程，它使人们在关系互动过程中相互了解、相互依赖，形成稳定的心理联系，满足人们的情感需要。俗话说，“当局者迷，旁观者清”“一个篱笆三个桩，一个好汉三个帮”“三个臭皮匠，顶一个诸葛亮”不要羞于开口，主动寻求帮助并不意味着一个人无能，相反恰恰是心理成熟的表现。同时，由交往形成的人际关系又可以满足人的归属、情谊、认可等社会性需要。因此，学会交往、建立友谊、获得支持是提高大学生应对挫折压力的有效手段。

四、学会放松，锻炼身体

放松训练，又称松弛训练，它是按一定的练习程序，学习有意识地控制或调节自身的心理生理活动，以达到降低机体唤醒水平，调整那些因紧张刺激而紊乱了的功能的方法，是应对压力的很重要的技巧之一。在压力的情况下，人的心理和生理都会发生变化，放松训练即通过意识控制使肌肉放松，同时间接地松弛紧张情绪，从而达到心理轻松的状态，有利于身心健康。放松是忙碌者最好的运动方式，它不需要任何精心准备，操作简单又无须花钱，而且随时可以实施。心理学上常用的放松技巧有腹式呼吸、冥想、生物反馈等。另外，练习瑜伽、进行喜爱的活动（如烹饪、阅读、运动等）、听舒缓的音乐、养宠物等也是可以随时随地在日常生活中进行的放松技巧。

运动是身心减压的好方法。科学研究发现，进行一次良好的运动，能够加速身体分泌“感觉良好”激素，即 β－内啡呔——当大脑处于清醒松弛的状态时，会分泌这种有益的激素，这种激素的化学结构与毒品吗啡的分子结构十分相似，因此又称为“脑内吗啡”。经常性的运动对人体有以下诸多益处：降低血压、降低血脂、提高肺活量、改善血液循环系统功能、有助于脑电波稳定、减轻肌肉的紧张程度、改善流向大脑的血液以及大脑内部的血液流动。

（一）通过运动科学缓解压力

第一，从参加一些运动量小、较为缓和的运动项目开始，比如慢跑、打太极拳等，使心情平静下来，然后再逐渐过渡到运动量大的项目。如果压力是来自工作上的，那么就参加一些以相互配合为主的集体运动，如篮球、排球等，通过这些运动在集体协作、默契配合中享受愉悦、快乐、幸福，使忧烦的心绪得以排解。

第二，变换运动环境。人都有一种求新求异的心理，变换环境其实就是满足了这种心理，一旦环境变化就会对缓解压力起到意想不到的效果。比如，经常在室内工作的人，到户外去爬山，到小树林里去跑步，会感觉轻松愉快。

第三，运动前调节心理有利于在运动中更好地释放压力。比如，在安静的地方闭目养神，做几次深呼吸；或对着镜子对自己鼓励；或听一曲喜欢的音乐，转移注意力，以达到最好的放松、减压的效果。

第四，运动时必须想到呼吸，让它匀称，注意阳光、天空和风，使身体有新的感受，必须让思想腾飞。

第五，不要固定进行某一项体育锻炼，而应多项体育运动交替进行。如果只从事某一项体育运动，则易引起单调感。进行不同内容的体育运动，既能改变情绪，又可扩大视野，在精神上、身体上都会得到好处。

第六，运动后吃碱性食物。一般正常人的体液呈弱碱性。人在体育锻炼后，感到肌肉、关节酸胀和精神疲乏，其主要原因是体内的糖、脂肪、蛋白质被大量分解，在分解过程中，产生乳酸、磷酸等酸性物质。这些酸性物质刺激人体组织器官，使人感到肌肉、关节酸胀和精神疲乏。此时应多食用牛奶、豆制品、蔬菜、水果等碱性食物，中和体内的酸性成分，缓解疲劳，当然也有利于调节不良心绪。

（二）放松训练的常见步骤

第一，以舒服的姿势坐下来：闭上眼睛、让自己尽量放松。仔细听你所能听到的所有声音，在心里把这些声音列出一个单子。你会感到惊讶，原来，你周围有这么多种不同的声音；确保所有的声音都列入了你的清单。现在，握紧右手，其他部位仍旧放松。把右手握得越来越紧，注意体会右手的紧张。握紧右手，体验右手和前臂的紧张……现在放松，把右手手指松开，注意体验放松的感觉。全身放松。深深地吸气，深深地呼气。

第二，左拳重复上述过程：左拳握紧，身体其他部位放松。把左拳握得越来越紧，体验左拳的紧张和不适……放松。体会手和臂放松时紧张逐渐消失的感觉。随着紧张的消除，你会觉得手臂变得越来越沉重、越来越舒服。放松全身。深深地吸气，深深地呼气。

第三，现在，握紧双拳，曲肘，绷紧二头肌……继续，让你的双臂绷紧，越来越紧张……双拳紧张，前臂也紧张，体会这种感觉……现在放松。你的手变得松弛和沉重，你的胳膊沉重、放松。体会紧张的消失，注意体会。现在让这种放松、沉重的感觉弥漫全身，你越来越放松。深深地吸气，深深地呼气。

第四，现在，皱紧前额，皱紧……现在放松。别再皱额头，让它放松。放松前额，头皮越来越平和。接下来，紧紧地皱眉，让额头也皱起来，体会紧张的感觉……放松。消除紧张，让前额更加松弛。随着紧张的消逝，前额越来越放松，越来越平和。现在，收紧下颚，咬紧牙关，让下颚和喉部紧张……现在放松，让下颚松弛、放松，体会紧张从面部消逝；你的前额很松弛，头皮很放松，你的下颚和喉部也放松。让放松的感觉扩展开来。

第五，现在拉紧腹肌，使腹肌紧张：保持紧张，注意体会……现在放松。让你的腹部完全松弛，紧张逐渐离开你的躯体，松弛的感觉扩展到胸部……肩部……前臂。现在，你的全身非常放松，紧张逐渐消失，继续放松，体会更深的放松。

第六，现在绷紧臀部和大腿：用力压紧你的脚跟，绷紧大腿。注意体会大腿和臀部的紧张和不适。现在放松，继续放松，温暖、沉重、舒适的感觉进入你的身体，这种放松的状态逐渐扩散，逐渐加重。注意体会放松的感觉，体验紧张和放松之间的区别。

第七，自然、平静地呼吸，继续放松身体的各部分，手臂……肩部……胸部……腹部……大腿……小腿。让全身的肌肉都放松。继续放松，放松，越来越放松。深深地吸气……慢慢地把气呼出来……放松。眼睛仍然闭着，身体的所有肌肉变得放松和沉重。在这种深度放松的状态中，你觉得一点儿都不想动，不想移动你身体的任何一块肌肉。现在，设想自己要举起右臂，当你这么想的时候，看你是否感觉到肩部和手臂隐隐地有些紧张。现在，你决定不抬手臂了，你要继续放松，体验全身松弛的感觉……肩臂的紧张逐渐消失……很好……你可以让自己完全放松，这是很容易的，你觉得很舒服，浑身越来越沉重……越来越放松。安静地躺在那儿，自然地呼吸，惬意、温暖、舒适的感觉从你全身散发出来，你觉得很快乐。保持这种状态，继续放松……

第八，你想起来的时候，你可以起来。从4倒数到1，你会感到清醒、镇静、精神振奋。

五、磨炼意志，克服困境

意志是指一个人自觉确定目的，根据目的支配、调节行动、克服困难，从而实现预定目的的心理过程。意志是人类特有的心理现象，它是反映人的心理健康水平的指标之一。人生的道路上没有坦途。面对生活中的不如意，意志坚强者坦然面对，意志脆弱者消极应对。良好的意志品质是大学生学业成功的保证，也是大学生心理健康的基础。

在人的意志行动过程中，主要的意志品质有自觉性、果断性、自制性和坚韧性。意志品质是衡量一个人意志力强弱的标准。然而，大学生的意志力存在许多不够成熟的方面，比如盲从与独断、优柔寡断、自制力差、缺乏恒心等。大学生要有意识地培养自己的意志品质，讲究方法，循序渐进。磨炼意志最主要表现在行动上，而不是停留在口头上。“与其临渊羡鱼，不如退而结网”“与其坐而论道，不如起而行动”。学习之余，大学生应积极参加社团活动，到企业实习，在实践中学会克服困难、战胜挫折、磨炼意志。例如，团中央、教育部启动的大学生志愿服务西部计划，为大学生提供了更多的实践锻炼平台，广大高校毕业生志愿到西部最艰苦的地方，为当地的经济社会发展贡献自己的青春和力量，在实践中开阔了视野，增强了适应环境的意志品质。付诸行动要从小事做起，从今天做起，日积月累，就会有所收获。

六、积极应对，战胜挫折

大学生在遭受挫折后，常会产生一系列的反应，其反应性质可能是积极的，也可能是消极的，或者积极和消极并存。这既与挫折本身的性质有关，又与大学生如何看待和把握它有关。一些大学生在遭受挫折后，能采取积极的态度面对现实，审时度势，通过各种努力使问题得到解决，使自己的心态在新的水平上达到平衡。这是一种理智性的反应，比如升华、补偿、幽默等。一些同学在遭受挫折后，由于对挫折的容忍力弱，伴随强烈的紧张、愤怒、焦虑等情绪反应，做出一些盲目和冲动的举动，这些都是消极的反应。大学生中常见的消极反应有：攻击、倒退、固执、逃避等。

七、有效沟通，减少压力

所谓有效的沟通，是通过听、说、读、写等载体，通过演讲、会见、对话、讨论、信件等方式将思维准确、恰当地表达出来，以促使对方更好地接受。生活中的许多压力和挫折都源于无效、错误的沟通，不仅说的内容会引起误解，说的方式也会引起误解。这就要求我们学习一定的沟通技巧。所谓沟通技巧，是指人具有收集和发送信息的能力，能通过书写、口头与肢体语言的媒介，有效与明确地向他人表达自己的想法、感受与态度，也能较快、正确地解读他人的信息，从而了解他人的想法、感受与态度。沟通技能涉及许多方面，如简化运用语言、积极倾听、重视反馈、控制情绪等。

第十二章　原生家庭与大学生心理健康

第一节　原生家庭的概念

一、原生家庭

（一）原生家庭的含义

原生家庭是指自己出生和成长的家庭，是指儿女还未成婚，仍与父母生活在一起的家庭。其中的生活经历对于我们的一生，往往具有极大的影响。这种经历的影响和作用，并非仅限于我们的童年时期。我们对自己的认识、对待他人的方式，以及我们的整个世界观，都由原生家庭的环境所塑造。在原生家庭中习得的各种观念也会伴随我们一生。比如，有些人会压抑自己的情感，按照父母的吩咐行事。有些人的所作所为，故意与父母的期望相反，永远是叛逆者。有些人希望证明父母是不称职的，并且希望他们能够改进。有些人则希望与原生家庭划清界限，很少返回或联系原生家庭。

（二）原生家庭与个体成长讨论的主题

（1）原生家庭与子女之间的距离。

（2）父母与子女的互动模式。

（3）父母应该如何对待孩子成长中的困扰。

（4）分离与个体化是一个重要的标志。

（三）健全的原生家庭

健全家庭中的父母非常懂得和珍视我们作为儿童的这些天然特质，他们不仅能够提供给童年的我们生存所需，也能够提供给我们成长空间。儿童心理学大师温尼科特说过，健康的原生家庭需要的不是完美的、不会犯错误的父母，而是“足够好的”父母。这些“足够好的”父母会犯错误，会失败，但他们的失误“刚刚好”，是我们在成长过程中可以承受的，不会超出我们的身心发展成熟度，因此他们的失误不会让我们的成长产生未愈合的伤口。

同时，健全家庭中的父母也明白，我们从未主动要求降生，是父母将我们带到世界上来的。因此，父母珍视孩子如同自然的礼物。他们明白，孩子的自我价值与生俱来，孩子不必去做任何事情来“争取”父母的爱。

在这样健全的原生家庭中，我们可以自由自在地体验最真实的、最自发性的、最无防备的自我，这样的自我被温尼科特称为“真我在真我的指引下”。我们会发展出坦率自然的行为、充满创造力和想象力的思想，以及对于自身天然特质的接纳和宽容。

二、研究原生家庭对大学生心理健康影响的原因

（1）大学新生入学后，在开学一个月左右进行心理测评，测评结束后会对测评中某个分值较高或总体分值较高的学生进行回访，通过谈话发现许多存在心理安全隐患的学生，多数问题的产生都与原生家庭有关。就如有的单亲家庭学生存在人际交往阻碍，有的存在适应问题。例如，男生小 A，父亲在婚姻中出轨，父母离异后和母亲生活，长期父亲位置的缺失，对父亲一直存在仇视心理。对原生家庭的了解有助于学生心理问题的研究。

（2）家校合作中，原生家庭的态度对出现心理问题的学生心理治疗的效果有很大影响，如有的学生在学校出现心理问题，而家长出现不承认、不配合的现象，面对家长的回避，学生的问题反而呈现严重的趋势，而有些能主动配合学校的家长，学生出现心理问题后往往通过家校合作有一定改善。如有一男生小 B，上学期间出现幻听和被害妄想的症状，开始到辅导员处诉说有人要谋害他，经过老师走访发现并无学生所说现象，联系学生家长，家长不承认学生有心理问题，只把学生带回家休息了几天。到校后学生又出现了到派出所去报案说有人要谋害他的情况，学校把人从派出所领回学校后，再次联系家长，学校建议家长带学生到专业机构进行诊断，家长不但不承认孩子有问题，还指责学校中有学生欺负他的孩子。这种家长不配合现象，不但对学生的情况没有帮助，而且对学校也造成一定困扰。

三、原生家庭容易引发大学生心理问题的类型

原生家庭是一个重要的心理学概念，是指自己出生和成长的家庭。应原生家庭作为个体出生和成长的环境，同时也是个体最早开始人际交往的场所，父母也是其最早开始交往的对象。可以说，最初影响个人心理成长的就是原生家庭的环境。因此，原生家庭结构、家庭氛围、父母关系、家庭教养模式都会对个体的发展产生至关重要的影响。而原生家庭的种种问题极易引发个人心理问题。

（一）家庭成员不完整

父母离异或者亡故，孩子只能跟随父母一方甚至只能跟随祖父母或外祖父母一同生活，父母对子女关爱的缺失，这类学生极度渴望来自外界的关怀和肯定，常常会努力表现自己，甚至会通过一些错误或者极端的行为来引起别人的关注。

（二）教养方式极端

父母的教养方式对孩子的成长成才有着极为重要的影响。父母过分溺爱，孩子会对父母产生依赖，缺乏必要的自主能力，适应能力弱，很难融入集体生活；而父母过分严苛，孩子则容易产生恐惧心理和焦虑感。

（三）沟通表达不和谐

家庭成员之间很少交流沟通，不懂得如何表达关心和关爱，导致孩子在人际交往中与人沟通也有一定的困难，或者沉迷于虚拟世界无法自拔或者与人沟通中不顾及别人感受，从而造成人际关系的不和谐。

四、原生家庭对大学生心理健康产生的影响

（一）关爱缺失，人际交往能力差

案例一：新生小 A 父母离异，母亲远嫁他乡，父亲再次娶妻生子住在县城，他自幼跟随爷爷、奶奶在乡下老家生活。军训期间，他两次入住治疗，第一次是胃病发作，第二次则是因为超剂量服用止痛药导致头痛血压升高。再次引起辅导员关注是因为同年级一些同学反应和小 A 相处过程中发生的一些不愉快的经历。小 A 经常找别人聊天，即便是和对方不熟悉的情况下也会主动透露自己的家庭情况，并且自夸成绩优异等。另外，在和异性的交往中也没有很好地约束自己的言行，因此引起同学的反感。通过后来与小 A 及其家长的沟通交流发现，小 A 的言行带有很多“表演”性质，他希望通过一些夸张的表现来赢得周围人更多的关注。他夸大自己的学习成绩和学习能力是希望能够得到同学的“崇拜”，当别人识破他的谎言不愿意再和他做朋友时他竟把原因归结为自己不够优秀，所以别人不愿意理他。他主动透露自己的家庭情况也是为了引得别人的同情，想要借助别人对他境遇的不幸给予他更多的关怀。而他过量服药更是不惜伤害自己的身体来赢得外界的关注。小 A 几乎从未得到过父母亲的关心和爱护，父母和家庭之爱的缺失导致他需要通过外界的肯定和关注来填补内心的不安，他甚至不惜借助谎言和自我伤害等极端方式。

（二）过分溺爱，社会适应能力差

案例二：新生小B在来学校报道时将自己的身份证、手机、银行卡、钱包等物品全部丢失，他本人显得十分胆怯且内疚。辅导员联系其家长得知，这是小B第一次自己出远门，他本来是想锻炼一下自己。辅导员后来持续关注小B情况，每次放假回家和开学返校的车票都是他父亲帮忙购买，询问原因他说自己不会买。有一次辅导员找小B谈话，他穿着短袖衫、半腿裤和拖鞋来到办公室，当时已是深冬时节，天气比较寒冷，小B说自己刚睡醒，看到外面阳光很好就觉得不冷，但是他手里拿着一把雨伞，他说天气预报报告有雨。第一学期期末考试时他多门功课缺考，理由或者是忘记带学生证、或者是记错考试时间、或者记错考场。辅导员多次与家长沟通得知，小B是独生子女，以前在家里除了学习和打游戏他什么都不用管，吃穿住行一切生活方面的需求父母都帮他准备好了，所以缺乏基本生活能力的他在大学里极度不适应。另外，脱离了父母的照顾后他完全不懂得如何安排自己的生活起居，也因此很难适应集体生活。父母过度地包揽了小B的生活，造成他独立意识差，对父母的过分依赖也使他在同学中显得格格不入。

（三）过分要求，学习焦虑情绪

案例三：学生小C自入学以来各方面表现良好，直到心理普查显示其有严重的焦虑情绪，经常失眠，每次失眠都会产生自杀想法。小C说父母对自己的要求很严格，尽管一直以来都在努力学习，但总是很难达到父母的期望，进入大学后发现学习难度提升，而学习方式却与高中时期截然不同，眼看期末考试来临，他很怕自己考不好让父母失望，一想到这些就难以入眠，越到考试临近，失眠的情况就越发严重，由于缺乏充足的睡眠导致他没有良好的精神状态投入复习，由此陷入恶性循环，进而就想到自杀一了百了。小C的父母都是普通农民，家庭条件一般，小C作为家中长子从小就被父母寄予厚望，他们不希望自己的孩子再从事“面朝黄土背朝天”的体力劳动，并且在他们的认知里知识是改变命运的唯一出路，因此一直以来他们对小C的成绩要求都极为苛刻，这就使小C长期处于一种焦虑情绪中，他害怕自己的成绩父母不满意，害怕父母失望的眼神，而且越是重大考试前他的焦虑情绪就越发严重。

（四）沟通缺乏，沉溺于自己的世界

案例四：学生小D沉迷网络游戏无法自拔，辅导员每次走访宿舍见到小D都在打游戏，提醒多次也未见成效。小D经常熬夜打游戏，并且发出很大声响，宿舍同学对此颇为不满，多次与其沟通未果，投诉给辅导员。而因为熬夜，小D要么是旷课，要么是上课无精打采，一个学期下来成绩非常糟糕。辅导员与小D谈话后了解到，多年来小D

父母一直在外地工作，父母忙于工作对他关心甚少，中学时他住寄宿学校，周末放假回家都是自己一个人，他甚至找不到人说话。后来，他发现在游戏世界里可以尽情发泄自己的情绪，游戏也就变成了小 D 情感输出的方式，慢慢地他越来越喜欢打游戏，却越来越不爱与人交流。小 D 说自己只有在玩游戏时才是放松的、愉悦的，他也不在乎周围人怎么看自己，相较周围人的看法，他更在乎一局游戏的输赢或者分数的高低。

第二节　如何与原生家庭共处

每个人都会面临与家庭“分离”的时刻，处在青春期的大学生随着自我意识的萌发，逐渐想脱离原生家庭的管束，希望达到“我的地盘我做主”的效果；然而心理发展的不完善导致他们还没有能力完成“分离”。正是这样的黏结，让很多大学生踌躇不前，心生困顿。青春期的孩子，又重新回到独立与依赖的矛盾中去。一方面害怕失去与父母的联结，另一方面又不想被控制，希望与父母保持一定的距离。青少年就是在这种矛盾中再一次确认了自我意识，完成了分离个体化过程。

一、分离

（一）理想的分离具备以下特点

（1）在原生家庭外，有自己独立的空间；

（2）能够自我决定、自我承担责任；

（3）能在原生家庭之外建立新的关系；

（4）与原生家庭保持恰当距离，存在一定联系并彼此支持。

（二）青春期的分离个体化

青春期的分离个体化呈现出以下几点特征。

1. 现象

（1）男孩不愿意跟母亲一起出门；

（2）未经允许，不允许父母进入自己的房间；

（3）日记本上锁；

（4）父母让向东，偏向西。

2. 这个阶段分离个体化的主要任务

（1）对儿时至今不断内化的父母形象，做新的合理审查，以摆脱家庭的依赖。

（2）不再被内化的价值观束缚。

（3）重建一个独立的自我。孩子从小就有个对自己的看法，这些看法更多来自父母和老师的评价，但青春期的孩子才开始正式思考“我是谁”。

（4）在家庭之外建立新的关系。这时候友谊和爱情在孩子的生活中越来越重要。这时候孩子在很多问题上开始有跟父母不一样的看法，发现父母在阻碍自己的一些判断或行为。

3. 四个阶段

（1）分化

青少年意识到自己和父母是不同的，有自己的想法了，有自己的空间和秘密。

（2）实践

开始建立同伴关系，不愿与父母同行，遇到问题更倾向于向同伴寻求解决方法。

（3）期待和解

这是一种矛盾状态，体验到情感上的矛盾。在生活学习中遇到一些问题，同伴同样解决不了，需要寻求父母的帮助。不求助，问题解决不了，求助，似乎就不独立了。这个时候，跟父母相处的方法变得很矛盾。

（4）情感客体的恒常

逐渐建立稳固的个体，开始形成自己的价值观，有自己的真、善、美的判断标准，在很多问题上可以自己去解决。更重要的个体化完成的标志是，可以离开家庭自己生活一段时间，有比较稳定的同伴关系。

和解阶段是分离个体化能够顺利发展的关键阶段，也是最难的一个阶段。这个过程中，青少年很难与父母达成共识。很多青少年要么执意追求独立，脱离父母指导，结果出现很多问题难以解决；要么回头寻求父母帮助，结果让父母安排一切，决定一切，导致了对父母的依赖。

二、沟通与成长

（一）父母的使命

人的性格发展大部分是在身边的重要人物影响下形成的。父母的人格品质对孩子起着潜移默化的作用，父母的言传身教对孩子起着模仿的作用，父母的心理健康水平对孩子起着示范作用。

青少年时期理想的父母角色是时进时退；青少年不是切断与父母的关系，只是不再将父母作为自己自尊的唯一来源。

父母的两种自主性支持方式：

（1）鼓励孩子自主性地表达、判断和决策，即使别人不喜欢，也要让孩子表明自己的观点；

（2）能帮助孩子独立探索他们真正的价值观和兴趣，在不违反原则的前提下，鼓励孩子按照自己的价值观和兴趣活动。

（二）常见家庭沟通障碍

1. 不恰当的非语言沟通行为及不恰当的语言沟通行为　。

比如彼此眼神的接触很少，没有面部表情，声音很平淡，或是言语和非言语的信息不一致等。

2. 模糊的沟通及过分概括化的陈述等现象

比如说，“你这样我很生气”调整为“你这个人一直都挺好的，咱俩关系也蛮不错的。可是刚才你说的这句话我很生气”。这叫问题的具体化，可以让对方了解你说的话，而且又不会伤害你俩的感情。

3. 表达方式充满“恶意”

下面是我们归纳的在人际沟通中可能会释放的“信号”，请你细细回想，在你父母的表达中是不是也会出现这些：

（1）命令、指挥、支配；

（2）警告、威胁；

（3）批评、斥责；

（4）讥讽、挖苦、羞辱；

（5）否定、拒绝、疏离；

（6）比较。别让孩子觉得自己父母总喜欢“别人家的孩子”。

（三）青少年发展性问题及解决方案

1. 常见问题

（1）人际关系；

（2）学业压力；

（3）情感的困惑和挫折；

（4）对未来选择的迷茫。

2. 青少年建设性的解决方法

（1）正视困难；

（2）先尝试自己解决，而不是立即寻求帮助（锻炼自己解决问题的能力）；

（3）自己解决不了，先寻求同伴的帮助；

（4）同伴解决不了，再寻求父母的帮助。

要把问题跟父母说清楚，要讲细节，以便父母具体问题具体分析，因为对一个问题，不同的人有不同的理解，而且父母对自己的学校生活环境可能并不了解。

3. 父母建设性的回应

（1）尝试让孩子把心里话说出来，理解孩子的困扰；

（2）鼓励孩子跟同学、同伴很好地交流、互动；

（3）鼓励孩子自己寻求解决问题的方法，给予足够的支持；

（4）给出解决问题的不同途径以及后果，让孩子自己选择。

要引导孩子学会解决问题的方法，一步步让孩子自己独立解决问题。

（四）家庭也会成长与发展

家庭是一个不断变化和调整的动态系统，如同生命一般会成长和发展。就像人的一生会经历婴儿期、儿童期、青春期、成年期和老年期等阶段，家庭也会经历相似的成长阶段。不同的阶段，家庭有不同的成长任务，来满足家庭中个体的发展需求。

值得一提的是，在现代多元化的社会，家庭结构也发生了重大的变化。例如，出现了不婚的个人、无孩的丁克家庭和同性婚姻家庭等。在这些家庭中，家庭成长任务的概念显然就不适用。

家庭成长阶段和任务有以下几个方面。

（1）第一阶段：单身的年轻成年人

这一阶段最重要的任务就是年轻的成年人离开原生家庭，在心理上和经济上成为一个独立的人，通过发展事业、人际交往、自我探索等形成个人生活目标与自我认同。这个阶段在心理学家看来非常重要，它直接决定了该成年人是否能够成功地完成家庭成长周期的各个阶段。

（2）第二阶段：寻找伴侣，组成新的核心家庭

这一阶段最重要的任务是单身的成年人寻找到合适的伴侣，并与其组成新的核心家庭，帮助配偶进入自己的扩展家庭和社交圈，同时也与配偶的扩展家庭和社交圈建立起联系。

（3）第三阶段：成为父母，家庭新成员的诞生

这一阶段的家庭最重要的任务是迎接新成员的到来。已为父母的成年人需要为孩子的到来调整彼此的相处模式，共同投入到教育孩子、提供经济支持以及家务劳动的同时，父母需要重新处理与各自扩展家庭的关系，共同协商养育下一代以及照料上一代的角色和任务。

（4）第四阶段：父母培育青少年成长的家庭

这一阶段最重要的任务是父母改变与子女的亲子关系给处于青春期的子女更多的空间，培养和支持子女的自主选择能力，为下一个阶段子女能够离开原生家庭、成为独立自主的成年人做准备。父母同时要关心自己已经步入中年的人生、婚姻和事业，并且开始将重心转移到照顾上一代上。

（5）第五阶段：成年子女离家，父母继续自己的家庭生活

这一阶段最大的改变来自子女成年，需要离开家庭开展自己的人生。而家庭在这一阶段最重要的任务是支持子女离开父母、开始自己的新家庭成长周期，接纳亲子关系转变为平等的成年人亲子关系。同时，父母应该调整自己的婚姻关系，更好地适应“空巢”模式的核心家庭生活。

（6）第六阶段：父母衰老，进入家庭晚年

这一阶段中父母的身体逐渐衰老，要他人（常常是成年子女）的照料。家庭在这一阶段最重要的任务，是接受“已到晚年”的现实，这样父母才能够探索新的社会和家庭角色（例如，处于退休状态中、成为祖父母等），接受子女或他人的照顾和赡养，享受晚年生活。同时，父母需要学会处理可能会失去伴侣、朋友、亲人的失落，并且为自己生命的晚年做好准备。

三、超越原生家庭

想要超越原生家庭，怎么做？有人提出“自我分化”的概念。无论是对处理家庭关系，还是其他关系，“自我分化”都可以作为秘密武器，在维护好各项关系的同时能保持自己。那如何才能学会自我分化呢？站在“我”的角度去思考问题，而不是“你”或者“我们”。罗纳德·理查森列出了几十条“自我分化”需要做到的步骤。总结一下，主要有以下五点。

（一）独立

吃人嘴软拿人手短，只有你不依靠他人，才能够直面他人，追求自我。

（二）明晰的目标

追求自我，就需要清楚自己想要的是什么。能够清楚表达自己想要的，坦诚地告诉家人。

（三）理解他人

接纳他人对你的不认同，同时接纳你对他人的不认同。产生分歧很正常，世界上没有两片完全相同的叶子。两片不同的叶子也没必要互相改变一定要变得相同。人也一样，你有你的自我，他人也有他人的自我，面对不同，完全可以求同存异，没必要同化彼此。站在对方的角度去看问题，你就能够更好地理解他人。也许，对方也在追求自我，而你，也只看到了自己，所以才有了那么多的分歧。

（四）做“透明人”

尽量远离“三角关系”“同盟军”。永远不在背后说别人坏话，家庭关系中也一样。真诚地对待每一个家人，专心经营感情和亲密关系。

（五）改变自己，不苛求他人

家庭分歧中，期望对方改变，往往是众多矛盾的根源。解决分歧，从改变自己着手。可以用自己的行动去影响他人，但不要强迫对方改变。做好你自己，真诚对他人。如果对方也和你一样珍视这段关系，他也会调整自己。

既然父母是我们不能选择的，那我们可以选择更好地和他们相处。厘清原生家庭中的各种关系，以及对自己的影响，汲取它们给予的养分、摒弃不好的因素。坚持自我，理解他人，保持情感亲密的“自我分化”，是各种关系处理的关键环节。

第十三章 运动与促进大学生心理健康

第一节 大学生运动促进健康的原理与方法

大学生正处在生长发育的最后定型阶段，规律地进行运动锻炼具有重要的意义，这不仅能提高大学生的身体机能，还会对一生的健康产生巨大的影响。

一、大学生体育锻炼促进健康的基本理论

（一）体育锻炼对人体各系统的影响

1. 运动对心血管系统的影响

人体依赖血液循环实现与外界物质的能量交换以及体内物质的循环。血液循环质量的高低直接决定着生命的质量，心血管系统对人体的作用至关重要，积极参与体育锻炼对心血管系统的促进作用体现在以下三点。

（1）促进血液循环，防治心血管疾病

正常情况下，人体血液总量占体重的 8%。经常进行体育锻炼能够促进人体血液的重新分配，导致机能转换速度加快，从而保证在承受大的生理负荷时，人体能通过调节神经系统使肝脏和脾脏释放储存的血液，动员身体大量的血液参与循环，并保证肌肉活动时的血液供给经常参与体育锻炼的人的血液总量能占到体重的 10%。

（2）改善心肺功能

人体心肌肌红蛋白的含量会因长期、规律地进行体育锻炼而大量增加，从而使组织的代谢能力显著增强，心脏的搏动更加有力，体重也会有明显的增加，心腔也会因为运动而增大，心脏的收缩能力也会随之升高，心容量也会由一般的 765 ～ 785 毫升增至 1015 ～ 1027 毫升。

（3）提高免疫功能

科学、合理地进行体育锻炼，对于人们强身健体的功效已经显而易见。人们长期进行规律的运动锻炼可以有效地提高血液循环的质量，增加人体血液的红细胞含量和血液总量。红细胞的增加和来自体育运动的有效刺激，可以大大改善人体红骨髓的造血功

能。由于运动中人体的血液会对人体中具有免疫功能的白细胞产生较大的影响，运动后人体血液中的白细胞含量会明显增加，从而提高人体的免疫力。

2. 运动对呼吸系统的影响

人体的肺部和呼吸道构成呼吸系统，它们相互作用、共同活动，实现人体与外界的气体交换过程，排出体内的二氧化碳，为人体各项器官组织提供生理活动时的氧气供应。呼吸系统对维护人体健康发挥着重要的作用，具体有两个方面。

（1）提高呼吸系统的机能水平

体育锻炼规律的人，在进行呼吸运动时机体会加大呼吸的深度，如此一来，就会减少呼吸的频率；由于人体呼吸肌功能的提高，肺泡的弹性也会加大，呼吸系统的整体机能水平会得到改善，这对保持身体健康和预防疾病都有非常重要的作用。

（2）促进呼吸器官结构的改变

人体参与运动锻炼时，若选择了运动强度大和节奏比较快的项目，肌肉会进行剧烈的运动，大量消耗体内的能量和氧气，同时也会产生大量的二氧化碳，人体为了及时代谢出体内的废气，呼吸系统只能加大工作量。特别是机体在进行大负荷的力量练习时，由于呼吸系统增加了呼吸的深度，机体对氧气的需求也会有很大程度的提高。所以，人们经常参与运动锻炼就会相应地提高呼吸系统的效率，肺部功能就会最大限度地参与气体交换，这不仅可以对肺泡的生长发育产生良好的促进作用，同时也能增强肺泡的弹性。

3. 运动对运动系统的影响

人体的运动系统是一个严密的运动组织，它由 206 块骨骼和 400 多块肌肉以及多处关节组织构成。人体所进行的任何运动都是由运动系统参与实现的，运动对于运动系统的良好促进作用主要有以下三点。

（1）促进结构机能的有利变化

人体在参与运动锻炼时，运动系统的肌肉、骨骼的工作量会明显增加，从而增加人体血液的供应量，加快人体对蛋白质和其他营养物质的吸收利用；同时，还可增粗肌纤维，使人体骨骼、肌肉组织更加强化。

（2）提高关节的柔韧性和灵活性

长期进行运动锻炼的人，骨密度和关节面软骨的厚度会有不同程度的增加，关节周围的肌肉相对比较发达，使关节囊和韧带增厚，让关节的康复能力和稳固性显著增强，由于人体规律的运动锻炼了人体关节周围肌肉、韧带的弹性力度，从某种意义上来讲也相对提高了机体关节的灵活性。

（3）强化骨结构，提高骨性能

人们经常有计划性地参与运动锻炼，不仅可使运动系统发达，而且由于运动的刺激可以促使人体新陈代谢加快，增加血液循环的速度，骨结构的性能也会随之发生变化：使骨质更加坚固，承担的负荷量会更高，能刺激骺软骨的增生，对人体的增高有重大意义。

4. 运动对神经系统的影响

人体作为一个高级的多系统综合体，在多个不同器官的共同作用下，能适应外界环境的变化，保持机体的健康，不同的系统，工作分工大不相同，人体神经系统的主要功能是配合机体其他器官共同控制、调节内分泌系统的供性运转。机体经常参与运动锻炼可以有效促进神经系统功能的提升。

（1）提高神经系统的反应能力和灵活性

人们在参加大负荷的运动时，为了适应人体肌肉活动的需要，神经系统需要迅速调动全身各器官与系统的机能，使之活动起来。由于活动加强了人体神经系统的兴奋性、抑制交替转换的灵活性，这样可有效改善神经系统对全身各个系统的调节能力，并提高人体的反应度和灵活度，使人体在活动时的动作更加灵敏、协调。

（2）提高人体对环境的适应能力

经常参与体育锻炼的人相对于不进行运动锻炼的人而言，运动不仅可以增强体质、健美体格、提高精力、缓解压力、改善基础代谢率，还能刺激人体血管收缩反应的灵敏性，并且对体温的调节能力也会有不同程度的提高，同时可以帮助人们在环境温差变化大的刺激下迅速启动自身的防御保护系统，维护人体健康。

（3）提高大脑皮层神经细胞的耐受性

人们长期、规律地进行运动锻炼后，体质上的改善显而易见。规律的运动锻炼同时可以加速人体的血液循环和新陈代谢，锻炼可使大脑血流量明显增多、脑细胞得到充分滋养、快速消除神经疲劳，使大脑的活性更加灵敏，增强和提高大脑抗疲劳的耐受力，极大地增强大脑工作的时间和效率。

（4）延缓大脑组织的衰老

脑部神经被称为人体的“最高掌控者”，是人体的信息反馈器官，它需要不断的信息刺激才能更好地工作。当人体缺乏运动时，脑部器官长时间得不到有效的刺激，必然会出现反应迟钝和早衰现象，提高大脑的抗衰性和耐受力的最好方法，就是通过合理的体育运动不间断地给脑器官以良性的刺激，维护脑部中枢神经系统的活力，提高脑部神经的应激能力。人们在进行运动锻炼时，肢体上的肌肉骨骼可以把外围效应器的信息反馈给中枢神经系统，这能有效刺激中枢神经系统的活力和应变能力。

5. 体育锻炼对消化系统的影响

消化系统担任着为人体提供生理活动所必需的营养能量的任务，它通过分泌相应的物质来消化和吸收人体必需的能量，保障人体的健康和活力。进行运动锻炼能够加速人体的新陈代谢和提高人体消化液的分泌，提高食欲，增强肠胃系统对食物的消化和吸收能力，有效增加人体营养素的摄入，均衡人体必需的营养，为人们强身健体、增强体质保驾护航。

6. 体育锻炼对泌尿系统的影响

人体泌尿系统的主要功能是把机体在新陈代谢过程中产生的废弃物及时地输送到体外，以保证人体水分和电解质的平衡、维持机体内环境的稳定和健康，泌尿系统由肾脏、膀胱、输尿管和尿道组成，它们的良性工作是机体健康的重要保障。人们在进行有氧运动时，适宜的体育运动可以有效促进肾脏器官的收缩功能，停止锻炼时肾脏器官的收缩功能就会恢复正常，但是在短时间内会出现血管扩张的现象，机体通过运动锻炼使肾脏器官产生的反复收缩、扩张的过程，能够帮助刺激肾脏器官的血液循环，提高肾脏的健康水平，预防多种肾脏疾病的发生，保护肾脏健康。

（二）体育锻炼对人的心理的影响

1. 体育锻炼可改善情绪状态的控制

实践证明，体育锻炼对人体心理健康影响的主要标志就是情绪的状态，情绪状态也是显示人们的自然需要能否得到满足的一种心理展现。人的心理状态和情绪会参与机体的所有活动，这会在很大程度上影响活动结果，科学、合理的运动锻炼有助于提高人们积极、乐观、向上的情绪，成功地抑制各种负面情绪的产生；从某种意义上来讲，运动锻炼是人体情绪的调节剂，稳定的情绪对人体健康有极大的保障意义。

2. 体育锻炼可加强对意志品质的培养

竞技体育所特有的挑战、探索精神，能为人们进行体育运动时更好地培养运动者拼搏、坚毅、果断的优良品质起到重要的作用。在众多的体育运动项目中，进行任何一项运动锻炼都要有克服各种客观和主观困难的毅力和决心。运动锻炼中环境的变化、身体的疲劳、项目的难易度都是考验人们意志是否坚决的重要依据；特别是选择户外运动的人，定期参与野外生存或极限挑战项目类运动，对提高运动者的意志有积极的促进作用。

3. 确立良好的自我概念

自我概念（Self-Concept），就是指个体主观上对于自身存在的评价与体验，主要是指一个人自我认知的程度，它涵盖了个体通过所经历事情得到的经验和从别人身上反馈的学习信息，加深对自身的了解和性格的养成。它是由人的信仰、感情的起伏、学习的态度组成的有机整体，是陪伴人们整个人生的活动行为，通过个体展现出来就是某种特定的习惯。这主要由个体的自我感觉、反应评价以及通过社会比较三部分组成。多种事实证明，经常坚持运动锻炼可以使人精力充沛、体格强健。所以，坚持运动不仅能改善人体的表象状态，同时对人体内在健康的提升也有相当大的帮助。

根据有关资料显示，日常生活中的正常人群中普遍存在身体的表象障碍现象，不管是社会人群还是当代的青年大学生。从整体来讲，有半数的大学生对于他们的体重不是特别满意，尤其是女大学生，和男生相比，她们更倾向于高估夸大自己的体重。身体自尊是指个体对于自身运动能力的肯定、对于外在魅力的评价以及自身对于外界不利健康因素的抵抗力评价。无论男生、女生，对于身体表象的不满会严重降低个体自尊，严重的会导致焦虑、不安，没有安全感或产生抑郁症状。选择合适的运动项目，加强自我锻炼，对于增强肌肉力量和人体自尊、稳定情绪、提高自信心都有显著效果。

二、大学生体育锻炼促进健康的原则与方法

（一）体育锻炼的原则

1. 自觉性原则

人们在选择体育运动项目时，一般都会带有一定的目的性，这促使人们自愿、自觉地投入运动中，只有这样运动才会起到应有的效果。为了促进大学生运动的自觉性，首先应该确定自己锻炼的目的，正所谓动机决定行动的质量。例如，有些学生是为了强身健体而选择锻炼；有些人则是为了调节紧张的学习生活而选择运动休闲一下；还有些人是为了锻炼意志、促进更健全的生长发育而进行有目的的运动锻炼。一旦确定了运动的目标，就应该自觉、持之以恒地投入所选择的项目中。

2. 循序渐进原则

大学生在进行运动锻炼时，千万不要为了急于达成目的，给身体增加过量的负荷，这样非但达不到预期的运动效果，反而会伤害身体健康：一定要根据人们认识事物的规律，以及动作技能形成的规律和生理机能负荷的规律，从小到大、从低到高、由简到繁逐步进行。要根据体育锻炼的不同阶段，循序渐进地调整运动锻炼的负荷量，只有遵循

科学的运动原则，才能达到最佳的锻炼效果。

3. 针对性原则

运动的针对性原则是指，在选择项目进行运动锻炼时，不要盲目地听从运动教练的建议只进行一些时尚的运动，一定要切合自身的实际情况，根据自身的特点，以增强身体素质和提高运动水平为目的，有选择地确定好合适的项目进行锻炼。

第一，应当合理地安排好学习和锻炼的时间，劳逸结合才能双双受益。进行运动前先要正确认知自身的健康状况，一定要在自身所能承受负荷的范围内来选择运动项目的强度和难度。千万不可超负荷运动，一旦违反人体发展的基本规律，不但不利于健康，还有可能会伤害身体。

第二，大学生在运动锻炼时，要注意运动锻炼的环境。要根据不同的季节、气候和锻炼的场地这些实际情况，科学地选择适合的锻炼项目，只有这样才能收获更高质量的锻炼效果。例如，炎热的夏季，游泳是再合适不过的项目了，夏季游泳不仅可以降温，还能达到健身的效果；寒冷的冬季，力量练习则是相对理想的锻炼项目；春秋两季在选择项目时会宽松不少，可选择有技术性的项目来进行锻炼。

4. 经常性、全面性原则

经常性原则是指，开始运动锻炼后一定要持之以恒地进行，把锻炼当作日常生活中的一项正常内容。为了保证经常性原则的贯彻，培养良好的锻炼习惯，在运动锻炼前，首先应制订相应的运动计划，并按照运动计划稳定、规律地进行锻炼。

全面性原则是指，进行运动锻炼时，不要因为爱好单一项目而只进行某一项目的锻炼，应选择包括不同种类的多种项目和不同性质的项目进行锻炼，注重全身各部位、各器官机能的全面发展和整体活动能力的提高。体育锻炼，包括人体各组织系统的全面改善，是全身肌肉反复活动和强化的结果。

（二）体育锻炼的练习方法

1. 重复锻炼法

大学生在运动中采用重复锻炼法进行运动时，首先要克服这种单纯重复动作带来的枯燥感，还要保证每次重复练习的质量，这种方法不仅能增强体质，从某种意义上说还可以磨炼人的意志。

在运用此项方法进行锻炼时，重复的次数不同，对身体产生的作用也会不同。重复次数越多，对身体造成的负荷就越大，如果不断地增加重复的次数，一旦超过身体负荷的极点，就会破坏体内有机体，对身体造成伤害。

2. 循环锻炼法

运用循环锻炼法的运动项目一般都会采用负荷相对较轻的练习，所以在锻炼过程中，对技术的要求不高，运动起来简单有趣，参加初级阶段运动的人们更适合采用这一方法进行练习。但需要注意的是，在循环锻炼法中，一定要按照全面发展健康的原则来搭配运动项目，促进身体体质各个方面的同步发展。

3. 连续锻炼法

为了让锻炼取得更加良好的效果，在持续运动锻炼中，要避免运动强度超过身体负荷的极点，需要连续运动的时候就坚持连续运动，需要间歇运动的时候就要停一会儿。运动中，不能仅讲究间歇，还要讲究连续。在同一锻炼过程中会出现连续、间歇、重复三种过程。三种过程各具特点，连续和重复的作用是帮助身体在运动中维持负荷量在一定的水平上不下降，让身体充分地感受运动的作用；间歇则是为了保证运动者在运动中的负荷不会超过人体负荷的极点，避免伤害身体。

4. 间歇锻炼法

一直以来，人们都认为只有在运动的过程中才能实现体质的增强，其实，实现体质内部的增强主要是在间歇过程中，体质能量在运动后休息的过程中会得到超量恢复。

我国自古以来就有“以静炼身”的说法，间歇作用本身在增强体质上的作用就不亚于运动。在现代科学的基础上，人们更清楚地认识到在间歇时间内身体有机体的变化，同时认识到保持同化优势的重要性。所以，现代运动者把间歇作为基本的健身方法，利用轻微的活动促使肌肉对血管起到按摩作用，增强血液循环，排除身体代谢所产生的废物。

5. 竞赛锻炼法

竞赛锻炼法是指，人们为了提高锻炼者的积极性，在模拟、近似或者真实的比赛条件下，按照严格的比赛规则和方式进行锻炼的方法。主要是根据人类天生的表现欲和竞争意识，再配合现代运动的比赛规则和适应原理等多种因素而提出的一种锻炼方法。

竞争意识，可以激发运动者的积极性，同时运动者在比赛中可以相互交流练习经验，也有助于运动者更全面地提高战术水平，培养他们敢于拼搏、积极向上、坚韧不拔的生活态度。

6. 变换锻炼法

运动中使用变换锻炼法可以提高运动者的兴奋性，有效地调节生理负荷，克服在运动过程中产生的疲劳和厌倦的情绪，增强运动的趣味性，从而更好地达到运动效果。

7. 游戏锻炼法

游戏锻炼法一般是为了在进行运动锻炼的过程中激发学生的运动兴趣，提高他们运动的积极性而采取的以游戏形式进行体育锻炼的方法。它让学生在快乐的游戏中进行强身健体的锻炼，可以有效缓解他们的学习压力，释放更多的激情和笑容。

在开展相应的游戏活动时，应根据学生的实际情况而做适当的变动，还要注重和体育教学内容相结合，使学生不仅能在轻松愉快的环境中有效地增强体质，还能掌握到相应的知识技能。

第二节 运动与大学生心理健康的关系

大学生是社会经济发展的重要支柱，其心理健康是近年来社会重点关注的对象。然而，随着专业学习的难度提升，就业、考研等竞争越发激烈，许多大学生的心理越发恶化，严重影响了其今后的发展。而体育运动具有教育性、交往性等特点，成为大学生调节心理的良好渠道。因此，大学生需要定期加强体育运动，释放在学习中的压力，让身心得到舒缓，从而促进接下来的学习质量。

一、体育运动对大学生心理健康教育的作用

（一）有利于缓解大学生的心理压力

当代大学生承受着来自多方面的压力，这些负面影响干扰着大学生的心理健康发展。要想使大学生的心理压力得到根本的缓解，体育运动是最佳选择。众所周知，适度的体育运动能够刺激身体，使大学生的内心情绪得到舒缓，从而使压力得到有效缓解。但是在体育运动时，需要集中自身的注意力，通过一些缓和的运动项目来平静心情，然后逐步增大运动量来缓解心理压力。

（二）有利于调节大学生的情绪变化

情绪变化主要是指人们在面对某一事物时所表现出来的积极或消极的态度。在日常生活中，人们的情绪变化时常会发生的。根据相关研究表明，情绪变化对人的心理健康存在一定的影响。长期处于消极情绪状态下，人就会变为亚健康，甚至危害更大。目前，大学生由于学习中的各种压力，导致情绪变化过于频繁，不利于心理健康的发展。因此，大学生要适时调节情绪变化，充分利用课余时间多进行体育运动，使身心长期处于健康的水平。

（三）有利于拓宽大学生的人际交往

就多方面而言，体育活动不仅仅是一种身体素质上的提高，更是一种人际交往上的提升。一些体育运动讲究合作竞争、互帮互助，例如篮球、羽毛球等。这类体育活动在开展时讲究合作与竞争，双方会逐步建立信任关系，这也使得大学生的人际交往能力得到明显进步。另外，通过体育运动过程中不断的交流，形成一种积极向上的气氛，大学生在这种气氛中更易发挥和拓宽自己人际交往的能力。

二、体育运动实现大学生心理健康教育的策略

（一）完善体育中心的心理咨询与辅导工作

体育运动是大学生释放心理压力的良好方式。因此，为满足大学生的心理需求，可在体育训练中心设立一个心理咨询与辅导的办公室，方便学生能够倾诉心中的烦恼。一般情况下，大学生为发泄心中的压力而进行体育运动，无非是关于学习过程中的各种不如意、人际交往的问题等，而心理咨询与辅导的工作能够帮助大学生勇于将内心的想法表达出来，让心理教师大致了解学生出现亚健康的缘由，从而利用一些科学的降压方式来打开大学生的心扉，帮助他们走出阴影，以乐观的心态继续生活。

而在体育训练中心设立咨询所，除了方便学生及时进行心理治疗，更多的是帮助大学生如何正确通过体育运动来保持心理的健康。例如，跑步是缓解压力的一种方式，但不能无节制地跑，必须在跑步过程中有规律地呼吸，让内心逐渐变得空明，这样的运动才有效果。又如篮球运动，其不仅能够舒缓压力，也能促进人与人之间的合作、交流，从而达到情感的共鸣。因此，设立咨询与辅导的办公室，是实现大学生心理健康教育的有效方法。

（二）开展多样化体育锻炼，缓解大学生心理负担

在大学的体育课堂中，教师不仅要帮助大学生进行日常性锻炼身体，也要科学地排解其心中的负面情绪，这需要根据实际出发，不断组织多样化的活动形式来达成该目标。通过丰富的活动开展，大学生的心理健康得以保持，教师的教学压力也能降低，实现“双赢”。例如，将体育爱好相近的学生组织起来，并成立一些体育类的俱乐部，提高学生的参与度；同时，尽量满足大学生运动的要求，为他们创造良好的运动环境。待训练一段时间，各个团队可进行运动竞赛，一是检验大学生近几天的训练情况，二是增进大学生之间的情谊，使他们之间能够搭起信任的桥梁。另外，教师也需要时刻关注每位大学生的情绪变化，倘若某些学生出现情绪激动或者沮丧的心理，要及时进行心理的

教育，实现体育运动与心理健康教育的相互融合。

（三）提倡小组运动的形式，促进人际间的交流

体育运动除了个体运动的项目外，也有许多团队形式的运动，这就需要学生之间进行配合与帮助，才能实现团队运动。在运动过程中，学生间可以相互接触、交流，以拉近彼此间的距离。同时，体育运动自身可以创造愉悦的气氛，大学生之间更容易打破专业不同、学习状况等隔阂，促进交流的融洽。例如，在体育课堂中，学生都来自各个不同的专业，人与人之间难免存在陌生感。教师可先安排学生进行适度的运动量，营造出愉悦的课堂氛围。紧接着，将所有学生分为若干小组，各小组间进行项目的比赛。需要注意的是，教师在比赛开始前要强调互相帮助、合理配合，使得整个小组的默契度达到最高。通过该方法，不仅促进了学生之间的人际交流，培养良好的品质，更实现了心理健康教育与体育运动的紧密结合，提高了大学生的合作积极性。由此可知，大学生的情绪波动虽然会影响其学习的进步，但体育运动则是解决该问题的良好途径，能够切实改善学生的亚健康心理，从而逐步恢复到正常的心理状态。

综上所述，缓解大学生的心理压力，促进心理健康教育是当前各所大学重点关注的问题。体育运动能够帮助学生释放情绪，以积极的心态展开合作，促进人际间的交流、沟通。因此，教师需要将体育运动与心理健康教育有机结合，实现当代大学生时刻保持正常的心理进行专业学习。

第三节 影响大学生参加运动的心理因素

从心理学角度分析，影响人们参加体育锻炼的因素众多，首先是制订可行的锻炼计划和形成积极的锻炼动机，其次就是一定要选择有益于心理健康的锻炼项目并且长期坚持运动。

一、参加体育运动的动机

虽然体育锻炼对人体有着积极的心理、身体的促进作用，并且这已是众所周知的，但是，还是有相当一部分人进行体育锻炼十分被动。因此，引导人们树立积极参与体育锻炼的内在动机尤为重要。

所谓“动机”，它的含义是：能够维持并且引导人活动并能把活动引导向预定目标的一种理念，用来满足人体急需的愿望和理想。由此可见，动机是人体内在的一个过程，身体锻炼的效果则是这个动机内在过程引导的结果。

二、退出体育运动的原因

调查数据表明，人们在参加锻炼一段时间后，会有部分人出于各种原因中途退出，退出锻炼的原因主要有三种：第一，有部分人认为运动锻炼占用了太多工作和生活时间；第二，在健身中心的运动在时间和金钱上的花费偏高；第三，由于家庭成员生病，失去了锻炼的乐趣。

需要注意的是，在运动锻炼过程中，未实现预期目标的人更容易半途而废，以半年为期限，未达到目标者有 92% 的人退出了锻炼，而实现预定目标者有 60% 的人会继续锻炼。这些数据说明，在运动初期为锻炼者设置正确的、合理的锻炼目标，对于降低锻炼者的锻炼退出率具有极为重要的意义。

三、影响女大学生参加体育运动的心理因素

（一）生理心理因素

大学阶段的男女学生在生理和心理上有巨大的差异，男生比女生精力更充沛且积极好动，在从事同样的体育项目上，女生比男生更容易感到疲惫，尤其女大学生经期的生理不适也是导致体育教学中影响女生参加运动积极性的常见因素。另外，运动损伤和生理疾病不仅会严重影响学生的体能状况，而且会产生相应的紧张和恐惧情绪，这也严重影响女大学生运动的积极性。

（二）角色定位心理因素

性别化的教育对女生的行为描述为温柔、娴静，主张女生应该做些细致而轻微负重的工作，而对经常运动的女生，往往会冠以“假小子”的名衔。到了大学，男女的角色定位对于女生的心理产生很大的冲击，男生往往选择运动负荷很大的体育活动，如足球、篮球；而大多数女生在课余时会选择十字绣等符合个人角色心理定位的活动，往往很少将课余时间投入到体育运动项目中。

（三）自卑害羞的心理

由于学生个体的生理和心理上存在较大的差异，个体的身体素质、运动机能不同，很多女学生在体育运动中感觉自己明显落后于其他同学，受到其他同学的嘲笑，自尊心受挫，产生不满情绪，加之老师不能正确的引导，导致对体育运动失去信心，形成自卑心理。不但不积极主动进行有益的体育运动，反而选择逃避体育运动的行为。久而久之，养成了生理惰性，身体素质和运动技能越来越差，与其他同学的差距就越来越大，因此就更不愿意参加体育运动。

（四）运动无兴趣的心理

大学是一个半开放的社会，各种刺激充斥着大学生的学习和生活过程，大学生的兴趣往往被一些新的事物所吸引。电脑网络和网上虚拟的感情寄托成为大多数大学生的业余爱好，消耗了他们大部分的业余时间、精力和激情，甚至连基本的休息时间都不能保证，以至于没有时间、精力和激情进行体育运动，从而对体育运动消极对待，毫无兴趣、毫无热情。

（五）对于健康的错误认知

当今大学生对于健康的定义和理解不足或对健康的理解错误，导致大学生产生对于体育运动的消极心态。许多大学生不清楚什么是真正的健康，只从身体的表面特征来判断自己是否健康，对健康的认识还停留在视觉的直观认识上。然而，当代大学生由于受到社会压力、生活不规律、环境不佳等因素的影响都存在一些心理和生理疾病，但多数大学生不承认这一现状，只凭个人的直观感觉，觉得自己即使没有参加体育运动仍然非常健康。没有意识到参加体育运动对个体身心所带来的益处，而导致对参加体育运动产生消极心理。

（六）胆怯害怕的心理

影响女大学生参加体育运动的心理因素分析，很多学生由于在中小学的体育课程的参与度或体育基础设施薄弱，导致其在中小学阶段没有系统地接受体育知识和技能锻炼，使一部分体育基础薄弱、运动能力较差的女大学生，形成胆怯心理。同时，体育运动也存在一定的危险性和复杂性，大多数教师为了避免学生发生事故，加之家长对子女安全的过分担心，很多中小学校取消了很多体育项目，如跳马、单双杠等。由此也导致女学生对于动作难度大且有一定危险性的体育运动项目缺乏信心、害怕受伤。产生胆怯害怕心理的学生往往会尽量避免参加有危险性的体育项目，甚至泛化到对体育运动失去兴趣，但是长此以往，自身素质和运动技能就越来越差，胆怯心理也会随之严重，对体育运动的排斥性也就越强烈。

（七）懒惰的心理

当代的大学生基本上是独生子女，从小娇生惯养，过着衣来伸手、饭来张口的生活，家长过分的溺爱导致很多孩子从小养成怕苦、怕累、怕脏的懒惰习性。这种懒惰的习性使青少年到了大学校园独自生活时处处碰壁，很多女学生在周末会提着一袋袋的脏衣服回家让父母洗。这种大学生都很难完成个人生活上的独立，更不要说安排时间参加又苦、又累、又脏的体育运动了，有的女大学生甚至连起码的体育课都是能躲绝不上的态度。

（八）审美的心理误区

当今社会对于审美的误区也影响了当代大学生的审美观点，部分大学生对于女性美的理解是，认为只要苗条、纤细的体型就具有形体魅力，同时认为参加体育运动会让身体上有很多的肌肉块，影响整体的美观。很多女大学生往往为了追求别人眼中的魅力曲线而进行非体育运动式的瘦身，如通过只吃素食或少食等行为达到身材苗条，但由于营养吸收的不均衡，导致贫血、缺钙、易疲劳、免疫力下降等身体“亚健康”的状态。

第四节　运动健身的心理学理论

一、运动健身的心理学理论

体育健身的心理学理论主要有两类：一类是解释体育运动能促进心理健康的原因的理论；另一类是解释人的锻炼行为的影响因素的理论。前者回答的是体育健身行为的意义问题，后者回答参加体育健身活动的原因和锻炼行为的预测问题。

（一）体育运动促进心理健康的原因

为了能够从理论上更好地解释锻炼身体时对心理效益促进的机制，美国学者考克斯在前人研究的基础上总结出六项基本假说。

1. 内啡肽假说

内啡肽假说指出，身体在进行运动时会促进大脑分泌一种消除疼痛并让身体有欣快感的化学物质内啡肽（具有吗啡作用），内啡肽所引起的身体的这种欣快感可以有效降低焦虑、抑郁以及其他消极情绪，由于研究证据不足，虽然这是一个很有吸引力的假说，但是目前还没有人体试验可以明确支持这一假说。

2. 转移注意力假说

转移注意力假说指出，在身体进行运动锻炼时给人们提供了一个能够转移对自己消极情绪的注意力的机会，从而使像焦虑、抑郁、挫败感等情绪在短时间内出现下降的现象。

3. 心血管健康假说

心血管健康假说指出，锻炼身体可以提高心血管系统的机能，增强心血管的渗透性和收缩性；同时，由于进行运动锻炼时心情状态良好，还可以有效改善心血管的健康状况。良好的血液循环可以保持体温的恒定，还可以保证神经纤维传导的正常性，从而促进心理健康。

4. 社会交往假说

社会交往假说指出，人们在进行运动锻炼时与人进行的社会交往是轻松愉快的，因此，锻炼有利于心理健康的促进。

5. 认知行为假说

认知行为假说指出，人们在进行运动锻炼时可以获得愉悦的心情和积极的思维，而这些快乐的、具有正能量的心情和思维对于焦虑、抑郁等一些负面消极的情绪有治愈、抵抗的作用。

6. 胺假说

胺假说在理论上指出，锻炼身体能够刺激神经递质的分泌，而神经递质类化学物质分泌量的多少和心理健康的程度也有很大的关联，所以，运动锻炼可以有效地促进心理健康。

（二）锻炼行为理论

人为什么要参加体育运动？锻炼行为理论有助于深入理解锻炼行为。目前，这一领域的主要理论模型是：健康信念理论、计划行为理论、转换理论模型和社会认知理论。

1. 健康信念理论

HBM 假设指出，人是否会产生预防性的健康行为（如参加体育运动），取决于其对自身潜在疾病的严重性的知觉，及其对采取行动的代价与所获利益的评估。一个人如果知道自己潜在的疾病十分严重，并且自己处在危险之中，且经自我评估赞成意见胜过反对意见的时候，他就可能会采取健身行为。

健康信念理论的问题与现实情况会有一定的出入，现实中大部分人参与运动锻炼或者健身活动，并不是专门为了减轻身体上的病痛，但是它还是能够在一定程度上解释人们不参加运动锻炼和健身活动的原因。

2. 计划行为理论

人的行为取决于行为意向。行为意向是由个人对行为的态度、主观标准和所体验到的主观控制感共同决定的。主观控制感不仅决定行为意向，而且对行为的产生也有一定的预测作用。

计划行为理论考虑到锻炼身体是自愿行为，因此特别注重态度的动机作用，并且将客观环境的作用体现在主观标准和主观控制感这两个因素中。外因通过内因起作用，想要激发身体进行运动锻炼的动机，首先要端正自身对锻炼的态度，其次还要建立起必要的社会支持系统。

3. 转换理论模型

前面的两个理论回答了人为何锻炼以及为何不锻炼的问题，而TTM理论模型所关注的是人从“静止”到活动，再到保持活动的动态变化过程。TTM理论模型将人的整个锻炼过程分为循环变化的五个阶段。

第一阶段是前意向阶段。该阶段，个体不打算在6个月之内开始锻炼，称作“我将不会……”或“我不可能……”阶段。

第二阶段是意向阶段。该阶段，个体打算在6个月内开始锻炼，称作“我可能……”阶段。

第三阶段是准备阶段。该阶段，个体产生了直接参与有规律的锻炼的意向（在随后的30天内）和承诺变化行为（有时伴随小的行为变化。例如，在健身中心报名、买一双跑鞋，甚至无规律地参加体育活动），称作“我将……”阶段。

第四阶段是行动阶段。该阶段，个体参加有规律的身体锻炼（每周三次以上，每次至少20分钟），但尚未坚持6个月。这一阶段是最不稳定的阶段，存在退出锻炼的“危险性”，同时也可能是最“忙碌”的阶段，因为他可能正在尝试各种能改变过去行为习惯的方法。

第五阶段是保持阶段。该阶段，个体已经坚持有规律的锻炼活动达6个月，称作“我已经……”阶段。如能保持5年，则很有可能成为终身锻炼者。

转换理论指出，人体所处的锻炼阶段是一步步动态演变的过程，人体在不同的阶段应采用不同的行为转变策略，促使身体向行动和所保持的阶段转换。

因此，想要更好地激发更多的人参与运动锻炼，要求组织锻炼者能准确地判断好锻炼者所处的阶段，采取合适的锻炼措施，帮助锻炼者顺利实现预期的锻炼目标；反之，就会造成部分锻炼者退出锻炼。

4. 社会认知理论

该理论的核心内容如下。

（1）行为是由三种因素组成的，即个人因素、行为因素和环境因素。三种因素相互作用，相互影响，互为决定因素。

（2）个人因素中又包含三种成分，即生理、情绪和认知。

（3）在个人因素的认知成分中，能够决定人的行为、帮助人们实现目标的重要内容就是自我的效能感，单就锻炼身体而言，自我效能感高的人，更容易实现自己的目标。

二、运动的心理调节

运动不仅对身体健康有良好的促进作用，而且可以有效地提高人们的心理健康和促进人们尽快适应社会，并且能从多方面提高人们的生活质量和增强人们的社会满足感。

（一）产生良好心理效应的因素

从运动中获得的良好心理效应的因素比较多，主要因素有以下四种。

1. 喜爱运动并能从中获得乐趣

喜爱并能够在运动中获得乐趣是人们在运动时产生良好心理效应的重要因素；反之，如果对运动没有兴趣，在运动中就不会有满足感产生，也不会有很好的情绪体验。

2. 运动应以有氧活动为主

在众多的运动项目中，慢跑、散步、骑自行车、游泳、跳绳、保健操等都属于有氧运动，在进行对抗性运动项目时，一定要掌握好运动的强度和运动量的大小。对于在校大学生来讲，体操和各种球类运动都是不错的选择。

3. 运动负荷应以中等强度为宜

在运动锻炼的过程中，有研究表明，每次运动锻炼的时间最好不要低于 20 分钟，心率控制在最大心率的 60% ～ 80%，每周要坚持运动 3 次以上，这样才能为身心健康提供最大的保障。

4. 持之以恒地进行体育锻炼

运动锻炼对于心理健康的积极效应，只有在长时间进行规律锻炼的基础上才能展现出来；随着运动总时间的不断累积，运动所产生的良好心理效应就会不断得到增强。

（二）运动与应激

应激是指人体对应激源做出的本能反应，它是一种由多种因素相互作用、相互影响的过程，包括应激源、个体对应激源的评价以及个体的典型反应等因素。

应激源是指引起应激反应的刺激因素，引起应激反应的刺激因素有生理的、心理的、社会的和环境的因素。生理应激源有热、冷、病、饥饿、睡眠不足等；心理的和社会的应激源有家庭的期望、失去朋友、同其他重要人物发生矛盾、孤独、隔离、失业、失学、司法纠纷、抑郁、焦虑、恐惧等；环境应激源有噪声、污染、洪水、恶劣的气候、人口膨胀等。在日常生活中，这些应激源我们都有可能会遇到。对于大学生来说，应激源可能是测验与考试，或是不喜欢某门课程、不喜欢某位教师、不喜欢与某些同学交往等。

在运动中经常产生的应激，主要是情绪波动、沮丧、过度紧张、心理压抑和焦虑。情绪变化通常是正常的和必要的，从一定程度上来讲，情绪波动贯穿于整个生命过程，但情绪波动过大，会给身体健康和体育锻炼带来消极的影响，沮丧是指在某一目标受阻时，心理产生的一种消极的情绪反应；过度紧张是由于负担过重，使有机体神经处于不正常的工作状态；心理压抑反应（刺激过度）是由单调、寂寞的生活和工作而引发的消极情绪；焦虑是情绪波动的一种表现，是导致更深刻情绪波动的一个根源，常常是由想到一些自己害怕的事情而产生。

针对有规律的锻炼能减少或能有效控制应激的这个问题，有很多理论试图对其进行解释。有的理论认为，运动锻炼属于娱乐类活动，运动可以帮助人们把头脑从紧张、沉重的思维中短暂地解放出来；还有的理论认为，人们在进行运动锻炼时会引发大脑释放一种自然合成的化学反应因素——内啡肽，这种内啡肽因素在发挥作用时，能够有效阻碍大脑中和应激有关的化学物质发挥作用。

在进行身体素质锻炼的过程中，如果一个人处于严重的情绪波动状态下，会降低身体对外界各种影响的抵抗力，从而影响其坚持进行体育锻炼的意志和决心。在此情况下，人们既不可能从事有效的锻炼，也不可能获得有效的休息。总之，要想使运动达到良好的效果，就必须排除会引起情绪波动的因素。

（三）自生放松训练

自生放松练习一定要在老师的指导语或者自我指导语的暗示下缓缓进行，首先，想象自己的四肢是温暖的、沉重的，当大脑想象这些状况时，人体能够在这些位置增加血量，放松反应会突然发生，当身体得到放松后，接着开始想象一些镇静的情景，如在夏日平静的湖面上泛舟、在绿柳成荫的公园里散步等，来使头脑放松。

自生放松训练的可贵之处在于每个人都可以通过自学掌握其基本动作，它对治疗失眠、消除疲劳有显著的功效，还能帮助他人控制自己的情绪。

要想掌握自生放松技术，必须发展自我调节的能力，即要学会以下三点。

1. 控制骨骼肌的紧张度

按照自己的愿望使之放松，当有必要时能集中它的力量。

2. 按照自己的意愿形成所需要的情绪状态

通过放松肌肉来降低兴奋性，自己默念词句可使身心达到安静状态。不是由意志下达命令直接影响植物性神经系统的机能，而是间接地、通过复现记忆中过去的体验和感觉来实现的。

3. 控制注意力

把注意力集中到所需要的方面，需要放松和入睡的时候能将它从注意对象上转移开。

那么，人体有哪些组织系统参加了上述过程呢？首先是第二信号系统（思想、语词），然后是肌肉组织和呼吸系统。在反射性联系的基础上，这种结合会逐渐固定下来，要不了多久就能形成习惯。只要一想到放松时的感觉，肌肉马上就能放松，呼吸也会更有节奏。

放松的方法有很多种，但各种放松方法的共同点是：练习者都必须要高度注意来自他人或者自我的暗示语，同时做深沉的腹式呼吸，从而完全放松全身的肌肉。

由于大脑和骨骼肌具有双向联系，在心理紧张时，骨骼肌会跟随大脑不由自主地紧张；反之，在心理放松时骨骼肌也会自然地放松。因此，通过心理放松，可以使肌肉得到完全放松，从而降低心理的紧张度。

人们在进行放松训练时经常使用的暗示语有："我感觉很放松""我的双臂和双手感觉是温暖的""我的头脑是安静的，我感觉不到周围的一切"等。

（四）超觉静思

超觉静思，也称闭目而思。自古以来，超觉静思具有很好地降低应激水平的效果，是很多杰出人士常用的一种放松方式。他们调整好呼吸，端正姿势、内视自己、闭目养神，把意志集中在一点上，进入万念皆空的境界。整个完整的静思一共需要 3 分钟的时间，分三个阶段进行。

1. 静坐

静坐，在安静的空间内像和尚打坐那样盘腿，端庄、稳定地坐好。

2. 调息

坐好之后，开始"调息"，即调整呼吸。

我们的内脏器官都是在自主神经系统的支配下活动的。即使我们在睡着的时候，它们仍然在工作，意志是无法控制它们的。但例外的是呼吸运动，唯独呼吸具有不可思议的两重性，它既可以在我们无意识的时候进行，同时又可以根据我们的意志或快或慢地进行。这是由于呼吸在接受自主性神经系统支配的同时，也在接受大脑中枢神经系统的控制，它具有可接受两重支配的特殊性。这一点也正是通过"调息"能够使精神集中的重要原因。

人在高兴时，会呼吸急促；悲伤时，会不由自主地叹气。在体育比赛或考试之前，有人经常会感到心慌意乱、呼吸加快，有时甚至于休克而呼吸暂停；然而心理素质好的人，在同样的情况下，却能够心平气和，不发生上述现象。所以说，呼吸与精神之间有着密切的联系。而且，人的意志对呼吸的控制能够达到一定的程度。“调息”可以使人的身心稳定和谐，大脑机能充分发挥生理机能。

静坐是“调息”的准备，静坐好之后便可开始“调息”，其做法有两种。

第一，首先采取腹式呼吸法。做法：全身放松，端坐，慢慢地鼓起肚子，同时吸气，再慢慢地收缩腹部，同时吐气。重复练习几次，逐渐减少呼吸的次数，由最初的 1 分钟十几次减少到每分钟七八次，最后达到每分钟五六次。

第二，保持内心安静，冥想。做法：全身放松，端坐，双目自然微合，调整呼吸。注意，如果紧闭双目，太过用力，反而会导致内心杂念横生；睁开双目，则会受外界干扰，不得宁静。

3. 默念关键词

集中精神，在心中反复默念关键词，把要解决的问题深深地刻入清晰如镜的头脑中。大约持续 3 分钟左右，再轻轻睁开双眼，结束超觉静思状态。

关键词的选择方法：应该尽量选择包含着自己愿望并能使自己产生信心的词句，例如，“做则成，弃则废”“干则成，必成，快干”“信念可穿石”。

（五）表象训练

表象训练又称念动训练、想象训练、心理演练等，它是指有意识地、积极地利用所有感觉，在大脑中对过去经历过的事进行重现或者再创造的过程。使用这种技术能够降低个体的应激水平。其具体方法有以下几点。

1. 表象转移

实施这一方法，主要是把个人从失败或应激的情景表象中转化到积极向上的情景表象中。具体实施此方法时，应该采用“思维暂时终止法”，即当我们头脑中产生焦虑的情绪时，应该自己及时地终止目前的思绪，转而开展愉快地想象情景。

2. 回想成功情景或者经历

当一个人体验到焦虑时，他可以想象以前成功的经历和结果。一位体操运动员对在异国体操馆比赛感到紧张，因此他立即回想自己在本国体操馆比赛时受到观众热情支持的情景，之后发现这个运动员有效地减轻了自己已经体验到的焦虑情绪。

3. 技能的表象训练

技能的表象训练有助于降低应激反应，尤其是个体在体育考试之前进行技能表象训练，可使自己对成绩的担忧转移到对该活动的注意上，例如在投篮考试前，首先，可以想象自己正在一个无人的体育馆内投篮；其次，想象自己在有同伴的情况下投篮；再次，想象在所有同学注视自己的情况下投篮；最后，可想象在同学对自己发出伤害性语言的情况下投篮。

第十四章 大学生职业生涯规划

第一节 生涯规划概述

一、职业生涯规划

职业生涯规划又叫职业生涯设计，是个人对所从事的职业进行自我计划和管理的过程。具体来说，职业生涯规划是指个人根据主体优势、能力水平、兴趣爱好和职业倾向等，结合时代特点、制约因素和机遇条件，为自己确立最佳的职业奋斗目标，并根据目标有效选择职业道路，确定教育、培训和发展计划，确定行动方向、行动时间和行动顺序的过程。

职业生涯规划不仅与个体的主观因素相关，而且与个体周围存在的客观条件有密切的关系。首先，职业生涯规划要切合个人的自身条件，尽力达到内外因素的最佳匹配。确定职业发展目标的关键是要人岗匹配，既不高攀，也不低就；并非收入越高、地位越高、权力越大的工作就是好工作。职业生涯规划要求个体根据自身的兴趣、特点，通过对自己的内在因素进行测评找到自身的内部潜质，将自己定位在一个最能发挥自己长处的位置，选择最适合自己能力的职业。其次，职业生涯规划要充分利用周围存在的客观条件。职业生涯规划针对决定个人职业选择的主观和客观因素进行分析和测评，确定个人的奋斗目标并选择符合这一目标的职业。职业生涯规划就是要找到客观与主观的最佳匹配点，使外部优势充分支持内部潜质，内、外优势结合起来，创造发展平台，形成在职场打拼的强有力的核心竞争力。

二、大学生进行职业生涯规划的意义

当今社会处在变革的时代，到处充满着激烈的竞争。“物竞天择，适者生存。”要想在这场激烈的竞争中脱颖而出，并立于不败之地，必须设计好自己的职业生涯规划。这样才能做到心中有数，不打无准备之仗。

（一）职业生涯规划可以帮助大学生适应社会发展的需要，促进其更快地成长

21 世纪，人类面临科学技术加速发展和社会急剧变化的挑战。知识经济改变了社会的产业结构，促使人们的工作和生活发生了根本变化，社会职业的内涵和人们从事职业的方式也随之发生了变化。为了适应社会发展的需要，必须了解社会职业变化的方向和趋势，以便适应急速变化的社会；必须从社会发展的角度来设计职业生涯，用社会发展的需要来决定个人职业发展的目标和方向。

由于职业生涯规划是从未来和发展的角度来看待人的一生的，因此使大学生能够通过职业生涯规划适应社会的快速变迁，适应社会职业的变化方向，从而更好地规划和实现自己的职业发展目标。

（二）职业生涯规划有助于大学生确定职业发展目标，树立科学择业观

职业生涯规划可以帮助大学生及早对自己的职业发展进行定位，并使其沿着一条有利于职业发展的正确道路顺利到达成功的彼岸。大学生通过认识自己、了解环境，就能找出自己的优势与不足，明确自己面临的机遇与挑战，正确设定自己的职业发展目标。

另外，职业生涯规划可以帮助大学生树立科学择业观。科学择业就是要根据自己的职业期望和兴趣，凭借自身能力挑选职业，使自身能力素质与职业需求特征相符合。面对日趋紧张的就业压力，大学生普遍缺乏主动择业的观念，他们在入学时选择学校和专业的主要甚至唯一标准就是毕业后好找工作，这与科学择业观是背道而驰的。科学择业观倡导的是建立在知己知彼基础上的人职匹配，系统的职业生涯规划将有利于建立这种观念。

（三）职业生涯规划有利于建立终身学习的机制

终身学习是 21 世纪的生存概念，因为 21 世纪是知识爆炸的信息时代，旧知识很难适应新变化，所以要求人们终身学习。为了形成终身学习的观念和能力，大学生要在四年中学会学习，学会做事，学会合作，学会生存。大学生怎样才能树立终身学习的观念，培养终身学习的能力呢？职业生涯规划就是帮助大学生树立终身学习的观念，建立终身学习的机制的重要工具。学会学习是职业生涯规划中个体学习能力的发展目标；学会做事是职业生涯规划中个体适应未来工作岗位要求的发展目标；学会合作是职业生涯规划中个体合作精神的发展目标；学会生存是职业生涯规划中个体学会适应和改变自己的生存和生活环境的发展目标。

（四）职业生涯规划可以增强个人实力，提高就业竞争力

随着我国高校的扩招，职业活动的竞争日益突出。常言道："不打无准备之仗。"大学生要想在未来的求职择业中获得先机，在激烈的竞争中脱颖而出，并立于不败之地，首先要做好职业生涯规划。一份行之有效的职业生涯规划将会引导大学生正确认识自己的优点与不足，客观分析面临的机遇与挑战，准确评估个人目标与现实之间的差距，快速搜索到新的或有潜力的职业机会；使大学生学会运用科学的方法，采取可行的步骤与措施，不断增强自己的职业竞争力，实现自己的职业目标与理想。

三、职业生涯规划与大学生就业、创业

与最初的职业指导相比，职业生涯规划已"不只是指导学生选择职业或就业，而是重在以正确的人生观、人才观和职业观引导学生，让他们能从社会需要出发，结合自己的特点，掌握合理选择专业与职业方向的能力"。只有将大学生就业、创业教育和职业生涯规划教育有效地结合起来，才能使学生在自身职业规划中，结合自身和社会实际，自觉把就业、创业变为实现自身价值的一个重要途径，明确就业、创业方向，并最终使就业、创业理想扎根于头脑之中。为此，我们可以说，就业、创业教育是职业生涯规划教育的一个重要内容，职业生涯规划是实施就业、创业教育的一个重要载体，我们可以以职业生涯规划教育为主线来实施就业、创业教育。

（一）职业生涯规划与就业

调查研究表明，造成"就业难"的原因并非供给大于需求，而是就业结构性矛盾突出、大学毕业生实践能力差、职业目标不明确等。高校的人才培养模式与市场需求不对接是造成大学生就业难的最主要的原因之一。调查还发现，产业结构调整的后面带来的是职业的变化，企业对各类专业技术人才和管理人才的需求变化速度是高校专业培养人才变化速度的几倍，因而形成了人才供需市场配置的时间差。

1. 引导大学生建立正确的择业观

早在党的十八大报告中就提出"要贯彻劳动者自主就业、市场调节就业、政府促进就业和鼓励创业的方针"，将鼓励创业纳入就业方针，并要求引导劳动者转变就业观念，鼓励多渠道多形式就业，促进创业带动就业。党的二十大报告提出，就业是最基本的民生，强化就业优先政策，健全就业机制，促进高质量充分就业。

择业观念是价值观在择业问题上的具体体现，而个体价值观的形成并非一朝一夕的事情，因此要形成正确的择业观念需要大学生在校期间不断接受正规的教育并不断进

行自我教育。首先，必须树立自我择业、主动择业的意识，自主培养为社会服务的意识。同时要认清目前社会的就业形势，看清社会对人才的现实需求，以社会的需要作为自己择业的客观基础。这就要求我们在进行职业生涯规划时，一定要做好职业分析，并根据职业分析的结果综合权衡，选择职业目标。其次，在就业观念方面，要正确把握就业与择业之间的关系，脱离理想化的就业观念。全方位的生涯规划包括缤纷生活路、快乐工作路、丰富学习路和职涯成功路。

2. 开展职业生涯规划，提升大学生的就业能力

积极开展职业生涯规划，不仅能让大学生提前了解自己，了解职场，为进入职场打下良好的基础，而且有利于大学生提早思考自己的发展前途，明确自己的职业目标，有针对性地接受教育和自我教育，提高就业竞争力。因为通过职业生涯规划，个体可以明确自己与目标职业需求的差距，从而可以有效且合理地安排大学期间的学习与生活，并根据分析的结果积极培养自己的组织管理能力、协调能力、表达能力等综合能力，使自己朝着既符合个人特质又符合社会发展需要的方向迈进。

（二）职业生涯规划与创业

从就业到创业，是中国大学生择业观念的一个重大转变。将创业教育与大学生职业生涯规划相结合，以重视个性培养、促进个体发展为根本目的，注重引导个体以更加广阔的视野审视个人职业选择与人生发展之间的内在联系，帮助大学生入校之后就开始进行职业生涯的探索、规划、选择、决策和实施，并在明确努力方向的基础上制定出实现每一个目标的相应措施；帮助学生全面了解“职业与生活”“职业与社会”“职业与人生”“职业与创业”的一般常识、基本知识和相关实践体验，认识各职业群体的基本要求，养成初步的生存意识和创业向往，并在此过程中逐步培养他们的创业意识，提高其正确选择适合自己发展的创业项目的能力，从而实现自己的职业理想。

1. 注重创业意识的培养

创业意识是指，对创业者起创业动力作用的个性意向倾向，它包括创业的需要、动机、兴趣、理想等要素。由于我国传统教育的影响以及目前高校课程的设置，导致很多大学生较少接受创业教育，缺乏创业意识。

职业生涯规划有利于发现创业人才。在职业生涯规划过程中，大学生可以对自己进行客观的评估，从而发现自己是否具有自主创业的潜质。创业的技巧虽然是学来的，但是某些特定的素质却是独一无二的。当个体发现自己属于创业型人才时，应该自觉地朝创业方面发展，不断强化自己的创业意识。

2. 注重自身创业素质和能力的培养

大学生群体是社会上最具有活力和创造力的一个群体，具有较高的文化素质和技能水平，蕴含着巨大的创业潜力。据统计，我国高校毕业生自主创业率极低，创业成功率也很低。造成这一现象的原因是多方面的，如创业意识淡薄、创业心理素质差、创业相关知识缺乏、创业经验少、资金短缺等。因此，在职业生涯规划过程中，大学生可以分阶段地制定提高自身创业素质和能力的目标，重点放在在校期间的目标制定上。刚入校门，大学生可以重点培养自身的创业心理素质和综合能力，而这些能力主要是通过参加学校的社团、参与学校的各项活动来提高的。进入大二之后，大学生可以重点学习与创业相关的专业课程和技能，同时要拓展阅读面，了解与创业相关的社会知识，如国家的政策、法律等。进入高年级后，在继续学好基础知识的同时，要积极参加各种创业项目，寻找机会锻炼自己的实际操作能力。

第二节　职业规划发展目标

一、职业规划发展的意义

不少人都缺乏为自己做决策的信心，他们担心自己会犯错误、会后悔，因此在面对选择时左右为难；也有人干脆就设法拖延了事。他们没有意识到，当他们这样做的时候，实际上已经做出了一个决定，那就是不做决定。做出有利于自身长远发展的职业决策具有极其重要的意义。

（一）选择错误，我们越努力就离成功越远

选择实际上是找一个合适自己的方向。如果方向选错了，所做的努力就是为错误而准备。如果目标选择错误，努力就不能帮助自己取得成功，越努力，可能会离失败越近，而离成功就越远。

（二）选择需要先量“力”而后行

要做出正确的选择，还必须搞清自己具备什么样的资源，喜欢什么，能做什么，“适合自己的选择才是最好的选择”。盲目的选择会对自己造成负面的影响。就业盲目可能使自己找不到满意的工作；考研盲目很可能使自己考不上研究生，也找不到满意的工作；盲目留学不仅投资得不到回报，还有很可能由“海归”沦为“海待”；创业盲目可能使自己血本无归。所以，选择目标必须与自身的条件相匹配。选择考公务员是因为公务员

职位与自己性格及能力相“匹配”，选择自费留学是与自己的外语能力和经济保障相“匹配”，选择创业是与自己的创业素质和创业条件相“匹配”。

很多考研的同学，不顾自身实力偏要选择考名校，造成选择目标与自身实力不匹配，失败是必然的。同样，很多同学放弃考研而选择了直接就业，主要因为“家里实在是负担不起自己上学的费用了，而且自己也想早一点儿就业，减轻家庭的负担”。没有家庭经济实力的支持，又怎样选择考研呢？而有些同学选择考研，除了自身的要求外，往往与家庭因素有极大的关系。由于就业压力大，很多父母都不希望自己的子女直接就业，而全力支持子女考研。考研的同学往往都是具备了家庭的支持和经济的保障这个“力”而做出考研的选择。

所以，职业生涯决策主要受“力”的影响。每当我们遇到职业困惑，不知如何选择时，就需要考虑先量“力”而后行，这个“力”包括知识、性格、兴趣、价值观、能力、家庭背景、经济实力和社会资源等。每个人的“力”基本上都是不同的，职业生涯的抉择往往是因“力”不同，选择职业道路也不一样。

（三）理性而正确的选择加上不懈的努力才能到达成功的彼岸

“选择比努力更重要”，并不否定努力的重要性，目标选择正确也并不意味着成功，如果没有努力，一切都等于零。我们选择了正确的目标后，需要经过不懈的努力才能达到目标。我们在实现目标过程中，会遇到很多的困难需要解决。目标并不是一成不变的，有时候会发现，过去制定的目标因为形势的变化而并不适合我们了。这个时候，就要进行反思，为什么不适合了？需要如何修正和调整目标？所以，选择并不是静态的，而是动态的。正确的选择是成功的前提，正确的目标选择再加上不懈的努力才能接近和达到目标。

二、大学生职业发展决策的基本原则

对于大学生而言，恰当的职业发展决策意味着成功职业生涯的开始，而错误的职业发展决策意味着未来的职业生活中可能潜伏了危机。大学生职业发展决策一般要遵从以下基本原则。

（一）择己所好：根据兴趣决策

兴趣是最好的老师，是成功之母。从事一项你所喜欢的工作，工作本身就能给你一种满足感，你的职业生涯也会因此变得妙趣横生。有调查表明，兴趣与成功概率有着明显的正相关性。在设计自己的职业生涯时，务必注意考虑自己的特点，珍惜自己的兴趣，择己所好，选择自己所喜欢的职业。

（二）择己所长：根据特长决策

任何职业都要求从业者掌握一定的技能，具备一定的能力条件，然而人一生中不可能将所有技能掌握，因此必须在进行职业选择时择己所长，从而有利于发展自己的优势。实际操作中，可运用比较优势原理分析别人和自己，尽量选择冲突较少的优势行业。

（三）择世所需：根据需求决策

社会的需求不断演化着，旧的需求不断消失，新的需求不断产生，新的职业也不断产生。因此，在设计自己的职业生涯时，一定要分析社会需求。最重要的是目光要长远，要能准确预测未来行业或者职业发展方向，再做出选择。

（四）择己所利：根据利益决策

职业是个人谋生的手段，其目的在于追求个人幸福。在择业时，首先考虑是自己的预期利益——个人幸福最大化。明智的选择是在由收入、社会地位、成就感和工作付出等变量组成的函数中找出一个最大值，这就是职业生涯选择中的收益最大化原则。

二、职业发展决策的步骤

由于我们的个体差异和个人的偏好不同，很难对职业发展决策或问题解决建立一个精确的，按部就班的程序。一般来说，职业发展决策有以下几个步骤。

（一）问题认识，承担责任

意识到自己对职业前景的困惑，并采取行动解决这一问题。职业决策的首要阶段是界定决定的目标，例如，选择主修专业，选择职业或雇主。

（二）了解自己

需要做一个非常彻底的自我分析。如果现在没做，那首先应该完成个人分析。它将帮助人们从能力、兴趣、性格和价值观等方面全面地了解自己。

（三）了解环境

了解自己所处的社会、经济、政治和地理环境，从而衡量可能影响自己职业选择的环境因素。

（四）了解职业，收集信息

收集并研究关于自己的职业前景的准确信息。

（五）找出可能的职业选项

需要全面地研究可供选择的职业选项，筛选出可供选择的目标。

（六）入职匹配

运用入职匹配等方法进行个人与职业的对比分析。一般来说，将候选的三个目标进行比较分析，个人的特质和职业特征最相匹配的职业，就是最适合自己的职业。

（七）做出决定

根据对自己的特点和职业前景的判断选择，确定一个目标。

（八）执行决定

通过求职活动将自己的职业决策付诸实施。

（九）获得反馈

评估自己的职业决策，如果有太多的负面反馈，那就重复以上过程加以修正。

三、职业生涯目标管理

（一）职业生涯目标

生涯目标的设定，是职业生涯设计的核心。一个人事业的成败，很大程度上取决于有无正确适当的目标。目标，就是一个人行动的方向、目的。职业生涯目标是指个人在选定的职业领域内未来时间所要达到的具体目标，一般都是在进行个人评估、组织评估和环境评估的基础上而确定的。

（二）职业生涯目标的类别

职业生涯目标通常包括人生目标、长期目标、中期目标与短期目标，它们分别与人生规划、长期规划、中期规划和短期规划相对应。一般来说，我们首先要根据个人的专业、性格、气质和价值观以及社会的发展趋势确定自己的人生目标和长期目标，然后再把人生目标和长期目标进行分化，根据个人的经历和所处的组织环境制定相应的中期目标和短期目标。具体而言，不同的目标有不同的特点。

在确定了各种类型的职业生涯目标后，就要制订相应的行动方案来实现它们，把目标转化成具体的方案和措施。

（三）职业生涯目标的意义

职业生涯目标的设定可以是多层次的，根据不同时期的特点，分层次制定职业目标，是一个比较明智和较为可行的做法。职业生涯目标可以分为多个并不互相排斥的目标，包括职务目标、能力目标、成果目标、经济目标等。一个多层次的目标设定可以使我们保持开放、灵活的心境。另外，对职业生涯的每一个发展目标都应该标记两个时间：开始执行行动方案的时间和目标实现的时间。没有明确的时间规定，就会失去开发与管理的意义，随着时间的流逝，目标甚至会消失不见。所以，对大学生来说，有针对性地制定分年级的学业、生活和社会活动目标以及分层次的职业目标显得格外重要。

职业生涯目标的实现就是其潜能充分发挥的过程，个人职业生涯的成功，不仅仅是职务的提升，更有工作内容的转换或增加、责任范围的扩大、创造性增强等内在质量的变化。因此，对自己职业生涯进行全过程和多角度的评价，必然会激起强烈的使个人不断成长的精神力量，进而形成职业发展的巨大推动力。

第三节　大学生职业规划的制订

一、大学生职业规划的背景

（一）大学生职业规划现状

我国的大学生就业指导工作的专家曾经做过一项关于大学生自身是否有明确的职业定位的调查，根据调查的数据得出仅有 67% 的大学生对于自己的职业定位是明确了的，而接近 50% 的大学生对于自己所选的专业是不够了解的。近些年来，我国的制订职业规划的大学生的数量是呈上升趋势的，但是上升的速度却是较为缓慢的，另外很多制订了职业规划的大学生对于就业形势的认识并不准确，这就导致了其自身的职业生涯的发展规划是不够科学的并且是存在盲目性的。因此，大学生职业规划的现状是不理想的。

（二）大学生职业规划的重要性

1. 多变的就业环境的需要

我国的快速发展的社会经济为大学生们提供了更多的工作岗位和就业机会，但是同时也导致了人才频繁的流动性。很多刚毕业的大学生，由于客观条件以及自我认识出现偏差等因素的影响，工作中的流动性很频繁，即使这能为大学生积累更多不同类型的工作经验，但是也不利于他们的职业发展。而合理的职业规划就能为他们制定科学的职业目标定位，帮助他们认清个人目标与现实的差距，使他们树立正确的择业观，从而实现自身的人生价值。

2. 激烈的竞争的需要

现阶段，国家金融危机的影响对于我国学生就业的影响还并未完全消除，加上往届没有就业的应届生，现阶段需要就业的大学毕业生的数量是十分庞大的，因此，岗位的竞争也是十分激烈的。刚走出校园的毕业生，工作经验本并不丰富，个人能力以及综合素质也无法达到企业的实际需求。因此，只有尽早的制订职业规划，完善知识储备，树立职业目标，才能满足社会环境的需求。

二、大学生职业规划的制订原则

（一）大学生的职业生涯规划的观念应具备科学性

首先，大学生应准确并且科学地评估自身实际条件，评估的内容应包括自身的兴趣爱好、技能学识、协调沟通能力以及价值取向等内容。不同的职业对于从事人员的要求当然是有所区别的，因此，只有对自己足够的了解，制订的职业规划才是最为科学合理的。其次，还要准确地评估职业生涯的机会，主要是指大学生个人主动地去分析组织的内部环境以及社会的外部环境对于自身的职业生涯的发展会造成什么影响，是不是有利的，也包括了对自身的短期发展机会和长期发展机会的评估。这样大学生才能正确的选择其将来从事的职业并制订正确的职业规划。最后，还要准确地认识和分析周围的各种环境，这样他们才能明确自己是否适应社会环境以及组织环境的变化，如果发现自身是不适应环境的，大学生才能调整自身，从而适应环境的实际需要。

（二）职业的选择应具备合理性

大学生职业的选择实际上就是自己与社会的有机结合，也是将自身的价值和能力与社会的实际需求的最佳的结合点。而怎样才能使职业的选择具备合理性呢？这就要求大学生必须对客观的宏观环境进行详细的分析，并且对自身的实际特点进行科学合理的剖析，同时将两者有机结合，这样对自身的职业的发展的定位才是准确的。大学生在进行职业选择时，不但要将自身的兴趣爱好、人格气质、技术能力等内容与其价值观整合到一起，形成准确的职业期望，同时更要弄清楚社会价值取向以及专业的发展趋势和对口行业的发展情况，将个人的职业理想和服务社会、回报国家紧密结合，找到影响自身职业生涯发展决策的关键因素和实现自身职业理想的步骤和方法，这样所做的职业生涯的规划才是最合理的。

三、大学生职业规划的实施方法

（一）职业生涯规划的五个“What”法

这种方法也是一些心理学专业和一些职业咨询机构通常采用的方法，而五个“What”则分别为：What are you？What do you want？What can you do？What can support you？What you can be in the end？第一个问题“我是谁？”，就是要求人应该对自己进行一个深刻的反思，弄清楚自己到底是一个什么样的人，详细地分析自身的优缺点；第二个问题“我想干什么？”，就是指对大学生心理趋向的调查，在人生的不同阶段目标和爱好是会改变的，但是随着年龄的增长是会趋向稳定的；第三个问题“我能干什么？”，就是要使大学生充分地了解自身的能力和潜力，职业定位最基本的要素还是要取决于他的能力，而职业生涯发展的空间则要取决于他的潜力，通过其对事物的兴趣、知识结构是否全面并且及时更新以及做事的洞察力和判断力等方法充分了解大学生的潜力。

（二）SWOT 分析法

大学生应详细地分析自身的优势、劣势、机会以及威胁，评估各种机会和风险，从而制订最适合自己的职业生涯规划。①优势分析就是指分析自己出色的地方以及与竞争对手相比，自己的优势在哪些方面。可以从学生以往的实习经历、社会实践活动、学习经验以及工作经验中分析，找到决定学生取得进步或成功的因素，找到性格优越的方面。②劣势分析就是指与竞争对手相比处于劣势的方面，可以从学生的性格弱点和过往的经历中所欠缺的方面分析，从而找到自身的差距，认真对待并找到完善自己的方法。③机会分析就是紧紧抓住见习和教育实习的宝贵机会，提高自身技能；认真对待每一次招聘，做好充分的准备，展现自我的优势与强势。④威胁分析是指存在的潜在危险以及对自身有威胁的方面。如竞争对手实力的增强、用人单位体制的转变、金融危机的影响等。利用 SWOT 这种方法进行分析，权衡各种机会，从而制订最适合自己的职业生涯规划。

大学生在毕业走出校园走上工作岗位后要想成功就业，优秀的职业生涯规划的制订和实施是一个很重要的手段。各大高校要想提升就业的成功率，学生要想在毕业后体现自身的人生价值并实现自身的人生目标，大学生就必须在学校的帮助下做好职业生涯的规划工作。提前制订好适合自我并且适应市场的职业规划，提前为自己的人生之路做好安排和规划，在实施职业规划时坚守既定的职业目标，根据不同时期的实际需要适当地调整职业规划，为今后的成功就业打下坚实的基础。

参考文献

[1] 杨惠．大学生心理健康教育：理论与实践 [M]．武汉：华中科技大学出版社，2022.

[2] 李晓敏，栗晓亮．大学生心理健康调适及其教育管理研究 [M]．北京：中国纺织出版社，2022.

[3] 李霞，余恺．大学生心理健康 [M]．武汉：华中科技大学出版社，2022.

[4] 何明远，邱雅楠，陈显红．大学生心理健康 [M]．西安：西安电子科学技术大学出版社，2022.

[5] 王清，王平，徐爱兵．大学生心理健康教育 [M]．苏州：苏州大学出版社，2022.

[6] 杨雯雯，何明．大学生心理健康教育 [M]．北京：机械工业出版社，2022.

[7] 刘昌俊，李雪萍，易玲钦．大学生心理健康教育 [M]．北京：人民邮电出版社，2022.

[8] 王坚，谢康．大学生心理健康教育 [M]．苏州：苏州大学出版社，2022.

[9] 许璘琳．大学生心理健康教育 [M]．合肥：合肥工业大学出版社，2022.

[10] 吴洁芳，郑晖，王永敏．大学生心理健康教育 [M]．北京：中国传媒大学出版社，2022.

[11] 燕玉霞．我国大学生心理健康问题及对策研究 [M]．延吉：延边大学出版社，2022.

[12] 李爱冰．大学生心理健康教育机制构建与模式创新研究 [M]．延吉：延边大学出版社，2022.

[13] 李可，顾红霞．大学生心理健康教育 [M]．郑州：郑州大学出版社，2022.

[14] 万秋红，李萍，谢妮．大学生心理健康教育（慕课版）[M]．北京：机械工业出版社，2022.

[15] 胡月．大学生心理健康教育 [M]．大连：大连理工大学出版社，2022.

[16] 丁玲．大学生心理健康 [M]．第 2 版．北京：人民邮电出版社，2022.

[17] 杨健梅，于昊，杨见奎．大学生心理健康教育 [M]．北京：九州出版社，

2021.

[18] 张娜，崔玲，刘玉龙．新编大学生心理健康教育 [M]. 北京：中国民主法制出版社，2021.

[19] 谷庆明．大学生心理健康自助教育 [M]. 长春：吉林人民出版社，2021.

[20] 沈伊默．大学生心理健康教育 [M]. 第 2 版．重庆：重庆大学出版社，2021.

[21] 刘晓宇，全莉娟．大学生心理健康教育 [M]. 北京：人民邮电出版社，2021.

[22] 张龙，梁超．大学生心理健康研究 [M]. 昆明：云南大学出版社，2021.

[23] 于俊红，廖忠明，钟萍．大学生心理健康教育 [M]. 北京：中国林业出版社，2021.

[24] 胡莹，李彦章．大学生心理健康教育 [M]. 北京：科学出版社，2021.

[25] 冉威，简冬秋．大学生心理健康教育 [M]. 北京：科学出版社，2021.

[26] 王洁玉，王丽，谭尹秋．大学生心理健康教育 [M]. 北京：北京师范大学出版社，2021.

[27] 刘嵋，刘岳．大学生心理健康教育 [M]. 成都：电子科技大学出版社，2020.

[28] 王刚，曹菊琴．大学生心理健康教育 [M]. 北京：北京理工大学出版社，2020.

[29] 郭芳，陆茜，赵贞卿．大学生心理健康教育 [M]. 苏州：苏州大学出版社，2020.

[30] 孟雅雯，李昭华．大学生心理健康教育 [M]. 苏州：苏州大学出版社，2020.

[31] 马立骥．大学生心理健康教育与实训 [M]. 杭州：浙江大学出版社，2020.

[32] 刘佳．大学生心理健康实用教程 [M]. 西安：陕西科学技术出版社，2020.